融合型·新形态教材
复旦社云平台 fudanyun.cn

婴幼儿托育·教养·早期教育系列教材

U0730938

婴幼儿亲子活动设计与指导

总主编 陈雅芳　颜晓燕

主　编 曹桂莲

编　者 曹桂莲　夏　佳　邓诚恩　王　贞

复旦大學出版社

内容提要

本书严格遵守《中华人民共和国家庭教育促进法》等国家政策法规精神，以"呵护婴幼儿生命成长，提升亲子互动质量"为宗旨，采用岗课赛证融通的编写思路，以任务为驱动、以问题为导向编排内容。

全书共设六个项目，系统阐述0~3岁婴幼儿亲子活动的概念内涵与核心价值、活动设计遵循的基本原则、目标制定与内容选择策略、各年龄段活动设计与指导要点，以及家长指导方法等内容。各项目遵循"问题驱动—知识构建—实践探索—实训练能"逻辑主线展开，并辅以"育儿宝典""知识链接"等特色栏目，显著增强了学习内容的时效性、实用性和可操作性。本书编写特点鲜明，着力贯彻"理论与实践一体化"原则，精心遴选并呈现了大量真实、生动的典型案例与实践范式，旨在有效提升学习者指导家长进行科学育儿的核心专业能力。

本书既适用于早期教育专业、婴幼儿托育服务与管理专业的课程教学，也可以作为托育机构从业人员提升专业素养的参考用书，同时为0~3岁婴幼儿家长提供科学的育儿指导。书中配套丰富的数字资源，包括课件、教案、视频、习题答案等，可扫码观看或登录复旦社云平台（fudanyun.cn）下载。

"婴幼儿教养系列教材"编委会

总 主 编：陈雅芳　颜晓燕

副总主编：许琼华　洪培琼

高等院校委员：

曹桂莲　林　娜　孙　蓓　刘丽云　刘婉萍　许　颖　孙巧锋　公燕萍　林　竞

邓诚恩　郭俊格　许环环　谢亚妮　练宝珍　张　洋　姚丽娇　柯　瑜　黄秋金

冯宝梅　洪安宁　林晓婷　候松燕　郑丽彬　王　凤　戴巧玲　夏　佳　林淳淳

行业企业委员：

陈春梅（南安市宏翔教育投资有限公司教学顾问、泉州工程职业技术学院继续教育学院副院长）

李志英（泉州幼儿师范高等专科学校附属东海湾实验幼儿园党支部书记、园长）

黄阿香（泉州幼师附属幼儿园党支部书记、园长）

欧阳毅红（泉州市丰泽幼儿园党支部书记、园长）

褚晓瑜（泉州市刺桐幼儿园党支部书记、园长）

吴聿霖（泉州市丰泽区教师进修学校幼教教研室主任）

郑晓云（泉州市丰泽区实验幼儿园党支部书记）

李嫣红（泉州市台商区湖东实验幼儿园党支部书记、园长）

陈丽坤（晋江市实验幼儿园党支部书记、园长）

何秀凤（晋江市第二实验幼儿园党支部书记、园长）

柯丽容（晋江市灵源街道灵水中心幼儿园园长）

张珊珊（晋江市灵源街道林口中心幼儿园园长）

王迎迎（晋江市金井镇毓英中心幼儿园园长）

庄妮娜（晋江市明心爱萌托育集团教学总监）

孙小瑜（泉州市丰泽区信和托育园园长）

庄培培（泉州市海丝优贝婴幼学苑教学园长）

林文勤（泉州市博博宝贝托育服务有限公司园长）

郑晓燕（福建省海丝优贝托育服务有限公司园长）

黄巧玲（福州鼓楼国投润楼教育小茉莉托育园园长）

林远龄（厦门市实验幼儿园党支部书记、园长）

钟美玲（厦门市海沧区实验幼儿园党支部书记、园长）

黄小立（厦门市翔安教育集团副校长）

简敏玲（漳州市悦芽托育服务中心园长）

复旦社云平台
数字化教学支持说明

　　为提高教学服务水平，促进课程立体化建设，复旦大学出版社建设了"复旦社云平台"，为师生提供丰富的课程配套资源，可通过"电脑端"和"手机端"查看、获取。

【电脑端】

　　电脑端资源包括PPT课件、电子教案、习题答案、课程大纲、音频、视频等内容。可登录"复旦社云平台"（fudanyun.cn）浏览、下载。

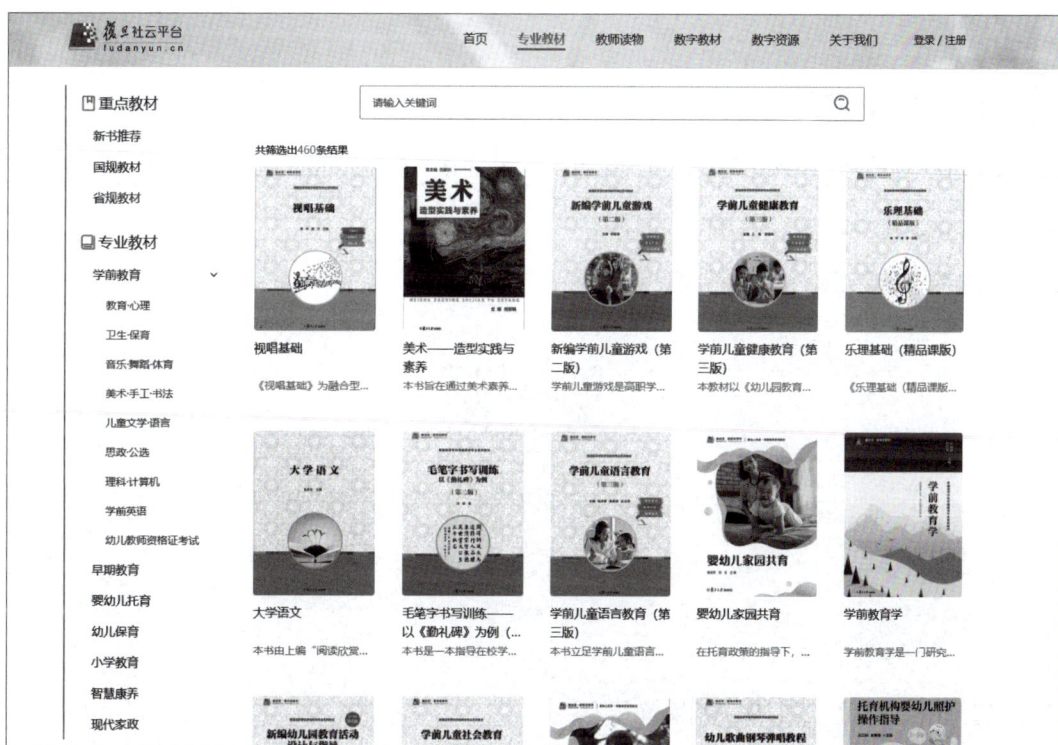

　　Step 1　登录网站"复旦社云平台"（fudanyun.cn），点击右上角"登录／注册"，使用手机号注册。

　　Step 2　在"搜索"栏输入相关书名，找到该书，点击进入。

　　Step 3　点击【配套资料】中的"下载"（首次使用需输入教师信息），即可下载。音频、视频内容可点击【数字资源】，搜索书名进行浏览。

【手机端】

PPT 课件、音视频、阅读材料：用微信扫描书中二维码即可浏览。

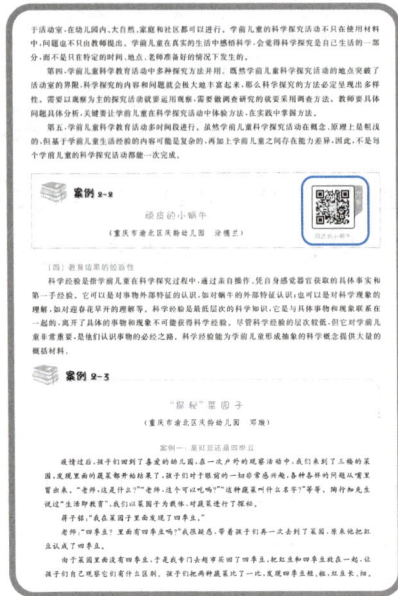

扫码浏览

【更多相关资源】

　　更多资源，如专家文章、活动设计案例、绘本阅读、环境创设、图书信息等，可关注"幼师宝"微信公众号，搜索、查阅。

　　平台技术支持热线：029-68518879。

"幼师宝"微信公众号

【本书配套资源说明】

　　1. 刮开书后封底二维码的遮盖涂层。

　　2. 使用手机微信扫描二维码，根据提示注册登录后，完成本书配套在线资源激活。

　　3. 本书配套的资源可以在手机端使用，也可以在电脑端用刮码激活时绑定的手机号登录使用。

　　4. 如您的身份是教师，需要对学生使用本书的配套资料情况进行后台数据查看、监督学生学习情况，我们提供配套教师端服务，有需要的教师请登录"复旦社云平台"（fudanyun.cn），点击"教师监控端申请入口"提交相关资料后申请开通。

序

人生百年,立于幼学。0~3岁婴幼儿的早期教育与照护是学前教育与终身教育的开端,不仅关系着儿童的健康成长,也关系到千家万户的幸福和谐与国家未来人才的综合素质。习近平总书记指出,要大力发展普惠托育服务体系,显著减轻家庭生育、养育及教育负担。党的二十大报告指出:深入贯彻以人民为中心的发展思想,在幼有所育上持续用力。坚持以推动高质量发展为主题,建设教育强国,办好人民满意的教育。2022年7月,国家卫生健康委、国家发展改革委等17部门联合印发《关于进一步完善和落实积极生育支持措施的指导意见》,也明确提出提升托育服务质量。在此背景下,国家迫切需要建设一支"品德高尚、富有爱心、敬业奉献、素质优良"的婴幼儿照护服务队伍,开展托幼专业师资人才培养培训并编写相应的专业教材成为当务之急。泉州幼儿师范高等专科学校在2014年编写了"0~3岁儿童早期教育"系列教材,在此基础上,我们再次组织高校、幼儿园和托育机构的教师团队,对本套丛书进行编写和修订。

本丛书以习近平新时代中国特色社会主义思想为指导,贯彻落实党中央关于托育工作的决策部署,依据《国务院办公厅关于促进3岁以下婴幼儿照护服务发展的指导意见》(国办发〔2019〕15号)、《托育机构保育指导大纲(试行)》、《国家卫生健康委办公厅关于印发3岁以下婴幼儿健康养育照护指南(试行)的通知》(国卫办妇幼函〔2022〕409号)、《托育从业人员职业行为准则(试行)》等政策、法规的精神要求,全面落实立德树人根本任务,通过教材建设,满足专业人才培养需求。本套教材拟从以下三个方面回应当前托育发展的现状。一是破解托育服务行业快速发展与专业人才供给不足的矛盾,为婴幼儿教育提供可持续、专业化的服务和指导。二是弥补高校早期教育、托育服务专业教材系列化的缺失,助推人才培养,建立与托育服务产业链相配套的人才链,为各院校提供前沿教材参考,从人才培养的源头保障托育服务专业化水平的提升。三是助力解决公办托育一体化服务、社区配套托育服务中科学养育方案和教材内容欠缺等难题,助推"托幼一体化"模式和多形式普惠托育服务模式形成,促进托育机构多样化健康发展。

本丛书依照中华人民共和国国家标准《0~3岁婴幼儿居家照护服务规范》《家政服务母婴生活护理服务质量规范》,对照教育部《早期教育专业教学标准》《婴幼儿托育服务与管理专业教学标准》,融合思政教育,对接工作岗位,以任务驱动、问题导向的岗课赛证贯通的体系编排内容,呈现"项目导读、学习目标、知识导图、案例导入、内容阐释、育儿宝典、任务思考、实训实践、赛证链接"的编写体例,突出职业性、科学性与实用性三大特色。此外,教材还内置二维码链接视听资源、课程资源与典型案例,形成数字化教材体系,支持线上线下混合式教学。实现纸质教材与数字资源的结合,体现"互联网+"新形态一体化教材的编写理念。

本丛书组建专业编写团队,汇聚学前教育、早期教育和托育服务与管理专业的专家学者,联合高职高专院校、幼儿园、早教和托育机构等相关教师参与编写,共同打造涵盖0~3岁婴幼儿"卫生保健、心理发展、早期教育、环境创设、营养喂养、动作发展、言语发展、游戏指导、艺术启蒙、情感与社会性发展、观察评价、亲子活动、家庭教养"等14本系列教材,体现专业性、系列化和全视域特点。

本丛书中的8本教材《婴幼儿卫生与保健》《婴幼儿心理发展》《早期教育概论》《婴幼儿亲子活动设计与指导》《婴幼儿游戏指导》《婴幼儿活动设计与指导(动作发展)》《婴幼儿活动设计与指导(言语发展)》《婴幼儿活动设计与指导(艺术启蒙)》,历经十余年教学实践检验后,结合当代托育服务新理念进行全新修订;另6本教材《婴幼儿科学营养与喂养》《婴幼儿活动设计与指导(社会性发展)》《婴幼儿活动设计与指导(综合版)》《婴幼儿行为观察与发展评价》《婴幼儿教养环境创设与利用》《婴幼儿家庭教养指导与咨询》则是最新编写,能够较好地融合校企合作、双元育人的有效做法,体现理论与实践密切结合的特点。

本丛书由陈雅芳、颜晓燕担任总主编,许琼华、洪培琼担任副总主编,统筹全书策划与审校工作。各本教材的主编分别为:洪培琼、许环环主编《婴幼儿卫生与保健》、孙蓓主编《婴幼儿心理发展》、刘丽云主编《早期教育概论》、林娜主编《婴幼儿科学营养与喂养》、陈春梅主编《婴幼儿活动设计与指导(动作发展)》、颜晓燕主编《婴幼儿活动设计与指导(言语发展)》、公燕萍主编《婴幼儿活动设计与指导(艺术启蒙)》、许琼华主编《婴幼儿活动设计与指导(社会性发展)》、邓诚恩主编《婴幼儿活动设计与指导(综合版)》、曹桂莲主编《婴幼儿亲子活动设计与指导》、孙巧锋主编《婴幼儿游戏指导》、许颖主编《婴幼儿行为观察与发展评价》、林竞主编《婴幼儿教养环境创设与利用》、郭俊格主编《婴幼儿家庭教养指导与咨询》。

本丛书符合职前早期教育、托育服务与管理等专业课程的开设需求,符合职后相关教育工作者职业能力的发展需求,同时也为家长提供科学育儿参考,适宜高校教师和学生,早教和托育机构的教育工作者、研究者以及广大家长使用。同时,本丛书也被列入泉州市托育综合服务中心规划教材。

打造高品质的专业教材是编写组的初衷,助力广大学生、教师和家长共同守护婴幼儿的健康发展是编写组不变的初心! 由于编者水平有限,书中不妥之处,恳请读者批评指正!

"婴幼儿教养系列教材"编委会

前 言

现代脑科学、生理学、儿科学、发展心理学以及学习科学等多领域的前沿理论研究,与婴幼儿早期发展的大量实践研究成果相互印证,表明0~3岁是人生发展的重要阶段。在这一至关重要的阶段,科学且精准的教养方式如同为孩子的成长奠定坚实基石,深刻影响着婴幼儿身心的全面健康、心智的蓬勃发展、情感的和谐稳定、良好习惯的逐步养成以及性格的初步塑造等。人生头三年所经历的点点滴滴,犹如种子的早期生长环境,会在儿童期、青少年期乃至整个人生旅程产生深远的影响。

伴随着经济的稳健增长与社会的不断进步,人民生活水平显著提升,广大家长在满足物质生活的同时,对孩子的教养有了更高要求,日益重视0~3岁婴幼儿的科学照护与早期教育发展。他们积极投入时间和精力,展现出对在这一阶段陪伴、支持孩子健康成长的浓厚兴趣和高涨热情,渴望通过科学的引导陪伴孩子健康成长。

在教育强国的时代背景下,政府从国家战略出发,高度重视儿童早期发展,尤其是婴幼儿照护与家庭教养指导工作,将其视为关乎民族未来、国家发展的重要事业。2019年5月国务院发布《国务院办公厅关于促进3岁以下婴幼儿照护服务发展的指导意见》,明确提出"加强对家庭的婴幼儿早期发展指导,通过入户指导、亲子活动、家长课堂等方式,利用互联网等信息化手段,为家长及婴幼儿照护者提供婴幼儿早期发展指导服务,增强家庭的科学育儿能力"。这一政策的出台,为家庭科学育儿提供了明确的方向和丰富的资源。2021年9月国务院印发的《中国儿童发展纲要通知(2021—2030年)》指出"培育良好亲子关系,引导家庭建立有效的亲子沟通方式,加强亲子交流,增加陪伴时间,提高陪伴质量;构建覆盖城乡的家庭教育指导服务体系,设立家庭教育指导服务中心、家庭教育指导服务站点"。这一纲要的实施,致力于营造全社会重视亲子教育的良好氛围,为儿童的健康成长提供全方位的支持。2021年10月颁布的《中华人民共和国家庭教育促进法》明确要求"婴幼儿照护服务机构、早期教育服务机构应当为未成年人的父母或者其他监护人提供科学养育指导等家庭教育指导服务"。这一系列政策法规的密集出台,形成了强有力的政策保障体系,为婴幼儿早期教养和家庭指导工作提供了坚实的制度支撑。

国家出台的婴幼儿早期教养家长指导系列政策,有效推动了照护与早期教育指导服务行业的规范化发展。在政策扶持下,相关服务机构迅速发展,面向广大家长提供公益性、普惠性的照护与早教指导服务,并开展了形式多样、丰富多彩的活动。其中,由专业教师精心设计、组织实施的亲子活动,凭借其互动性强、针对性高、效果显著等优势,成为最为常见且行之有效的育儿指导形式。然而,当被问及"如何有效设计与实施亲子活动,如何推进家长、孩子和教师三方协同"时,许多从业人员却往往表现出迷茫和困惑,缺乏整体的认识和清晰的想法。这一现象反映出当前从业人员在专业理论和实践操作层面存在一定的脱节,亟待系统性的研究和指导。

实际上,亲子教育的实践探索在现实需求的推动下早已先行一步,但理论探究却相对滞后。系统解答"如何高质量开展亲子活动"这一问题,成为当前亲子教育领域亟待攻克的重要研究任务。为了满足婴幼儿照护服务机构和早教指导机构从业人员职前培养与职后培训的迫切需求,打造一支品德高尚、富有爱心、敬业奉献、专业素养过硬的婴幼儿早期教养指导服务队伍显得尤为重要且紧迫。

本书正是在这样的时代背景和行业需求下应运而生。本书立足婴幼儿照护人才培养这一核心目标,旨在为高校早期教育专业、婴幼儿托育服务与管理专业学生的职前培养,以及早托机构保育师的职后培训提供全面、实用的专业指导。书中深入探讨了"什么是亲子活动,如何设计与指导亲子活动"等核心问题,既从理论层面进行了深入剖析,又结合了大量生动鲜活的实践案例,具有很强的针对性和可操作性。

本书紧扣当代社会育儿现象和亲子教育需求,聚焦实训实践,通过丰富的案例分析和实操指导,助力读者练就核心专业能力。在编写过程中,充分体现了问题导向、理实融合、学践思一体的编写特色,力求为读者提供一套科学、实用、高效的学习和实践指南。

在丛书编委会的引领下,本书由曹桂莲主持编写,全面负责制定编写计划,精心提出编写思路和严格要求,科学拟定编写提纲,并对全书内容进行细致审核与统稿,确保了本书的质量和专业性。具体编写分工明确且合理:项目一、二由曹桂莲凭借其丰富的经验和深刻的见解编写;项目三由邓诚恩以严谨的治学态度和扎实的专业知识完成编写;项目四、五由夏佳、王贞携手合作,发挥各自优势共同完成;项目六由夏佳独立撰写,展现出其专业的素养和出色的能力。最后,全书由曹桂莲进行统稿,确保了内容的连贯性和一致性。

本书编写过程中参阅了大量专家、学者、同仁的研究成果,思路的启迪、精辟论述的引用良多,在此向原作者致以谢忱。本书的部分亲子活动设计案例由福建省南片区 0~3 岁儿童早期教育实验基地园的教师提供,在此向她们表示深深的谢意。相信本书的出版,将为婴幼儿早期教养指导服务领域带来新的思路和方法,为培养更多优秀的专业人才贡献力量。

曹桂莲

目 录

项目一 走进亲子活动

💡 **项目导学**

1998 年,东方爱婴、红黄蓝等第一批早教机构开启了婴幼儿早期教养指导服务的新篇章。多年来,早教领域推陈出新的实践探索,步步深入的理论研究,为广大家庭提供了优质育儿指导服务。形式多样的亲子活动不仅促进了婴幼儿的健康成长,还助力家长掌握科学育儿方法,成为育儿路上的行家里手。

随着行业的发展,对高素质专业人才的需求日益凸显。为确保育儿服务的高质量,新手从业者有必要在专业导师的指导下,系统学习亲子活动相关知识与技能。深入理解亲子活动的内涵、类型、特点及价值,是开展工作的重要前提,不仅能为亲子活动的设计和组织提供依据,还能为家长提供更专业的指导和建议,真正实现婴幼儿早期教养的科学与高效。

📖 **学习目标**

知识目标　1. 能准确描述亲子活动的内涵并说出其类型,以及亲子教育、婴幼儿照护与早期教养指导机构、婴幼儿早期教养指导的含义。
　　　　　　2. 能准确说出亲子活动的特点和价值,并结合实例进行阐述。
能力目标　1. 能准确说明亲子活动、亲子教育、婴幼儿照护服务机构、婴幼儿早期教养指导之间的关系。
　　　　　　2. 能较准确分析一个亲子活动案例所呈现的特点和价值。
情感目标　1. 认同"呵护孩子一千天,关爱最柔软群体"的职业精神,能结合婴幼儿生活实际阐述"爱"的含义。
　　　　　　2. 重视亲子活动,树立婴幼儿生命发展离不开高质量亲子互动的理念,主动参与课程学习活动。

⚙ **知识导图**

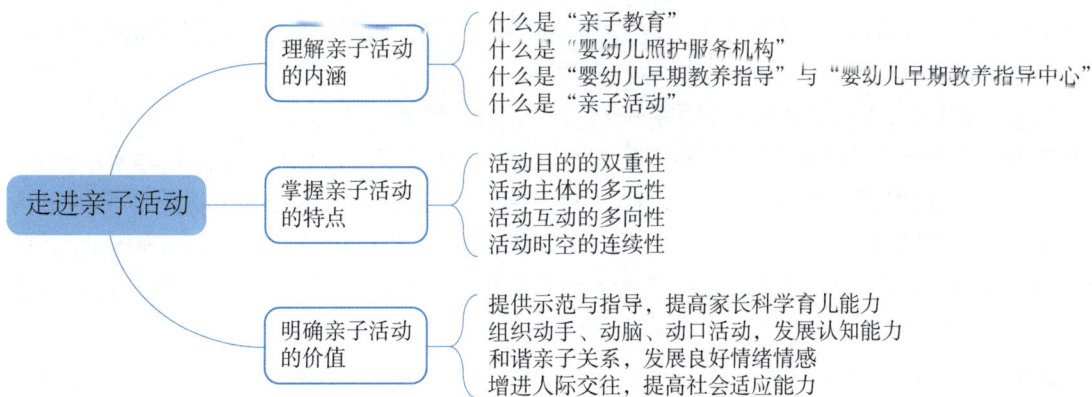

微课

什么是
亲子活动

任务一　　理解亲子活动的内涵

案例导入

乐乐外婆最近发现邻居带着1岁多的女儿去早期教养指导机构参加活动,她对此非常惊讶:孩子还那么小,有必要耗费财力、人力送她去"上学"吗?她能学什么呀?反正家里有人带,等孩子长大了再去吧。有一天,乐乐外婆碰见邻居从机构回来,立马迎上去询问:"怎么样,你们家孩子学到了什么?"邻居回答:"机构很不错,在那里老师会组织很多活动,我学到了很多东西,女儿去了之后也玩得不想回来。"乐乐外婆听得一头雾水,越来越不明白早期教养指导机构到底是一个什么样的地方,那里具体开展了什么活动,开展的活动究竟有什么魅力。请你为乐乐外婆解释一下。

各类早期教养指导机构的教养实践活动类型多元,但基本都包括亲子活动。想要知道究竟什么是"亲子活动",首先就要对"亲子教育""早期教养指导机构""婴幼儿早期教养指导"等概念有一个初步的了解。

一、什么是"亲子教育"

亲子教育是20世纪末期在美国、日本等国家和我国台湾省等地区兴起的新教育模式。亲子教育是以亲缘关系为基础,以和谐亲子关系为基石,以提高家长科学育儿能力和促进婴幼儿身心健康、优化发展为目的的教育,包含亲职教育和子女教育两个主要部分:前者是对家长进行的尽职教育,指导他们与子女建立正向的亲子关系,成为合格称职的家长;后者是对婴幼儿进行的发展引导支持,促使他们身心健康、优化发展。

二、什么是"婴幼儿照护服务机构"

2019年国务院发布《国务院办公厅关于促进3岁以下婴幼儿照护服务发展的指导意见》(以下简称《指导意见》),这是我国政府在21世纪首次提出"婴幼儿照护服务",自此婴幼儿照护服务事业发展步入快车道。《指导意见》提出"发展婴幼儿照护服务的重点是为家庭提供科学养育指导,并对确有照护困难的家庭或婴幼儿提供必要的服务",可见,婴幼儿照护服务机构开展的工作既包括面向家长的科学教养指导,也包括向有需要的家庭提供的托育服务工作。

越是人生开端的发展越重要,0～3岁是婴幼儿身体发育、认知与探索、倾听与表达、良好情绪形成、个性萌发、习惯养成的关键阶段,婴幼儿科学照护以及良好生长环境的创设,可以有效地促进婴幼儿身心健康、优化发展。20世纪90年代,亲子教育在美国、日本等国兴起,我国也开始重视亲子教育。婴幼儿照护服务机构(如早期教养指导中心、托育园等)作为一种新兴机构,其开办目的与宗旨是为婴幼儿和主要抚养人(家长)[①]提供全面的服务:不但为家长提供学习、交流的场所,帮助他们成为优秀、尽职的家长;还为婴幼儿准备了经过精心设计的、良好的活动与交往环境,弥补家庭教育资源的不足,通过机构中的照护人员、家长同向同行,有效促进婴幼儿健康成长。

综上所述,我们大致可以给婴幼儿照护服务机构一个相对明晰的界定:婴幼儿照护服务机构是以婴幼儿及其家长为主要服务对象,提供婴幼儿早期教养指导服务、托育服务,以提高家长科学育儿能力和促进婴幼儿身心健康、优化发展为使命的、专门而独立的育儿服务社会机构。首先,婴幼儿照护服务机构,不像游乐园那样提供娱乐服务,而是要发挥科学育儿的引领作用去影响家长和社会公众,要为婴幼儿发展提供一个有准备的环境。其次,婴幼儿照护服务机构不同于幼儿园等幼儿教育机构,无论服务对象、活动设置、

---

① 为了方便和通俗起见,下文将统一用"家长",但它指代的确切意思是婴幼儿的"主要抚养人",这个人可能是家长,也可能是其他人。

时间安排还是教养指导内容和形式都具有独特性。目前,社会上的婴幼儿照护服务机构主要分为两类:一类是普惠性的服务机构,如社区开办的、公立幼儿园开办的,以及民办公助的照护服务机构;另一类是非普惠性的服务机构,主要采用商业化运作模式,具有营利性。

三、什么是"婴幼儿早期教养指导"与"婴幼儿早期教养指导中心"

在国际上,早期教育的年龄范围是 0~8 岁,被称为童年早期(early childhood)。基于儿童早期的身心发展特点、规律,这一连续发展阶段又分为三个特殊阶段:0~3 岁(婴幼儿)阶段、3~6 岁(幼儿)阶段、6~8 岁(小学低龄儿童)阶段。在我国,儿童早期教育更关注的是 3 岁后的机构教育,如幼儿园教育和小学教育。近年来,随着人们认识到生命早期发展的重要性,逐步重视 0~3 岁婴幼儿早期教养,坚守"以养为主,教养融合"理念,与此同时,面向家长开展的婴幼儿早期教养指导服务应运而生,因为婴幼儿早期教养的主阵地在家庭,主要责任人是家长(或监护人)。

婴幼儿早期教养指导是由专业指导人员有计划、有目的地指导家长树立科学的育儿理念,掌握所需的育儿知识,习得基本的育儿能力的活动,以全面提升家长的育儿水平,助力家长促进婴幼儿生命优化发展。婴幼儿早期教养指导的形式既包括线下的现场指导,也应用信息化手段逐步探索线上的远程指导,定期推送育儿资讯、开设线上讲座、举办线上沙龙等。基于近 30 年社会机构开展亲子教育的实践探索,以及为了方便阐明事实与道理,本书将为广大家长提供婴幼儿早期教养指导服务的机构统称为"婴幼儿早期教养指导中心"(简称"早教指导中心"),一般设置于婴幼儿照护机构(托育园、儿童之家等)、早教机构(早教中心、亲子园等)、幼儿园、相关社会组织(妇女儿童活动中心、社区等)。

早教指导中心面向婴幼儿及其家长开展丰富多彩的活动,如日常回应性照护活动、亲子活动、家长育儿指导活动,见表 1-1。各种活动呈现三个特点:第一,不仅把婴幼儿作为服务对象,而且更强调保育师对家长的指导,向家长示范正确的教养理念、方法,使家长的观念和行为发生变化;第二,通过精心设计和准备的生活、游戏、学习环境来实现婴幼儿和家长与环境的良性互动;第三,通过开展一系列教养活动,与家长共同促进婴幼儿身心健康与优化发展。

表 1-1 婴幼儿教养指导活动推荐表

年龄段	服务对象	具体项目	要求与备注
孕前	准备怀孕的夫妻	医学讲座:"如何备孕——优生优育的基础"	1. 讲座应由相关专业人员承担,保证科学性、权威性。 2. 尽量争取妇幼保健院、妇联、社区的人、物、财力支持。
		发放"科学备孕"手册	
孕期	孕妇及家人	医学讲座:孕早期、中期、晚期保健(分 3 场)	
	孕妇及家人	胎教讲座:孕早期、中期、晚期胎教内容、方法与重点(分 3 场);发放胎教手册	胎教内容包括情绪胎教、运动胎教、音乐胎教、抚触胎教、行为胎教、环境胎教等。
	孕妇家人	讲座:"孕妇心理与行为解读"	让孕妇置身于一个理解性、支持性的人文环境。
0~1 个月	家长	发放"新生儿喂养指南""新生儿感觉发展与教育"手册	1. 手册应简洁明了,具有可操作性。 2. 内容:新生儿喂奶与睡眠、新生儿抚触、家庭环境布置等。
	家长	1~2 次入户教养指导	实地观察新生儿的教养状况,开始建立个体成长档案,针对现状进行指导。
1~3 个月	家长	开设"1~3 个月宝宝身心发展水平与教养策略"讲座或发放育儿指导手册	根据家长的特点有选择性地采用,也可二者一起。
	家长	讲座:"婴儿抚触与被动操"教学	
	家长	每周 1 次入户教养指导	内容:生长发育测查、喂养与教育。

（续表）

年龄段	服务对象	具体项目		要求与备注	
3~6个月	家长	发放"3~6个月宝宝身心发展水平与教养策略"手册			
	家长	讲座："婴儿早期的营养与辅食添加""婴儿期玩具的选购"			
	家长	两周1次入户教养指导		注意对婴幼儿生长发育进行监测。	
6~12个月	家长	讲座："如何帮助宝宝顺利断奶"	1. 每个年龄段开设"宝宝身心发展水平与教养策略"讲座或发放育儿指导手册 2. 每周一次"家长育儿沙龙"（亲子活动后开展） 3. 每月1~2次养育与教育方面的讲座（内容选择依据：每个家庭教养过程中普遍存在的问题，季节或流行疾病的预防） 4. 婴幼儿照护服务机构每周应有现场一对一的教养咨询	最好在6月初开设。	1. 婴幼儿成长档案应记录所有重要信息，进行阶段性评估，并提供教养建议，年龄越小间隔时间越短。 2. 0~3岁儿童早教机构应把机构教养环境创设放在首位，环境创设注重示范性、指导性，努力做到让环境对婴幼儿与家长说话。 3. 亲子活动内容应源自婴幼儿真实的生活，其设计应符合婴幼儿年龄特点。 4. 教养方案中各年龄段具体项目的次数仅供参考，最好不低于所列出的次数。
	婴幼儿与家长	每周1次亲子活动			
	家长	每月1次入户教养指导			
1~1.5岁	婴幼儿与家长	每周1~2次亲子活动			
		每月1次家访			
1.5~2岁	婴幼儿与家长	每周2次亲子活动			
		每月1次家访			
2~2.5岁	婴幼儿与家长	每周2~3次亲子活动			
		每月1次家访			
2.5~3岁	婴幼儿与家长	每周1次亲子活动			
		每两月1次家访			
	婴幼儿	周一至周五半日活动			

四、什么是"亲子活动"

《中华人民共和国家庭教育促进法》明确指出广大家长的亲职教育非常重要，各类机构的早教指导中心均致力于做好家长育儿指导服务，其中亲子活动是他们都会开展的主要活动。一般而言，亲子活动是教师根据婴幼儿身心发展的特点和个体差异表现，按照婴幼儿当下的发展需求，事先安排活动内容，设计活动环节，考虑组织实施并创设活动环境，准备活动材料，在一个固定时间和场所，由婴幼儿及家长共同参与的一项具有示范性、指导性、互动性的活动。教师通过指导与示范，指引家长开展具有良性互动的亲子游戏和学习活动，观察并了解孩子，进而将活动延伸至家庭。亲子活动可以是集体活动（一般针对8~12个月婴幼儿及其家长），也可以是自由分散的个别活动。集体亲子活动，时间一般在20分钟左右，个别活动可根据婴幼儿的活动状态灵活安排活动时间。除此之外，早教机构还会举行全园性的大型集体亲子活动。亲子活动不仅具有现场示范性和指导性，而且在婴幼儿教养上更具有实践性，通过现场的"教、学、做"，使家长获得教养孩子的实践知识和能力。

至此，我们对"亲子活动"是什么已有所了解，可以对其概念进行相对明晰的界定：亲子活动是指由专业人员有目的、有计划地指导家长开展具有互动性的亲子游戏与学习活动，旨在普及科学的育儿理念和方法，促进婴幼儿积极、主动发展的一种具有现场示范性、指导性、实践性的活动。

（一）亲子活动的类型

一般而言，亲子活动的类型主要有以下两种。

第一，自由自主的个别活动（一对一），一般是在各活动区进行，也称为活动区活动或区域活动。这种亲子活动主要是由保育师根据孩子的发展需求创设一些富有趣味的活动区域。在早教指导中心，家长可根据孩子的兴趣、爱好和发展需求带他们进入各区域开展亲子活动,保育师在此过程中巡回观察与指导。

实践探索

爬斜坡(室内)[①]

斜坡高约 0.6 米,宽约 1.6 米,是一个多功能的爬坡。爬坡共有三个开放的斜坡和一个平台。

1. 带台阶的斜坡。低矮的台阶可以让婴幼儿练习上下楼梯。

2. 大斜坡。宽阔的大斜坡被分割成两半,一半是带绒面的斜坡,另一半则在光滑的木板上点缀着颜色鲜艳、光滑圆润的水果(香蕉、苹果)造型。绒面斜坡带有一定的摩擦力和毛糙的手感;水果造型的坡面似小小的攀岩支撑点,是婴幼儿向上爬时有力的支撑。略带高度的斜坡在婴幼儿看来像是一座小小的山坡,有攀越的欲望。它对婴幼儿控制、平衡身体及动作协调有一定的挑战性。斜坡上两种截然不同的材质为婴幼儿探索提供了机会,使其在发展动作的同时促进感知觉的发展。

3. 平台。宽阔的平台可供 2~3 个婴幼儿在上面自由地走动,这里还摆放了可以隐藏“奇妙宝贝”的篮子,里面放着各种不同质感的球:乒乓球、弹性球、塑料球、海绵球等。婴幼儿爬上斜坡到达平台时,在篮子里摸一摸,玩一玩“我摸到里面有什么”的游戏,这可能是对他们到达“顶峰”最有吸引力的奖励。

4. 滑梯斜坡。在斜坡的另一端设有一个小滑梯,是孩子从斜坡上下来的另一出口,滑梯的底下垫着软质的地垫,用来保护婴幼儿滑下时的安全。

翻越小土坡(户外)

接近 2 岁的宝宝已能行走自如,并逐步发展追逐跑跳、边跑边躲避障碍物的能力。为支持宝宝进一步锻炼灵活走跑与平衡能力、引导其亲近自然,保育师利用早教指导中心的户外丛林,组织婴幼儿与家长翻越长满青草的小土坡,引导宝宝走到坡顶取一支风车(图 1-1),然后跑下山坡,尽量不摔倒(图 1-2)。

图 1-1　翻越小土坡 1

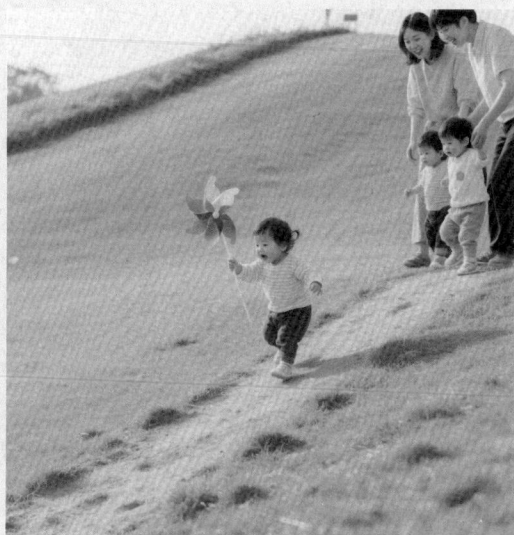

图 1-2　翻越小土坡 2

---

① 中国福利会托儿所.走进亲子苑:多边干预的早教模式[M].上海:中国福利会出版社,2008:16.

揉面团做面疙瘩（生活体验）

生活中，孩子们看到长辈揉面团、制作面食总会表现出浓厚的兴趣，一个个跃跃欲试。鉴于此，保育师设计"揉面团做面疙瘩"生活体验活动，旨在为孩子创造亲身体验的机会，让孩子在趣味活动中获得成长：锻炼手部精细动作，培养生活自理能力，感受劳动的快乐与价值（图1-3，图1-4）。

图1-3 揉面团做面疙瘩1

图1-4 揉面团做面疙瘩2

快乐玩球（便于延伸家庭）

为了支持25~30个月宝宝的粗大、精细动作协调发展，保育师在玩球区投放了大小、颜色、材质不同的球和相关材料，保育师指导家长带领宝宝进行"快乐玩球"的亲子活动，如亲子玩海洋球（图1-5）、斜坡滚球、长棒推球、浴巾运球、玩大龙球（图1-6）等。

图1-5 亲子玩海洋球

图1-6 亲子玩大龙球

第二，群体互动的集体亲子活动，分为小集体亲子活动和大型集体亲子活动两类。

小集体亲子活动。因服务对象和活动模式的不同，早教指导中心的集体亲子活动不像幼儿园的集体教学活动（一般有25~30位幼儿参与），一般每次活动不超过12对（以8~10对为宜）婴幼儿和家长参加，年龄相差不超过6个月（以相差3个月为宜），时间20分钟左右。保育师事先根据不同婴幼儿的发展需求安排活动内容和准备活动材料，一对多开展早教指导，带领家长进行亲子活动（图1-7，图1-8）。

图1-7 小集体亲子活动1

图1-8 小集体亲子活动2

大型集体亲子活动。一般而言,早教指导中心会根据当地的风俗习惯、地域文化、社区活动、节假日等,每学期开展两三次大型的、全园性的集体亲子活动,如"六一亲子活动","游森林公园"(图1-9),"我和樱花有个约会"(图1-10),"三月桃花节","农场采摘亲子活动"等。

图1-9 游森林公园

图1-10 我和樱花有个约会

实践探索

××幼儿园早教指导中心半日亲子活动安排表①

时间	内 容
8:40—8:50	入园接待:和家长、孩子交流
8:50—9:20	自由自主亲子活动:搭建活动(建构区)、桌面动手操作活动(动手区)、亲子阅读等
9:20—9:30	如厕、喝水、活动前准备
9:30—10:00	集体亲子活动:热身操、相互认识与了解、动手与认知活动、语言活动、音乐综合活动等
10:00—10:10	如厕、盥洗、喝水、吃点心和水果
10:15—10:40	美劳活动(绘画、颜料探索、手工制作等)
10:40—11:00	户外自由活动或室内感统训练活动(以身体运动活动为主)
11:00—11:30	离园:交流

① 由晋江实验幼儿园贝比早教指导中心提供。

××幼儿园早教指导中心半日亲子活动安排表①

时　间	内　　容
8:30—8:40	入园接待:和家长、孩子交流;早来的家长先带宝宝室外自由活动
8:40—9:20	户外活动:体能、动作协调性、平衡能力锻炼,以及阳光浴、空气浴
9:20—9:30	生活活动:为出汗的宝宝擦汗、更换衣物,如厕、盥洗、喝水
9:30—10:00	集体亲子活动:包括动手与认知活动、倾听与表达活动、游戏活动、音乐综合活动、美劳综合活动(绘画、玩色、手工制作等)
10:00—10:20	生活活动:如厕、盥洗、喝水、吃点心和水果
10:20—11:00	户外自由活动(以身体运动活动为主)
11:00—11:15	离园活动:传唱活动(故事、儿歌、童谣、手偶剧、围裙剧)或欣赏活动,半日亲子活动小结,家庭延伸活动指导,用餐(家长自愿选择)
11:15—11:20	欢送离园、情感互动

(二) 实施亲子活动的主体

婴幼儿进入早教指导中心后,保育师是否有能力代替家长对婴幼儿实施教养呢? 答案是否定的,主要有以下两方面原因。第一,从时间与精力上而言,家长每天二十四小时陪护婴幼儿,倾注其所有精力教养孩子,这远非一周去一两次早教指导中心所能代替的。第二,保育师作为专业早教人员,的确是掌握了较扎实的教养知识和技能。然而,每个孩子都是千差万别的,"保育师拥有的是被抽象概括了的规律性教养知识,对婴幼儿身心发展特点的把握也是普遍性而非特殊性的,要将这种普遍而一般的教养规律演绎到每个特殊的个体身上,对保育师而言是有困难的;但恰恰相反的是,家长缺少的是普遍性规律的教养知识,却是个体化教养的好手,因为他们面对的只是一个特殊的个体,他们最了解自己的孩子需要什么,最清楚自己的孩子能做什么,也最容易发现自己孩子的新行为"②。

由此可见,在具体的亲子活动中,实施的主体是家长,而非保育师。保育师的使命是:设计、准备、组织、协助实施、指导亲子活动,与家长们共同开展活动。在此过程中,家长是亲子活动实施的主体;保育师起主导作用,全程引导家长科学开展活动(图 1 - 11)。

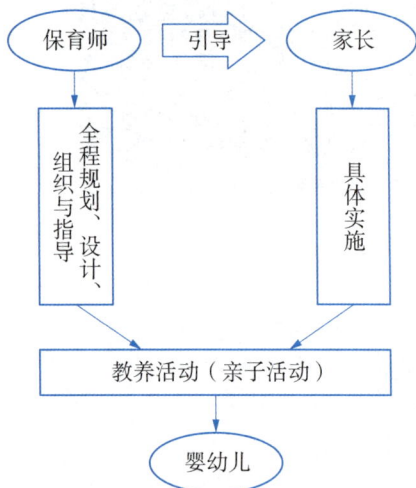

图 1 - 11　亲子活动实施主体关系图

实训练能

实训项目 1 - 1:婴幼儿教养个案访谈记

【实训目标】

能力目标:能初步分析婴幼儿家庭教养基本情况与亲子互动特点。

情感目标:了解"呵护孩子一千天,关爱最柔软群体"职业精神。

---

① 由泉州幼儿师范高等专科学校附属东海湾实验幼儿园早教指导中心提供。

② 中国福利会托儿所.走进亲子苑:多边干预的早教模式[M].上海:中国福利会出版社,2008:8.

【任务实施】

1. 寻找一位身边的 0~2 岁婴幼儿,并与家长取得联系。

2. 预约访谈时间,得体着装,带好记录本与录音设备,录音前征求访谈家长同意。

3. 按计划完成访谈工作,做好访谈记录,如果家长同意,建议拍摄几张亲子互动、居家环境的照片。

4. 访谈结束后,整理访谈材料,完善访谈记录,与学习小组同伴分享个案情况,并分析以下问题。

问题 1:婴幼儿的主要教养人是谁?

问题 2:婴幼儿一日活动有哪些?

问题 3:亲子互动的时间有多长? 亲子互动的方式如何?

0~2 岁婴幼儿教养个案访谈记录与分析表

宝宝乳名:		出生日期:	
家庭成员:		当前月龄:	
宝宝出生方式			
宝宝主要由谁带			
宝宝一日作息与活动情况			
宝宝日常活动是否有特别之处			
个案分析			

任务思考

一、单选题

1. 亲子教育主要包括两部分,分别是(　　)。

A. 子女教育和亲职教育 　　　　　　　　　B. 子女教育和家庭教育

C. 家庭教育和机构教育 　　　　　　　　　D. 家庭教育和社会教育

2. 早教指导中心开办的宗旨(　　)。

A. 为婴幼儿提供沟通、交流、玩耍的场所

B. 为婴幼儿准备一个精心设计、良好的活动与交往环境,弥补家庭教育资源的不足

C. 提升家长育儿水平,促进婴幼儿生命优化发展

D. 为家长(主要抚养人)提供学习和交流的机会,帮助他们成为优秀的家长

3. 实施亲子活动的主体是(　　)。

A. 保育师　　　　　B. 家长及其家人　　　　　C. 家长和保育师　　　　　D. 母亲或父亲

二、判断题

1. (　　)群体互动的集体亲子活动,参与活动的婴幼儿年龄相差不超过 9 个月,时间至少半小时以上。

2. (　　)越是人生开端的发展越重要,0～3 岁是婴幼儿良好情绪形成、个性萌发、习惯养成的关键阶段。

3. (　　)亲子活动包括自由自主的个别活动和群体互动的集体亲子活动。

在线练习

任务二　掌握亲子活动的特点

案例导入

年轻妈妈慧慧非常重视孩子的早期教育,孩子满周岁后,她决定重返职场,深思熟虑后她决定把孩子送入婴幼儿照护机构,而非由祖辈带养。经过多方打探,她找到了一所自己非常放心的照护机构,该机构除了提供托育服务外,还会在周五下午、周六上午开展亲子活动。带孩子参加亲子活动时,保育师组织了丰富多彩的活动,孩子玩得不亦乐乎,慧慧站在一旁时而会心一笑,时而拍照记录精彩瞬间,内心感叹道:"保育师是专业的,孩子有保育师带着就可以了,我是门外汉,做不了什么;看起来亲子活动与平时的日托活动也没什么区别。"请分析慧慧在认识和行为上的误区。

亲子活动是早教指导中心开展的核心活动,具有自身规律和特点,和常规教学活动存在本质区别。亲子活动具备鲜明的多元导向:不仅致力于家长育儿能力的提升,还着重推动婴幼儿在活动中的学习与发展;十分重视婴幼儿与家长的互动与沟通,也强调保育师在活动中的组织与引导,通过婴幼儿及其家长与保育师共同活动的方式,实现家长与婴幼儿的共同发展,促进保育师的专业成长。具体来讲,亲子活动主要有四个方面的特点。

一、活动目的的双重性

早教指导中心开展的亲子活动是家长、婴幼儿"双重"教育的一种活动形式,是整合与利用多方早教资源的一种平台,是开展家长育儿指导,助力婴幼儿健康成长的一种三方实时互动的活动。婴幼儿及其家长都是保育师在亲子活动中认识和把握的客体,保育师需要解读孩子、家长、家庭、亲子关系。由此可见,亲子活动的活动目的具有双重性。

(一)亲子活动是家长学习育儿的活动

正规职业一般都需要持有职业资格证书方能上岗,但每个人要成为"父母"却不需要持证上岗。大多数父母普遍缺乏科学教养孩子的知识和技能,早教指导中心开展亲子活动的目的之一就是把父母培养成为合格的家长:了解孩子发展的现状和发展需求,为孩子的最佳发展提供全方位的支持。

(二)亲子活动是婴幼儿游戏和学习的活动

婴幼儿早期教养指导的出发点和归宿均是婴幼儿,亲子活动作为早教指导的一种重要形式,为婴幼儿提供游戏的场所、学习的机会,能有效满足婴幼儿认识世界、快乐游戏的需要,能帮助婴幼儿学会人生最初的知识、发展奠定一生的能力。

二、活动主体的多元性

参与亲子活动的人员有三方:保育师、家长、婴幼儿,他们互相配合、互相协调、互为主体,各有使命,有着不可或缺的地位。

(一)活动现场中的婴幼儿主体地位

苏联心理学家"维果斯基把3岁前的教学称为'自发型教学',这是因为0～3岁婴幼儿总是以自己的方式(而不是成人要求的方式)去作用于成人为他们创设的环境"[①]。例如,一次亲子活动中,保育师为孩子准备的是花生和小口瓶子,希望孩子将花生装入瓶中,目的是锻炼孩子的手眼协调和手指的灵活性。但

---

① 中国福利会托儿所.走进亲子苑:多边干预的早教模式[M].上海:中国福利会出版社,2008:7.

是孩子们却有自己的行为,他们可能将花生从碗里抓出来撒在地上或放在某个固定的位置,也有可能将花生放在嘴里咬,这是孩子按照自己的发展大纲和意愿进行活动。遇到这种情况,家长和保育师要给予孩子按照自己意愿活动的时间和空间,在此前提下,孩子自发活动一定时间后,家长可以示范将花生装入瓶中,观察孩子是否会模仿,不强迫和硬性要求,以孩子的自我发展需求为主。

该案例告诉我们:无论保育师如何刻意设计活动和提供环境,无论家长怎么具体引导,婴幼儿总会自发、自主作用于环境和材料,亲子活动必须尊重婴幼儿的自发行为,婴幼儿在具体的活动中是主体。由此可见,家长和保育师不只是施教者,同时也是学习者,婴幼儿的自发行为就是鲜活的教材,保育师要与家长一起从婴幼儿的自发性行为中学习、探索和把握不同婴幼儿个体是如何表现他们各自的成熟时间表的,他们分别以怎样的方式来对成人创设的活动作出反应。

(二)个别化指导中的家长主体地位

保育师作为专业人员,的确拥有全面、丰富的教养知识和技能,然而这些知识和技能是规律性、普适性的,对婴幼儿身心发展特点的了解也是群体性而非个体性的。面对发展速度和方式各异、潜能与资质不同的婴幼儿,保育师不可能给出绝对有效的活动指导。而婴幼儿的家长则不同,他们或许缺乏保育师所具有的教养知识和技能,但对自己的孩子非常了解,了解他们需要什么和能做什么,也能在第一时间发现自己孩子表现出的新行为。所以,家长是亲子活动中个别化指导的主体。保育师帮助家长掌握普适性、规律性的知识和技能,提供活动和环境,而具体应用于每一个婴幼儿个体,则需要依靠家长的聪明才智进行个别化的指导。

(三)亲子活动预设中的保育师主体地位

强调婴幼儿和家长的主体地位,并不意味着保育师不重要,可以淡出亲子活动。所有亲子活动是保育师有目的、有计划的预设,保育师非常专业地安排活动内容,设计、组织和指导活动,准备材料、提供环境,在亲子活动中的主体地位是不可否认的。保育师的主体能动性表现为如何设计契合婴幼儿发展需求的活动,如何激发其对活动的兴趣,如何引导家长观察、指导自己孩子的活动,如何激发保育师、家长、孩子的三方互动等。这些问题都需要在亲子活动预设中进行考虑,因此,保育师是活动预设的主体。

三、活动互动的多向性

亲子活动的参与人员一般是婴幼儿、家长、保育师,他们之间的互动是多向的,不仅有师幼间、亲子间、保育师与家长间的积极交流与互动,同时还有婴幼儿间的同伴互动。活动实施的过程就是保育师、家长和孩子这些具有差异的生命体之间的积极主动的交往与对话过程,更是互相启发、互相学习、共同创造的过程。

在开展亲子活动的过程中,保育师与家长的互动能帮助家长全方位了解自己的孩子,指导其有效开展亲子活动,及时纠正家长不正确的做法,并增进家长与保育师之间的理解和沟通。保育师与婴幼儿的互动能使保育师用自己的智慧、情感、态度、精神等响应、激励、唤醒、鼓励、期待、理解婴幼儿,能让婴幼儿得到专业的早期教育,婴幼儿在熟知自己身心发展需求的人的指导下顺利地展开早期生命、游戏、学习活动,也有助于家长感受、模仿婴幼儿科学教养的方法。家长与婴幼儿之间的互动能增进亲子之间的情感,在开展亲子活动时能进行有针对性的引导(因为家长最熟悉自己的孩子)。家长之间的互动有利于他们交流教养孩子的心得与体会,在交流与反思中调整自己的期望、观念、做法。婴幼儿之间的互动让孩子有同伴交往的机会,更好地认识我、你、他,体验集体的氛围等。

亲子活动中的多方互动交往是语言的交流、思想的碰撞、心灵的沟通、情感的共鸣、意义的生成,以及活动和行为方式的相互参照,他们之间相互追问、相互聆听。

四、活动时空的连续性

0~3岁婴幼儿早期教养活动实施的主体是婴幼儿家长,早教指导中心是应家长科学、高效育儿之需求而兴起的。从目前早教指导中心运营模式来看,其开展的亲子活动在时间和空间上是有限的,一般家长与婴幼儿每周前来参加活动是以次数计算的(多数是1~2次),大多在园内进行,偶尔开展外出活动。而婴幼儿科学教养仅靠一周几次的亲子活动是无法完成的,在时间、空间上应具有连续性,即早教指导中心开展的亲子活动在内容、指导上要延伸至家庭,保持家园的一致性、连续性。

(一)亲子活动内容的连续性

安排亲子活动内容时要考虑是否在家中也能开展,并在现有活动基础上专门设置"在家中教养活动的操作与实施"的内容;此外,内容上也要考虑每位婴幼儿及其家庭早期教育的具体情况,真正实现家园亲子活动内容的有效连续。

(二)亲子活动指导的连续性

亲子活动的指导不仅是当下的指导,也应考虑活动延续至家庭的指导。例如,在"大把抓豆豆"的活动中(保育师提供了大小不一的三种豆子),保育师指导家长要根据孩子的不同能力表现引导孩子抓由大到小的豆子。保育师的指导不能到此为止,应指导家长将这一活动延续到家中,由单纯的大把抓逐步到把东西抓到瓶口越来越小的容器里;保育师应指导他们如何循序渐进地开展锻炼手指灵活性的活动,按照"大把抓—手指捏—三指捏—二指捏"的顺序进行。

实践探索

宝宝趣探光影

近期,橙子宝宝在早教中心参与了户外亲子活动"踩影子",橙子宝宝感悟了自己和妈妈在太阳光照射下都有"影子",自己动、影子动,自己不动、影子也不动,此外,也发现户外的游乐设施、树木也有影子。在保育师的引导下,他和妈妈玩了有趣的"踩影子"游戏,玩得不亦乐乎。橙子在游戏中既探索了"光影",也锻炼了快走、跑的能力。

回到家后,在保育师的指导下,妈妈继续带着橙子探索"光影",他们有时候是早上八点去小区中庭玩,孩子发现这时候的影子非常长;有时候是上午十点后去小区中庭玩,孩子发现这时候的影子变短了。经过一段时间的探索,妈妈发现橙子对"光影"产生了浓厚的兴趣,于是晚上在家也玩起了"光影"探索,调暗灯光,用手电筒照出光影,玩手影游戏等。

实训练能

实训项目1-2:分析亲子活动的特点

【实训目标】
能力目标:能结合亲子活动案例分析出该亲子活动所呈现出来的特点。
情感目标:重视亲子活动,初步树立"高质量亲子互动助力婴幼儿生命优化发展"理念。
【任务实施】
1. 扫码仔细观看亲子活动视频3遍,或授课教师现场展示一个亲子活动(边示范边说明)。
2. 结合所观摩的亲子活动,梳理并分析以下问题。
问题1:该亲子活动分为几个步骤,每个步骤做了什么?
问题2:该亲子活动呈现出哪些特点,请用思维导图或结构图的方式,进行简要分析。

视频 亲子活动"瓶中取物"

亲子活动的特点分析表

活动名称:	活动人数:
宝宝月龄:	活动地点:

（续表）

该亲子活动的主要环节	
该亲子活动呈现的特点	

任务思考

一、单选题

1. 有关亲子活动的描述,不正确的是(　　)。

A. 亲子活动是婴幼儿游戏和学习的活动

B. 亲子活动中的个别化指导,保育师的指导更有效

C. 亲子活动有双重的目的和追求,不可忽视彼此

D. 婴幼儿是亲子活动设计、组织实施的起点和终点

2. 亲子活动具有"互动多向性"的特点,在亲子活动中,宝宝、家长和保育师有(　　)互动关系。

A. 5 对

B. 6 对

C. 8 对

D. 10 对

二、判断题

1. (　　)亲子活动在时间、空间上应该要具有连续性,即早教指导中心开展的亲子活动在内容、指导上要延伸至家庭,保持家园的一致性、连续性。

2. (　　)亲子活动是由保育师精心设计并提供环境与准备材料,尽可能引导婴幼儿按照预设进行活动,这样得到的锻炼比较充分。

在线练习

任务三　　明确亲子活动的价值

案例导入

朵朵父母很重视孩子的从小培养,朵朵10个月时,每周都带朵朵去社区的早教指导中心参加亲子活动。两年来,父母带朵朵越来越轻松,亲子互动游刃有余,朵朵也有很多的变化,发展得非常好。然而,在朵朵爷爷奶奶眼里,他们只发现朵朵越来越聪明,逢人就说:"孩子上早教后越来越聪明,会念很多儿歌、会数数、认识很多东西。"亲子活动具体有什么价值,难道仅仅只有朵朵爷爷奶奶看到的价值吗?

社会和家长高度重视婴幼儿早期教养,理念先进,运作科学、规范,活动内容安排合理、适宜的早教指导中心备受欢迎。早教指导中心在组织和指导亲子活动的过程中,满足孩子不断发展的需求,让家长学习科学育儿的具体做法,使保育师在组织和指导的实践中探索亲子教育的规律,从而使婴幼儿、家长、保育师三方面在互动中同时得到发展。那么,亲子活动在婴幼儿早期教养中起到了哪些作用呢?

一、提供示范与指导,提高家长科学育儿能力

孩子发展中的很多问题大多源于家庭教育问题。大多数学者认为这些问题的关键在于忽略了"父母教育",儿童教育和人才培养的重点应由儿童本身移向与儿童成长密切相关的成人身上。家庭是儿童生活的第一驿站,是儿童早期教养的主场所;家长是儿童的第一任老师,起着"塑造人"的作用。儿童的认知与情绪发展、人格形成、态度观念、社会行为模式等均是在家庭环境中借助与家人的互动逐渐形成和发展的。因此,要培养健全的儿童,首先要帮助家长秉持正确教育观念,形成正确的教育行为。大量研究也表明,在影响儿童发展的众多因素中,家长的素质是影响儿童成长的最重要、最具决定性的因素。

在我国台湾省,"亲职教育"受到广泛重视。"亲职教育"这一称谓由西方诸国在20世纪30年代提出,这种教育在德国称为"双亲"教育,在美国称为"parental education",其含义为对家长进行的如何成为一个合格称职的好家长的专门化教育。"所谓亲职教育应是在借助教育的功能使家长认清自己的角色职分,甚至改变家长自身的角色表现,进而使其善尽家长职责"[1],即通过认知学习、技能学习及情感学习,培养家长正确教养子女的态度,学习教育子女的知识与能力,以改善亲子关系。亲子活动的开展正是秉持这样的活动宗旨,在活动中,教师边示范、边讲解,向家长传播正确的育儿观念,展示有效的育儿方法,指导家长和孩子开展富含发展意义和情趣的亲子活动。家长在保育师的引领和指导下,发现自己的问题,认识自己的不足,了解婴幼儿身心的发展规律和特点,学习科学、有效的教养方法,并将所得方法运用到家庭日常的亲子活动中,使日常的亲子互动成为科学育儿的过程。

实践探索

早教指导中心的亲职教育[2]

对于家长和婴幼儿来说,早教指导中心是一所特殊的"学校",为年轻家长接受亲职教育提供了一种有效途径,指导内容和形式受到家长的认同和喜爱,在真实情境中学习育儿,在专业人员陪

---

① 蔡春美,翁丽芳,洪福财.亲子关系与亲职教育[M].台北:心理出版社,2001:149.
② 泉州幼儿师范高等专科学校早期教育专业实践基地"晋江市实验幼儿园早教指导中心"供稿。

伴中掌握亲子互动的方法。许多家长会在家中自编游戏,与孩子共同玩乐,用科学的方法对孩子进行教养,取得较好效果。

众所周知,观念是行为的先导,家长育儿观念得以转变,具体体现在五大方面:

第一,从重养轻教到树立以养为主、教养融合的新理念;

第二,家长充分认识到婴幼儿早期教养的重要性,主动关注婴幼儿的成长,学习和掌握其心理特点,了解其心理发展需求,开始懂得根据婴幼儿身心发展特点进行教育;

第三,主动了解婴幼儿身心发展特点,逐步学会根据孩子发展特点进行教养;

第四,由单纯关注孩子身体、智力发展到关注孩子身体发育、体适能、认知与智力、倾听与表达、情感与社会性等的全面发展;

第五,转变角色,主动和孩子一起游戏,成为孩子长情的陪伴者。

对家长的变化,中心颜老师有着非常切身的感受。很多家长一开始带孩子来参加亲子活动,仅认为这是对孩子的教育,这种活动形式对孩子有好处。经过几个月的努力,家长们逐渐体会到了亲子教育不是传统的家庭教育,也不是幼儿园教育,自己也是被教育的对象之一,自己在亲子班中的身份也是学生。原来许多家长让爷爷奶奶或保姆带孩子来活动,自己则忙于工作或休息,现在家长想方设法亲自带孩子来参加活动,在活动过程中,学习科学育儿知识,与其他家长交流育儿经验。

二、组织动手、动脑、动口活动,发展认知能力

认知指的是那些使头脑中产生认识的内部处理过程及结果;通俗地讲,认知就是认识和知识,认识是一个动态过程,知识是这个过程的结果。[①] 婴幼儿认知的发展包括感知觉、记忆、想象、思维、创造等心理过程,以及注意的发展和认知活动中语言的运用。婴幼儿认知能力的发展是在与成人交往协助下,通过一系列实物操作和游戏活动,在与人、物的交互作用中实际操作、亲身体验,从而获得发展。"婴幼儿所需要的最重要的经验来自那些有接触价值的成人、同伴和年龄较大的儿童之间的交互作用,以及在此基础上所提供的与婴幼儿年龄和水平相适应的活动。"[②]

因为孩子年龄小,目的性、坚持性比较差,他们常常想玩而不知怎样才能玩得更好,游戏流于平淡、单调、机械的重复。而亲子活动的安排,既有游戏活动,又有学习活动,与婴幼儿自发的活动相比,它们更具学习和发展价值。福禄培尔指出,儿童游戏要有教育的价值,则必须是有目的的活动,"没有合理的、有意识的指导,儿童活动只能成为无目的的游戏,而不是为他们注定要承担的那种生活职责做准备。人类教育需要指导,没有遵循法则的指导就不会有自由发展"。

经过保育师精心设计的亲子活动,能有效促进婴幼儿认知能力多方面的发展。例如,"水果宝宝"的亲子活动,内容贴近婴幼儿的生活。在活动中,婴幼儿通过认识颜色、形状不同的水果,获得感知觉的发展;通过观看水果的颜色、形状、保育师和同伴的行为,获得观察的发展;通过运用已储存的有关水果、颜色、形状的信息分析、接收新信息,并进行记忆,获得记忆的发展;通过从颜色和形状两方面联想生活中其他物品,获得相似联想的发展;通过参与整个活动过程,获得注意力的发展;通过学习运用语言进行表达和总结,获得言语能力的发展。此外,这个活动除了发展孩子的认知,还能带来其他方面的发展价值,尤其是生活技能和动手能力。

---

① 王振宇.学前儿童发展心理学[M].北京:人民教育出版社,2004:38.

② 胡娟,裴小倩,张婕.从重新认识大脑看关系中的 0～3 岁婴幼儿保教(一)[J].幼儿教育,2004(7):42-43.

实践探索

水果宝宝

（香蕉、葡萄、橘子、龙眼、猕猴桃）

活动过程：

1. 出示龙眼，引导宝宝观察。

引导语：宝贝们，早上好！我是你们的大朋友豆豆。今天我带来了许多水果宝宝，我们一起来认识认识第一种水果。

引导语：你见过或吃过这种水果吗？它的名字叫什么？龙眼穿着什么颜色的衣服，外形是什么样的，摸起来什么感觉呢？

引导语：我们现在看到的是龙眼的皮，剥开后（保育师现场剥开），里面是白白的果肉。

2. 领取果篮，引导宝宝看一看、摸一摸。

引导语：请宝贝们来我这里领取水果篮，一个接一个排好队，开小火车来这里取。

家长指导语：请家长引导孩子从颜色、形状方面仔细观察几种水果，如"这是谁啊？它叫什么名字？穿了一件什么颜色的衣服？是什么形状呢？"。

家长指导语：如果宝宝已经观察认识好了，引导宝宝从颜色和形状两方面联想生活中其他物品。

3. 做好示范，引导宝宝表达喜好。

引导语：宝宝们真棒，认识了五种水果。我喜欢吃香蕉，所以我想对香蕉宝宝说："香蕉宝宝，你好！我是豆豆，我喜欢你。"

家长指导语：宝宝认识几种水果后，询问宝宝喜欢哪些水果，并引导宝宝说："××水果宝宝，你好！我是××，我喜欢你。"

4. 简单小结，引导宝宝有序如厕、洗手、喝水、吃点心。

引导语：刚刚水果宝宝说"要想吃我先洗手，要是手脏别碰我"。现在，请宝贝们去小便，然后把小手洗干净，注意看洗手步骤图，咱们接下来要品尝美味的水果啦。

家长指导语：等会吃点心时，请引导宝宝学习自己剥水果自己吃，并与宝贝讨论水果的味道。

三、和谐亲子关系，发展良好情绪情感

人的一生中，无论是孩提时代对父母亲的依赖眷恋，还是身为父母对子女的关爱之心，其间所涌动的亲情令人刻骨铭心，而随之建立起来的亲子关系更是维系着人的终身发展。主要抚养人（母亲）在婴幼儿积极情感的发展中起着发动和保障作用，婴幼儿与主要抚养人（母亲）建立起来的依恋是婴幼儿的最初情感联结，婴幼儿期的安全型依恋将促成一个人的信赖、自信和稳定的情绪状态；反之，则造成一个人情绪的不稳定和对环境的不信任。因此，亲子依恋对婴幼儿来说具有重要意义，是亲子关系稳定的标志。

和谐的亲子关系、良好的依恋是在亲子互动中形成的。这就需要亲子之间有高质量的亲子活动作为互动的载体，而早教指导中心所开展的各种亲子活动正有此价值。亲子活动是亲子交往的良好方式，它可以有效地满足婴幼儿的多种需要，建立良好亲情关系。

首先，亲子活动可以满足婴幼儿的安全需要、归属和爱的需要，发展良好的依恋关系。亲子活动是以亲子间的情感联系为基础的，在活动中通过语言、手势、表情、动作等进行面对面的近距离交流，这种交流让孩子深切地感受到"爱和满足"，消除紧张和不安，发展与父母之间的信任与依恋关系，进而产生对父母和家庭的安全感与归属感。

其次，亲子活动可以满足婴幼儿尊重的需要，带来情绪的稳定和良好情感体验。父母通过亲子活动更了解自己的孩子，学会了运用恰当的言语、表情和行为，向孩子传达赞许与认可、鼓励与支持；通过与孩子以平等的玩伴关系共同参与活动，共同遵守游戏规则，共同协商意见，形成彼此平等、互相尊重的关系，从

而在无形中满足了婴幼儿自我尊重和尊重别人的需要。

最后,亲子活动可以发展婴幼儿的自信心和自我成就感。在活动中,婴幼儿可以获得影响与控制环境的能力。当他通过自己的行动对物体或父母产生影响时,会感到自己是有能力的人,获得成功的喜悦,体验克服困难、达到目的的快乐。婴幼儿的这种成就感和自主感可以有效促进其自信心和稳定情绪的发展。

总之,亲子活动的有效开展可以和谐亲子关系、建立亲情关系,帮助婴幼儿发展良好的情绪情感。

四、增进人际交往,提高社会适应能力

每个儿童从出生的那一刻起,就处于一定的社会环境和社会关系中。社会环境和社会关系是儿童身心发展的基本条件,也构成了其身心发展的重要内容。因为人"天生是社会动物",社会是个体发展的不尽源泉和广阔舞台,社会化是个体学习与发展的基本过程。

人际交往是人类生存与发展的重要需求,社会适应是从"自然人"变成"社会人"的必经历程。婴幼儿期是人的社会性发展的重要时期。在这个时期,婴幼儿学习怎样与人相处、怎样看待自己、怎样对待别人,逐渐认识周围的社会环境,逐渐内化社会行为规范,逐渐形成对所在群体及其文化的认同感和归属感,不断发展适应社会生活的能力。这是一个合格的社会成员所必须具备的公民素质。2012 年 10 月 15 日教育部颁布的《3～6 岁儿童学习与发展指南》明确提出"人际交往""社会适应"是学前儿童社会性发展的两大重要课题,0～3 岁的婴幼儿教养也是一样。

早教指导中心的系列亲子活动,改变以往单纯的亲代与子代(主要教养人与婴幼儿)的交往,打破了家庭交往的空间局限,改变了较单一的生活活动的交往。婴幼儿在亲子活动中与同伴、老师、家长、同伴的家长交往,在活动的交往中认识自己、认识他人,感受自己与他人的不一样;逐渐适应小集体的生活,感受团体活动的规则与要求,如共同参与、等待、轮流和重复等;逐渐摆脱自我中心的倾向,学会适应、协调与自己不同的观点;潜移默化他人的言谈、举止、态度,逐渐内化与人相处的社会行为规范,萌发最初的价值观念,加深对物质世界与人类社会生活的认识,从而促进和发展自身的社会性。

知识链接

"幼儿入园严重分离焦虑"与婴幼儿亲子教育的关系

育儿宝典

父母与祖辈的教育方法不一致,怎么办?

当代社会,很多年轻父母是双职工,在宝宝还小需要成人照顾的时候,往往选择和长辈一起生活,期望长辈白天帮忙照顾孩子。这样一来,的确为年轻父母解除了后顾之忧,但同时也带来了问题:在教养孩子方面存在观念和方法上不一致的现象,导致孩子在大人面前无所适从,出现很多行为问题。父母与祖辈之间因为育儿产生矛盾,令很多年轻父母不知如何是好。

分析: 年轻的父母与年长的祖辈因为年龄差距、知识储备和育儿观念的不同,在教育孩子的问题上有很多不一致的做法。祖辈带孩子经常从经验出发,比较溺爱孩子,照顾得过于细致;相比较而言,年轻父母掌握了更多当代的育儿方法,对孩子要求比较严格。

策略:

1. 父母与祖辈不要一味埋怨对方教育方法不当。埋怨对方不仅解决不了问题,而且使问题更严重,还增加彼此的不理解。

2. 父母可以通过阅读、聆听讲座等方式学习一些好的育儿方法,并运用到亲子教育中,营造科学育儿的氛围,以此影响祖辈。

3. 父母经常与祖辈沟通教养经验。父母可以就孩子的日常行为表现与祖辈进行讨论,交流彼此的看法,切磋育儿心得,通过及时有效的沟通达成一致。

4. 父母可以委婉地向祖辈提出建议。尽管祖辈的行为方式与自己不一致,但他们与自己的目标是一致的,都想培养好孩子。如果祖辈缺乏现代教养理念和方法,父母可以委婉地向祖辈提出有利于孩子发展的建议。

5. 父母能自己带孩子就尽量自己带。很多研究发现隔代教育弊多利少,存在溺爱、无原则满足、与宝宝玩耍少、对宝宝观察了解少等不足,年轻父母要尽量克服困难,多腾出时间来照顾孩子。

实训练能

实训项目 1-3:分析亲子活动的价值

【实训目的】

能力目标:能结合亲子活动案例分析出该亲子活动具体蕴含的主要价值。

情感目标:重视亲子活动,初步树立"高质量亲子互动助力婴幼儿生命优化发展"理念。

【任务实施】

1. 扫码仔细观看亲子活动视频 3 遍,或授课教师现场展示一个亲子活动(边示范边说明)。

2. 结合所观摩的亲子活动,梳理并分析以下问题。

问题 1:该亲子活动分为几个步骤,每个步骤做了什么?

问题 2:该亲子活动具有哪些价值(婴幼儿发展、家长学习),请用思维导图或结构图的方式进行简要分析。

微课

如何组织指导
"音乐游戏"
亲子活动

亲子活动蕴含的主要价值分析表

活动名称:		活动人数:	
宝宝月龄:		活动地点:	
该亲子活动的主要步骤			
该亲子活动的主要价值分析			

任务思考

一、单选题

在线练习

1. 婴幼儿认知发展是在( )过程中实现的。

A. 成人的传授中

B. 在吃吃喝喝睡睡的活动中

C. 在亲身体验、实际操作中

D. 婴幼儿是亲子活动设计、组织实施的起点和终点

2. 下列有关"亲职教育"说法不正确的是( )。

A. 对家长进行的"如何成为一个合格称职的好家长"的专门化教育

B. 兴起于 20 世纪 30 年代,也称为"双亲教育"

C. 通过认知学习、技能学习及情感学习,培养家长正确教养子女的态度,学习教育子女的知识与能力,以改善亲子关系

D. 亲职教育是对孩子主要教养人的教育

二、判断题

1. ( )高质量的亲子互动有利于形成和谐的亲子关系、安全型依恋,所以只要家长和孩子在一起,亲子关系就会和谐。

2. ( )婴幼儿在亲子活动中与同伴、老师、家长、同伴的家长交往,在活动的交往中认识自己、认识他人,感受自己与他人的不一样,逐步形成自我意识。

赛证 链接

一、单选题

在线练习

1. 婴幼儿照护人员必须一视同仁地尊重和对待每位家长,( ),这也是教育公正的要求之一。

A. 教育好每位家长   B. 与其建立诚挚平等的关系

C. 满足家长的要求   D. 顺应家长

2. 在教育中,我们提倡对孩子的行为表现作出肯定、赞赏或鼓励,鼓励有多种形式,( )不宜过多采用。

A. 动作鼓励   B. 眼神鼓励   C. 物质鼓励   D. 语言鼓励

3. 一种有目的、有计划地利用多种材料,采取多种形式,享受空气、阳光等自然因素进行锻炼的积极措施是( )。

A. 游戏活动   B. 户外活动   C. 教育活动   D. 教学活动

二、多选题

如何指导新手妈妈与婴儿建立良好的亲子关系?( )

A. 用眼睛互相注视进行交流

B. 指导母亲在喂奶时与婴儿进行交流

C. 经常给予婴儿更多的爱抚、亲吻和拥抱

D. 无须刻意进行

(选自全国职业院校技能大赛婴幼儿照护赛项赛题)

项目二 ▶ 明确亲子活动设计的基本问题

项目导学

在早教指导中心,亲子活动是提升家长育儿水平、推动婴幼儿健康成长的重要一环。设想一下,你即将为一群家长和孩子设计亲子活动,却面临诸多挑战:怎样设计出既优质又独具创新性的亲子活动? 应以何种设计理念为指导,遵循哪些原则,采用哪些方法? 活动目标该如何确定,内容又该如何筛选?

这些问题,是每一位亲子活动设计初学者都必须攻克的难关。初学者应在双导师的指引下,沿着"理论研习—案例剖析—反思实践"的路径前行,系统学习亲子活动设计。

学习目标

知识目标　1. 能结合实际阐明亲子活动设计原则。

2. 能阐明亲子活动目标制定依据、目标体系、目标制定的方法、内容选择原则和范围。

3. 能说出亲子活动设计的思路、设计形式。

能力目标　1. 能运用亲子活动设计的原则详细分析亲子活动设计案例。

2. 能为亲子活动合理制定活动目标、选择适宜的活动内容。

3. 能运用恰当的思路,采用合适的形式,以设计要点为指引,规范撰写亲子活动方案。

情感目标　1. 树立"以婴幼儿优化发展为本,以家长育儿能力提升为主"的活动设计观。

2. 树立"活动目标是方向,活动内容是载体"的活动设计观。

3. 将"呵护孩子一千天,关爱最柔软群体"职业精神贯穿于活动设计中,积极参与课程学习活动。

思维导图

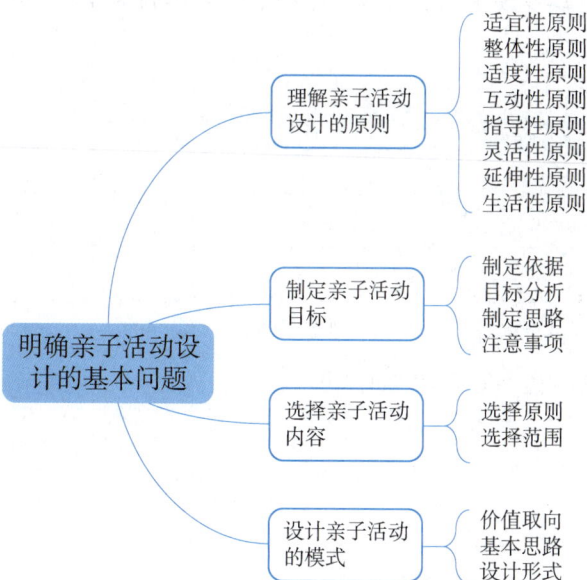

明确亲子活动设计的基本问题
- 理解亲子活动设计的原则
  - 适宜性原则
  - 整体性原则
  - 适度性原则
  - 互动性原则
  - 指导性原则
  - 灵活性原则
  - 延伸性原则
  - 生活性原则
- 制定亲子活动目标
  - 制定依据
  - 目标分析
  - 制定思路
  - 注意事项
- 选择亲子活动内容
  - 选择原则
  - 选择范围
- 设计亲子活动的模式
  - 价值取向
  - 基本思路
  - 设计形式

任务一　理解亲子活动设计的原则

案例导入

　　保育师妮妮上周组织了"给娃娃穿衣服(纽扣款)"的亲子活动,她在活动前用心设计了活动方案、精心准备了活动材料,然而在亲子活动现场,因为大部分宝宝都不会给娃娃穿衣服,最终由家长代为完成,她因活动不成功而感到焦虑。这周,妮妮老师注意降低动手操作的难度,改为学习使用大小不一、材质不同的夹子夹物品,宝贝们均得到了不同的锻炼,她总算松了一口气。活动即将结束时,一位家长询问:"妮妮老师,我们回家后该怎么做呢? 觉得宝宝今天很投入、有成就感,但仍需要多锻炼手指的力度和灵活性。"她顿时头脑一片空白,不知道该如何回应这位家长的提问,因为她在设计活动时没有想过"活动如何延伸"这一问题。保育师在设计亲子活动时如何做到内容适宜、有效延伸,亲子活动设计还应遵循哪些原则?

　　亲子活动设计是保育师为促进婴幼儿发展而有计划、有目的地展开的一项创造性工作,它是建立在保育师把握和分析婴幼儿及其家长的特点、制定适宜的活动目标、合理选择活动的内容与形式、充分创设活动的环境和调动其他要素基础之上的。亲子活动设计有其内在的原理和要求,是一项慎重的工作,要努力做到科学、有效。亲子活动设计的形式灵活多样,内容丰富多彩,可谓是"千变万化",但万变不离其宗,亲子活动的设计应坚持以下八项原则。

一、适宜性原则

　　适宜性原则是指要根据孩子的年龄特点和发展水平,设计符合婴幼儿发展需要的亲子活动。

　　婴幼儿的身心是按照一定的顺序向前发展的,每个年龄阶段的具体表现各不一样,其身心发展表现出一定的顺序性和阶段性,并具有一定的规律和相应的特点。因此,婴幼儿不同的发展阶段具有不同的发展诉求,教师在设计亲子活动时,要根据不同年龄阶段婴幼儿的发展特点和水平,制定适宜的活动目标,选择适宜的活动内容,采用适宜的活动方式,创造适宜的活动环境,准备适宜的活动材料。在制定目标、选择内容时,保育师要在全面了解和观察的基础上找到婴幼儿的"最近发展区",顺应婴幼儿的发展需求,设计出适宜的亲子活动。贯彻这一原则时,要注意以下两个方面。

　　第一,观察了解、评估婴幼儿当下的发展阶段和水平,着眼于婴幼儿在成人的帮助下可能达到的更高水平,明确接下来的发展需求,设计能有效满足婴幼儿需要的亲子活动。

　　第二,充分考虑婴幼儿群体发展水平的基础上兼顾他们之间的差异,使设计的亲子活动适宜于活动中每一位孩子的发展。

案例　亲子活动"包饺子"

活动名称	包饺子	
活动对象	13~18月龄宝宝	
活动目标	婴幼儿发展目标	刺激感觉器官的发育,增进亲子情感。
	家长学习目标	学习边念儿歌边抚触的方法。
活动准备	仿真娃娃一个。	

（续表）

	活动内容	家长指导要点	活动设计分析
活动过程	1. 示范与宝宝进行情感互动。 引导语:宝贝,妈妈爱你,亲一个,我们要做抚触了,请放松身体和四肢。准备好了吗,要开始喽。 2. 配合儿歌《包饺子》自上而下为宝宝做抚触。 要求:动作轻柔,配合儿歌,节奏适中,念到最后一句"闻一闻,真香啊!"时,给予宝宝一个拥抱和亲吻,以增进亲子之间的情感。 家长引导语:刚开始时,家长们可根据宝宝的表情和反应调节抚触的力度,当宝宝逐渐适应后可适当地增加力度,以达到抚触刺激的效果。 　　附儿歌:包饺子 　　擀擀皮,和和馅,捏一捏,切一切,放在锅里煮一煮,再把饺子翻个个儿,饺子煮好了,闻一闻,真香呀! 3. 竖抱宝宝、轻拍背部,进行延伸指导。 引导语:宝贝,抚触做好了,感觉全身舒服吧,妈妈非常爱你哦! 家长引导语:家长们回到家后,每次宝宝睡醒后,可以配上这首好听的儿歌为宝宝做抚触,应注意抚触前、中、后与宝宝进行情感的互动。	1. 活动目的和价值指导。 2. 亲子互动指导:家长应视宝宝的适应情况调节抚触的力度。 3. 延伸指导:每次宝宝睡醒后,配上好听的儿歌为宝宝做抚触,注意情感互动。	从"适宜性"角度而言,组织该活动时有以下几个注意事项。 第一,"抚触"最有价值的年龄阶段是1岁以内,当然1岁以后也需要,但一个学期的亲子活动是有限的,保育师应给婴幼儿安排最适宜、最有价值的内容。所以,抚触类的亲子活动越早安排越好,引导和指导家长给婴幼儿做抚触。 第二,活动使用的儿歌《包饺子》最好再简短些,13～18月龄宝宝的言语才刚刚开始发展,从单词句、双词句过渡到简单句,经常说叠音(果果、饼饼、花花等),活动设计使用的儿歌偏长,可以尝试简化为"擀擀皮,和和馅,包饺子,捏一捏"。
家庭延伸指导	替换儿歌内容,或模仿编儿歌内容,在家中经常开展边念儿歌边进行肢体互动的亲子游戏,如"小老鼠上灯台"等。		

二、整体性原则

整体性原则是指亲子活动的设计要考虑婴幼儿动作、语言、认知、情感和社会性等各个方面的整体发展。

婴幼儿的发展不是单纯的智力发展,而是多元的、全方位的、综合的发展,各个方面的发展交相辉映,相互促进,相互影响。例如:粗大和精细动作的发展影响婴幼儿探索外部世界的能力,继而影响认知、语言等的发展;情绪情感的发展直接影响社会性的发展。因此,在设计亲子活动时,虽然每个亲子活动的内容是有针对性的,但要考虑在亲子活动实施过程中尽可能挖掘活动多方面的发展价值,有意识地渗透动作、语言、认知、情感与社会性等方面的积极影响,把婴幼儿各个方面的发展当作一个整体,在活动中促进其各方面的整体、和谐发展。

案例

早教指导中心每月为当月生日的宝宝开展生日会亲子活动,大家围坐成一圈,保育师组织一些有趣的活动:第一,看看、说说小画布下今天是谁过生日,数一数一共有几个宝宝过生日;第二,为生日宝宝装扮,点蜡烛,学唱生日歌;第三,品尝生日点心,制作生日礼物。

分析:保育师设计的生日会亲子活动较好地体现了整体性原则,它包含了认知、情感、社会交往、想象、创造性活动等。"看看、说说小画布"发展孩子的观察力和语言能力;"数一数"发展孩子的数数能力;"为生日宝宝装扮,制作生日礼物"发展孩子的动手能力、艺术表现力和创造力;"点蜡烛"发展孩子的生活能力;为他人过生日,发展孩子的社会交往能力。此外,这也是一个情感丰富的活动。

三、适度性原则

适度性原则是指亲子活动的设计要考虑婴幼儿身心的承受能力,适度、适量地安排活动内容和控制活动时间。

　　0～3岁婴幼儿各方面生长发育尚不成熟,同一时间内接受外部丰富刺激的量有限,集中注意的时间比较短。所以,孩子活动的量不宜过大,活动时间不宜过长。因此,在设计亲子活动时,要注意动静交替,活动量比较大的活动后要安排相对比较安静的活动。集体活动与分散自主活动相结合:集体活动是多个孩子和家长一起活动,有较多的活动规则,有统一的活动要求;分散自主活动中孩子有更多的自主选择权和活动空间,二者应有机地结合起来开展。在集体亲子活动中可以穿插一些自由放松的活动,一次集体亲子活动通常由多个环节和活动组合而成,中间安排一些休息、放松的活动,例如,家长抱着宝宝静静地听音乐,能有效缓解孩子活动中的疲劳感。一个活动可多次重复,但活动量要适当,根据家长和孩子的具体情况适当调整活动内容和活动节奏。"总之,既要防止婴幼儿过度疲劳,又要避免活动量不够;既要防止形式单调、内容单一,又要防止花样繁多、任务过重。"[1]

案例　某早教指导中心的半日亲子活动安排

　　一、入园(8:30)

　　入园时向保育师、同伴问好,将随身携带的物品摆放整齐。

　　二、自由自主的活动区活动(8:30～9:20)

　　家长带领宝宝进入保育师精心准备的活动区开始亲子活动,有装扮区、阅读区、哈哈镜、迷宫区、喂养区、动手区、沙水区等。

　　十分钟过渡环节:整理物品、小便、喝水。

　　三、集中亲子活动(9:30～10:00)

　　活动前:音乐律动操。

　　1. 亲亲热热:小球不见了

　　婴幼儿成长目标:听到名字后愿意独自上台找出小球。

　　家长学习目标:尝试运用不同的鼓励方法引导孩子积极寻找小球。

　　活动方法:手持小球念"小球小球藏起来,小球小球藏哪去?",小球藏好后,问宝宝:"宝宝们,小球哪去了?"——请每位宝宝找出小球。

　　2. 能干小手:捞小球

　　婴幼儿成长目标:通过捞、倒的动作发展手部动作的灵活与协调性,喜欢参与捞小球游戏。

　　家长学习目标:学会分析孩子在捞小球活动中精细动作发展水平。

　　活动方法:用勺子从篮子里捞出小球,倒进另外的空篮子。

　　3. 说说唱唱:音乐游戏"碰一碰"

　　婴幼儿成长目标:感受音乐快、慢的节奏,体验亲子游戏的乐趣。

　　家长学习目标:初步学习沙锤演奏游戏中与孩子互动的方法。

　　活动方法:跟着音乐用不同的动作玩沙锤。

　　四、点心时间(10:00～10:20)

　　小便、洗手、喝水、吃点心等生活活动。

　　五、亲子美劳:彩虹树(10:20～10:40)

　　婴幼儿成长目标:练习撕贴的动作,锻炼手指的灵活性。

　　家长学习目标:学会观察孩子的手部操作,能基本准确判断其发展水平。

　　活动方法:利用废纸撕出树枝,然后给树干贴上。

　　六、十分钟过渡环节(10:40～10:50)

　　整理作品册、小便、喝水。

---

① 郑琼. 0—3岁婴幼儿亲子活动指导与设计[M]. 福州:福建人民出版社,2013:5.

七、感统时光(10:50～11:10)

在保育师的指导下,家长带领宝宝根据孩子的需求做感统训练。

分析:以上半日亲子活动安排较好地体现了适度性原则——集体亲子活动与自由自主的活动区活动相结合,动的活动与静的活动交替进行,中间安排了过渡性的休息环节,每一个环节的时间都比较短;既有大肌肉动作活动,也有小肌肉动作活动;既有音乐感知,也有美感启蒙。

四、互动性原则

互动性原则是指亲子活动的设计要注重婴幼儿、家长、教师三向多维的有效互动,关注家长和婴幼儿在活动中的互动体验,通过互动深入挖掘活动的价值。

亲子活动中的多维互动是指不同人之间的交往,有交往就有学习,有学习就会有发展。保育师在亲子活动设计时,要以活动内容、材料、环境为载体,考虑如何在活动中有效促进婴幼儿、家长和保育师的沟通与交流,关注他们之间的互动。

第一,关注家长和孩子的互动。家长是孩子的最直接、最忠实、最用心、最真情的教育者,也是孩子生命中最了解他的人,他们之间的良好互动直接关系到孩子的发展。活动中关注二者的互动质量能有效提升亲代对子代的教养质量。

第二,关注孩子与孩子的互动。对每位婴幼儿的发展来说,同伴是与家长、保育师同样重要的他人,同伴交往既促进孩子社会性发展,又带来相互之间的模仿性学习。活动中关注他们的互动,可有效发挥同伴群体在个体发展中的作用。

第三,关注家长与家长的互动。家长在育儿过程中都有丰富的经历和体会,拥有不同的经验和方法,他们之间的互动可以互通有无、互相成就。

第四,关注保育师自身与孩子之间的互动。保育师作为专业人士,是亲子活动的主导者,在活动中对孩子具有较大的影响力,但孩子不是被动的接受者,他们发展中的行为表现会告诉保育师应该怎么做,二者的良好互动直接影响亲子活动的效果。

第五,关注保育师自身与家长之间的互动。保育师在活动中要指导家长如何带领孩子一起活动,但家长不是被动的学习者,他们有丰富的育儿实践经验和方法。双方的互动,既可以使家长在活动中贡献自己的教子方法,交流成功的育儿经验,又可以使保育师全面了解家长育儿方面的问题和困惑。

案例　点点和妈妈的互动[1]

在通向活动室的楼梯上,2岁的点点走在前面,妈妈走在他后面。他看到楼梯墙面上的大西瓜图案,用手指着图案说:"西瓜。"妈妈及时回应:"对! 这是西瓜。"接着妈妈看着贴在这幅图案边的一首儿歌念了起来:"西瓜大,圆又圆,西瓜水,甜又甜。"点点认真地听妈妈念,并模仿着说:"圆又圆,甜又甜。"

分析:保育师精心的环境布置和材料投放,使走楼梯的过程也蕴含早期阅读和亲子互动对话。大西瓜图案是给婴幼儿看的,而图案旁边的文字则是为家长准备的,以此来引导家长与孩子进行互动。当婴幼儿触摸到通道上和他们差不多高度,又是自己熟悉、喜爱的水果图片时,会立刻被吸引,看着图片指指、点点、说说,这时妈妈和孩子自然而然地开始交流,妈妈用简单易懂、朗朗上口的儿歌回应孩子的行为,引导孩子倾听、感受,有助于其语言和认知能力的发展。

五、指导性原则

指导性原则是指亲子活动的设计要有目的、有计划、有组织地面对家长开展科学育儿的具体指导。

家长的教养行为直接影响婴幼儿的成长和发展,所以亲子活动除了作用于婴幼儿的发展外,更主要的目的是指导家长科学、有效地开展育儿工作,帮助家长更新育儿观念,获取科学的育儿知识,掌握适宜的教

---

[1] 中国福利会托儿所.走进亲子苑:多边干预的早教模式[M].上海:中国福利会出版社,2008:23.

养方法和技能,提高家长科学育儿的水平和能力。因此,在设计亲子活动时,保育师要充分体现对家长的指导:既有现场的示范指导,又有活动前、中、后的言语沟通与交流;既要顾及多数家长的需求,又要考虑个别家长的具体指导。

六、灵活性原则

灵活性原则是指亲子活动的设计要灵活考虑多方因素,灵活处理各种问题,使活动的开展契合实际的需求。

亲子活动是人与人之间的互动活动,不像工厂生产产品的活动(产品生产活动有着严格的程序要求,是刻板的重复),而服务于婴幼儿和家长的亲子活动却需要富有变化,要灵活安排活动内容、活动程序、活动时间、活动地点等。设计亲子活动时,预先安排的活动内容要根据婴幼儿当下的发展状态有所变化,活动的组织方式应根据实际需求有所变化。亲子活动不受时间和地点的限制,可以根据季节、天气的不同灵活安排在室内或室外,也可以根据理念的不同安排在室内或室外,还要根据婴幼儿不同的年龄确定活动时长。活动的指导者可以是专业的保育师,也可以是有经验的父母。

案例　户外亲子活动:赶小猪[①]

为锻炼体能、增强体质,进行日光浴,我们设计了"赶小猪"的户外健身活动。考虑到孩子的年龄特点,我们特地设计了用奶粉罐子做的,能发声音的"小猪",以吸引孩子的兴趣。但在活动中,我们发现大多数孩子一开始虽然能被我们设计的活动所吸引,但受其年龄限制,他们大都只能在家长的引导下做一些很简单的动作,如用手推、用脚踢"小猪",即使能用保育师提供的小棒赶"小猪",活动持续的时间也很短,孩子们自主活动的兴趣不高。

鉴于此,我们对这个活动进行了调整。

第一,我们发现孩子对骑小车特别感兴趣,所以用纸箱做了一些小拖车,让孩子们选择喜欢的"小猪",再用小拖车带着"小猪"出去玩。

第二,设计一个"小猪的家",让孩子们用不同的方法送"小猪"回家。

第三,这一年龄段孩子动作发展水平有限,还不太会使用小棒,所以我们又特地在小棒的前面加了一个小瓶子,把小棒变成了"高尔夫球棒",这样小棒接触"小猪"的面积变大了,有利于孩子们赶"小猪"回家。

分析:这是一个户外自由自主的亲子活动,活动的设计和推进能根据婴幼儿的活动情况进行及时调整。活动缺乏趣味性,孩子兴趣不高,保育师就继续投放材料,创设情境,提高活动的乐趣;孩子动作发展水平有限,为协助其成功地开展活动,保育师改进了原有的活动材料,把小棒变成了"高尔夫球棒"。这是亲子活动设计灵活性原则的体现。

七、延伸性原则

延伸性原则是指亲子活动的设计要考虑活动的延伸性,即能否延伸到对婴幼儿发展至关重要的其他场所。

一次亲子活动时间、内容有限,有限的亲子活动并不能满足婴幼儿所有的发展需求,也不可能解决其发展的所有问题。家庭是实施婴幼儿早期教养的主要场所,家长是婴幼儿早期教养的主要责任人。因此,亲子活动的设计要考虑活动是否可以向家庭延伸,以及如何向家庭延伸。保育师应尽可能选择具有代表性,易于向家庭延伸的内容,除了活动中对家长进行必要的示范讲解外,活动后还可以向家长提供家庭教养建议,鼓励家长举一反三。

---

① 中国福利会托儿所.走进亲子苑:多边干预的早教模式[M].上海:中国福利会出版社,2008:33.

💬 **案例　亲子活动：打开小瓶盖**

活动名称		打开小瓶盖		
活动对象		25～27 月龄宝宝		
活动目标	婴幼儿发展目标	练习"旋"的动作，发展手指和手腕的灵活性；学习生活技能，发展自理能力；初步感受"里""外"的空间概念。		
	家长学习目标	初步了解孩子旋、拧动作的发展，以及在活动中与孩子互动的方法。		
活动准备		同一规格的带盖透明小瓶子(适合宝宝小手握住)，分别装上糖果、花生、小珠子等。		
		活动内容	家长指导要点	活动设计分析
活动过程		1. 出示瓶子，引导宝宝观察。 引导语：宝贝们，小眼睛仔细瞧一瞧，这是什么(一个瓶子)，瓶子里面装了什么呢？ 引导语：有点看不清，我们打开来看看吧。小瓶子要怎么打开呢？(教师示范旋瓶盖的动作) 2. 边做边说，示范倒出与放进物品。 (1) 保育师旋开瓶盖后倒出瓶中物品，并让宝宝看一看、摸一摸、说一说。 引导语：哇，我用大拇指、食指、中指把瓶子旋开了，倒出来，倒出来。请你们小眼睛仔细看、小手摸一摸、小嘴巴说一说，这是什么东西？ 家长指导语：如果宝宝旋的方向错误，可提醒宝宝换个方向，切记不要包办代替。如果宝宝手部力量不够，家长可以先帮其旋开一部分。 家长指导语：宝宝倒物品时，请用言语进行解说，物品倒出后，引导宝宝说出物品名称。 (2) 保育师把小物品放入瓶中，并说："放进去，放进去。" 家长指导语：如果宝宝能轻松旋开，可以引导宝宝将物品再放进去，然后拧紧瓶盖。 3. 宝宝自主操作，家长给予指导。 家长指导语：每位宝宝的行为方式都不一样，家长注意观察，尊重孩子的意愿，及时与宝宝互动。 家长指导语：注意看护孩子，防止宝宝将细小物品放入嘴、鼻孔或耳朵里。	1. 活动目的和价值指导。 2. 亲子互动指导：孩子操作时，用言语进行解说；孩子手指力度不够，可适当协助；多引导、不包办代替；如孩子能轻松旋开，可以引导其拧紧瓶盖。 3. 安全指导：注意看护，防止孩子将细小物品放入嘴、鼻孔或耳朵里。 4. 延伸指导：先练习旋开，再练习拧紧的动作；后期可增加难度，如大小、规格不同的瓶子和瓶盖的配对。	该亲子活动从内容的选择、材料的投放来看均可以较好地延伸至家庭。首先，旋、拧瓶盖是我们的一项生活技能，也是孩子自理能力发展的一个方面，单靠一两次短暂的亲子活动难以完成这一任务，所以设计亲子活动内容时一定要考虑是否能有效延伸至家庭中继续学习与锻炼。其次，活动中使用的是空瓶子，在生活中很容易能收集到，既经济又环保，为活动延伸至家庭提供了可能性。
家庭延伸指导		1. 寻找家中不同类型的瓶子或罐子，尝试让宝宝旋开；熟练打开瓶盖后，可以引导宝宝把物品放回瓶中，然后拧紧瓶盖。 2. 为宝宝提供大小、规格不同的瓶子和瓶盖，让宝宝尝试配对，发展其观察、认知能力。		

八、生活性原则

生活性原则是指亲子活动的设计要与婴幼儿的生活密切结合，活动既源于婴幼儿的生活，又为其生活服务。

婴幼儿的成长、学习与发展是在生活中进行的，生活是其学习和发展的源泉和舞台，婴幼儿的学习和发展更主要是为其展开生活服务的，他们由需要大人抱着到行走自如，由成人喂饭到自己动手吃饭，由不会穿衣袜到自己尝试……婴幼儿的教养与生活环境始终是联系在一起而不可分割的，婴幼儿正是在这些关系中得到了发展。所以，亲子活动的设计要充分体现"生活性原则"。

案例　某早教指导中心安排的亲子活动

亲子活动一：晾毛巾——引导宝宝用大小不一、材质不同的夹子晾大小不同的毛巾。

亲子活动二：装饰门帘——利用收集的废旧物品,给用大纸箱做的门装饰门帘。

亲子活动三：穿衣服、袜子——给娃娃穿上衣服和袜子。

亲子活动四：盖盖子——给不同物品(茶叶罐、小药瓶、小矿泉水瓶、迷你塑料罐、酸奶瓶、香水瓶等)盖上盖子。

亲子活动五：小小花圃工——用小水壶给园中的小花、小草浇水。

亲子活动六：和大人一起漱口——准备一高一矮的洗漱台,提供一大一小漱口杯,家长和宝宝一起漱漱口。

分析： 以上亲子活动的安排与设计体现了生活性原则,即婴幼儿的教养要与生活密切结合,不能脱离婴幼儿的生活;活动内容源于生活事件;活动的开展又为生活服务,帮助婴幼儿掌握生活技能,提高其生活自理能力。

实训练能

实训项目 2-1:分析亲子活动设计遵循的原则

【实训目的】

能力目标: 能运用亲子活动设计的八大原则详细分析亲子活动设计案例。

情感目标: 感受"呵护孩子一千天,关爱最柔软群体"职业精神在亲子活动中的践行。

视频

实习生成果汇报活动

【任务实施】

1. 扫码仔细观看亲子活动视频 3 遍,或授课教师现场展示一个亲子活动。

2. 结合所观摩的亲子活动,梳理并分析以下问题。

问题 1:该亲子活动分为几个环节,每个环节做了什么?

问题 2:该亲子活动的设计遵循了亲子活动设计八大原则中的哪些原则,请结合亲子活动实际进行说明,并请用思维导图或结构图的方式,进行简要分析。

亲子活动设计原则分析

活动名称:		活动人数:	
宝宝月龄:		活动地点:	
该亲子活动的主要环节			

（续表）

运用亲子活动设计原则分析亲子活动案例	

任务思考

一、单选题

1. 根据孩子的年龄特点和发展水平,设计符合婴幼儿发展需要的亲子活动,这是亲子活动设计的（　　）原则。

　　A. 整体性　　　　　　　　　　　　B. 适宜性

　　C. 适度性　　　　　　　　　　　　D. 全面性

2. 儿歌《包饺子》:擀擀皮,和和馅,捏一捏,切一切,放在锅里煮一煮,再把饺子翻个个儿,饺子煮好了,闻一闻,真香呀! 适合哪个阶段宝宝学习?（　　）

　　A. 10～12 月龄

　　B. 13～15 月龄

　　C. 16～18 月龄

　　D. 25～30 月龄

3. 亲子活动的设计要考虑婴幼儿动作、语言、认知、情感、社会性等各个方面的整体发展,这是亲子活动设计的（　　）原则。

　　A. 灵活性

　　B. 整体性

　　C. 适宜性

　　D. 适度性

4. 设计亲子活动时,教师要有效贯彻适宜性原则,须注意（　　）。

　　A. 每位宝宝能否在活动中得到整体的发展

　　B. 每位宝宝是否能在活动中得到统一的发展

　　C. 找到每位宝宝的"最近发展区",充分考虑群体和个体享有发展水平与发展需求

　　D. 每位宝宝是否都能积极参与活动

二、判断题

1. （　　）亲子活动的设计要与婴幼儿的生活密切结合,活动既源于婴幼儿的生活,又为其生活服务,这体现了亲子活动设计的适宜性原则。

2. （　　）婴幼儿的发展主要是智力的发展。

微课

如何为亲子
活动制定目标

任务二　　制定亲子活动目标

案例导入

　　保育师在一次亲子活动中设计了"小腿夹球跳"(25～30 月龄),活动过程是:第一,保育师让宝宝自由玩皮球;第二,保育师讲解、示范动作要领,引导家长扶宝宝腋下腾空,让宝宝将皮球夹在两小腿之间,尽量不让球掉下来;第三,让宝宝学做夹球动作,看谁原地夹球时间长;第四,组织宝宝和家长一起夹球跳比赛。保育师制定的婴幼儿成长目标是"锻炼身体动作的协调性及平衡能力"。你觉得该活动目标制定合适吗? 请你完善这一亲子活动的设计。

　　人类的教养活动是一种自觉的实践活动,早教指导中心的亲子活动更是一种有目的、有计划、有组织的教养活动。它的一个重要特质是:在活动实施前,就已经对活动结果有了特定期望,这种期望就是亲子活动目标。因此,亲子活动目标就是人们在开展活动前,在头脑中预先存在的活动过程结束时所要取得的效果,是对活动效果的期望与要求。活动目标指明了活动要达到的标准或要求,是开展活动的依据。它不仅对活动内容、活动方法、活动组织形式产生影响,也指引婴幼儿的发展和家长的进步。

一、亲子活动目标制定的依据

　　亲子活动目标是婴幼儿发展需求在活动中的具体体现,在制定目标时,不仅要考虑婴幼儿发展的一般规律和年龄特点,也要考虑家长的科学育儿需求,同时还要考虑当代育人理念对婴幼儿发展的指引。

(一)婴幼儿发展需求与亲子活动目标

　　制定亲子活动目标的依据之一就是婴幼儿的发展需求。我们要考虑婴幼儿的发展特点和规律,不同阶段的发展需求,不同婴幼儿的不同需求。概括地说,应坚持三个基本思路。

1. 完整发展观

　　婴幼儿的发展是一个整体,其发展需求也是整体的需求。我们要把婴幼儿的发展,包括身体、动作、认知、情感、社会性、个性、行为习惯等方面,看作一个整体发展的过程。这就要求亲子活动目标的制定要关注婴幼儿全面、整体的发展,要以培养完整儿童为目的。如果一味追求智力的发展而忽视身体动作的发展,或者单纯强调获取知识而忽视能力发展,或者强调认知发展而忽视情感、个性发展,或者把认知、情感和社会性发展割裂开来,都是不正确的。

2. 年龄阶段观

　　婴幼儿的发展具有明显的年龄特点,不同年龄婴幼儿发展水平和发展需求是不同的,这就决定了亲子活动的目标必须针对不同年龄阶段,提出不同层次的目标和不同方面的目标。按照我国目前比较通用的年龄划分方法,0～3 岁阶段可以分为:新生儿期(0～1 个月)、婴儿早期(1～6 个月)、婴儿晚期(7～12 个月)、幼儿早期(1～3 岁)。根据大动作发展顺序,1～3 岁又可以划分为学步阶段、行走阶段、开始跑跳阶段。从认知发展的角度而言,婴儿早期主要是感知觉的发展,至 3 岁所有的高级认知过程,包括想象、思维、有意记忆等,均有所发展。

3. 个体差异观

　　婴幼儿的发展具有明显的个体差异,年龄越小差异越大,年龄越小个别化需求越强。同是满周岁的孩子,有的已经会叫"爸爸、妈妈、爷爷、奶奶"了,有的还没有开口说话;有的动作反应灵敏,已经会走路了,有的还不能独自站立。这就决定了亲子活动的目标应充分考虑婴幼儿在生长发育与健康、习惯养成、身体运动、情绪情感、语言、认知、社会性等方面的个体差异,尊重每个婴幼儿按照自己的步调在现有水平基础上获得发展。

(二) 家长科学育儿需求与亲子活动目标

家长是亲子活动的服务对象之一,从婴幼儿的发展角度而言,因机构开展亲子活动次数和时间的有限性,决定了家长才是婴幼儿早期教养的真正实施主体。亲子活动的目标也要考虑家长在这一活动中能获得什么有价值的东西。

因此,亲子活动不是保育师单纯地带领幼儿活动,而是在示范、引导过程中帮助家长转变育儿观念、掌握育儿方法,使家长真正成为孩子的第一任导师,履行好教养孩子的主体责任。

1. 树立科学育儿理念

理念是行为的先导,只有理念改变才会有行为的转变。其一,亲子活动中要把正确的婴幼儿发展观(包括发展的连续性和阶段性、发展的顺序性、发展的整体性、发展的高速性、发展的差异性)、婴幼儿学习观(包括学习的本质、学习的影响因素、学习的内容、学习的途径等内容)传递给家长,尊重婴幼儿身心发展规律,顺应儿童的天性,让他们能在丰富的、适宜的环境中自然、和谐发展。其二,把"呵护婴幼儿,无条件满足需求"观念传递给家长,重视婴幼儿的情感关怀,强调以亲为先,以情为主,尊重婴幼儿的意愿,使他们积极主动、健康愉快地发展。其三,把"教养融合,支持婴幼儿的自主性发展"观念传递给家长,婴幼儿的生活中蕴含影响其发展的各种因素,婴幼儿通过各种感官、动作、语言和交往,自发、主动、综合地从生活和游戏中汲取经验。当他们运用双手解决生活中的某个实际问题时,不仅有手眼协调能力的发展,有思维水平的反映,而且会涉及情绪情感的表现,同时还会体现为意志品质的形成。因此,对婴幼儿的发展进行引导时,既要注重动作与习惯、情感与社会性、认知与探索、语音与沟通的相互渗透和整合,又要强调教养融合。[①]

2. 掌握科学育儿知识和技能

婴幼儿的主要教养人基本是两个群体:年轻的父母和年长的祖辈。年轻的父母一般通过网络了解一些育儿资讯;祖辈一般凭经验带孩子,他们大多缺乏系统的、专业的科学育儿知识和技能。早教指导中心的专业保育师要全面了解婴幼儿的家长在育儿方面存在的误区、知识的不足、技能的欠缺。例如,婴儿适合用学步车吗?对孩子的照顾是不是过于细致、周到了?如何帮助孩子学会爬?孩子还没有开口说话之前我们应该做什么?然后,通过亲子活动及其他形式帮助家长掌握科学的育儿知识和技能,提升育儿水平。

实践探索

亲子活动:摸一摸

婴幼儿发展目标:锻炼语言表达及触觉能力,体验亲子肢体互动的乐趣。

家长学习目标:学习采用有趣方式与宝宝互动玩;能运用肢体动作、语言提示、暗示等多种方法鼓励宝宝的行为。

活动准备:柔软的丝巾(或布条)。

活动过程:

1. 分发丝巾,摸一摸、玩一玩丝巾。

引导语:宝贝们拿到丝巾后,可以和丝巾问个好,摸一摸、抖一抖丝巾。

2. 丝巾蒙眼睛,亲子互动摸身体部位。

玩法:家长引导蒙着眼睛的宝宝摸自己的身体部位。家长坐在垫子上,孩子站在对面。家长用柔软的丝巾或布条系在孩子的眼睛上,亲切地问:"××的鼻子在哪里?"宝宝在家长的脸上轻轻地抚摸,摸到后回答:"××的鼻子在这里。"同样的方法,家长引导宝宝依次摸出自己的其他五官、四肢和手脚。

家长指导语:家长们玩这个互动游戏时,情感要充分投入,及时对宝宝的行为给予回应和肯

---

① 上海市教师教育学院(上海市教育委员会教学研究室).上海市0—3岁婴幼儿发展要点与支持策略:试行稿[M].上海:上海教育出版社,2024:2-3.

定,多亲一亲、抱一抱宝宝。宝宝蒙眼摸时,家长一定要注意保护他别摔倒。宝宝蒙眼摸家长的四肢和手脚,有一定的难度,家长要适当地给予帮助。

家长指导语:如果宝宝不愿意或不敢把眼睛蒙住,可以请宝宝自己闭眼。

3. 家长蒙眼,摸宝宝的身体部位。

玩法:活动方法与前面一样,换成宝宝问、家长摸。

家长指导语:有的宝宝可能会害怕用丝巾盖在头上,有东西遮住脸时感到不安,这个时候家长可以做出示范,将丝巾盖在自己头上,与宝宝游戏,让他感受到这样做并不可怕。

4. 自然结束,指导家庭延伸活动。

家长指导语:这一游戏熟悉后,可以变换游戏方式,如蒙着眼睛摸蔬果、生活用品、玩具等。

家长指导要点:

1. 亲子互动游戏时,家长情感投入非常重要,要注意游戏氛围的营造。

2. 注意游戏安全,以防宝宝摔倒;关注宝宝对丝巾蒙眼睛的接纳度,不能强迫孩子。

3. 熟悉游戏后,可以改变蒙眼的物品(由半透明到微透明,再到不透明),也可以改变摸的物品以及摸的方式。

(三)当代育人理念与亲子活动目标

时代更迭推动文明变迁,也使不同时代对下一代的培养有着截然不同的期望,形成了差异化的育人理念。当我们规划亲子活动目标时,需紧密贴合当代育人理念,具体表现如下。

1. 和谐共生,基于生命基础优化发展

受"不想输在起跑线上"观念影响,早期教育常沦为功利化的潜能开发。然而,现代育人理念强调关注孩子个体差异,评估其发展状况,扬长补短,实现生命的优化发展,而非超前发展。制定亲子活动目标时,不应设定统一标准,而要尊重每个孩子的独特性,推动其在现有基础上进步;不能只关注优势能力,忽略弱势能力的提升;更不能过度强化某一种能力,因为各种能力相互依存,都应得到重视。

2. 顺其自然,顺应婴幼儿发展特点

蒙台梭利指出,儿童拥有与生俱来的"内在生命力"和"内在潜能",教育的核心任务在于激发儿童的"内在潜能",使其自然发展。婴幼儿会基于自身兴趣和需要,与外界互动并成长。这表明,婴幼儿教养应顺应其发展特点与需求,在自由活动中实现自然发展。

婴幼儿的生理和心理发展具有阶段性,教养过程中,须尊重其身心发展规律,为孩子营造丰富、适宜的成长环境,助力其自然、和谐发展。

二、亲子活动的目标分析

在设计亲子活动时,保育师的一项重要任务是精准定位亲子活动目标。婴幼儿教养活动既复杂又具长期性,其预期要达成的目标涵盖多重内涵,呈现出层次性与递进性的特点。因此,在设计亲子活动时,为了准确理解和把握活动目标,有必要对不同层次的教养目标进行深入分析。

(一)亲子教育总目标

亲子教育是社会机构为提升家长育儿水平,与家长协同促进婴幼儿生命优化发展而开展的有计划、有目的的社会活动。基于此,亲子教育的总目标,在于立足0~3岁婴幼儿的现有基础,促进其身心健康、和谐、全面发展,实现生命发展的最优化。

(二)各发展方面目标

婴幼儿教养目标需通过具体的教养活动逐步实现。在婴幼儿发展过程中,教养目标的确定与亲子活动的内容选择和组织紧密相关。换言之,教养目标以活动内容为载体,具体体现在不同的发展领域目标和

不同的年龄阶段目标中,这些目标是对教养总目标的进一步细化。

《上海市0—3岁婴幼儿发展要点与支持策略(试行稿)》将婴幼儿的身心发展划分为"动作与习惯""情感与社会""认知与探索""语言与沟通"。结合以上文件,以及婴幼儿教养实际,本书将0~3岁婴幼儿发展相对划分为"生长与发育""动作控制""语言与沟通""认知与探索""情感与态度""社会性与交往"和"自助与习惯"。因为"生长与发育"主要是与养育相关,所以我们将从其余六个方面来思考每个方面的发展目标,详见表2-1。

表2-1　0~3岁婴幼儿发展目标

序号	发展方面	婴幼儿发展目标
1	动作控制	1. 能进行抬头、翻身、坐、爬、站、走、跑、跳(扶一手单脚跳起)等身体粗大动作。 2. 能进行抓、握、敲、捏、托、拧、扭、旋、撕、推、刮、拔、压、挖、弹、夹、穿、拍、摇等手部精细动作。 3. 初步掌握日常生活、学习与游戏活动中所需要的简单动作技能,如翻书、搭积木、端碗、拿勺吃饭、穿脱衣服、蜡笔或彩笔涂鸦、鼓掌、折纸、剪纸、滚球、抛球、上下楼梯、跑步、跳远等。 4. 具有身体平衡与动作协调能力。
2	语言与沟通	1. 掌握1100个左右的词汇。 2. 能说出复合句,句子结构由压缩、呆板到逐渐扩展和灵活;言语表达能力迅速发展,逐渐能用较完整的句子表达自己的想法。 3. 能开始与成人交谈,言语交际能力初步发展,会使用对话言语、情境言语、不连贯言语进行请求、回答、提问的言语交际。
3	认知与探索	1. 感知觉发展丰富、发展成熟:具有视觉、听觉、触觉、嗅觉、味觉、平衡觉等感觉的发展,具有方位、距离、形状、大小、时间知觉的发展。 2. 具有初步的观察能力。 3. 无意注意发展较好,有意注意初步发展。 4. 无意记忆发展较好,有意记忆初步发展。 5. 无意想象初步发展,有意想象开始萌芽。 6. 直觉行动思维发展较好,具体形象思维开始发展。
4	情感与态度	1. 有喜、怒、哀、乐、惧等情绪体验,能充分地表达情绪;具有初步的情绪控制能力。 2. 具有良好的亲子依恋关系和安全感,能较好地适应与探索环境。 3. 具有美感、道德感、理智感等情感的启蒙。 4. 乐于探索外部世界,愿意并主动与人、与物接触。 5. 喜欢学习与游戏活动,愿意参与集体活动。
5	社会性与交往	1. 初步认识自我,认识自己的身体、行动,学会使用"我"字。 2. 具有对自我的初步控制能力(延迟满足、外抑制、内抑制、坚持性行为出现)。 3. 具有初步的人际交往能力,掌握一定的交往技能、技巧:能与家长有效互动;喜欢友善的身体接触;适应并喜欢集体;愿意与他人共同游戏;愿意与他人分享食物或玩具。 4. 具有初步的社会知识:了解家庭环境和周边的生活场所,如医院、商店等;初步了解一些生活、学习、游戏规则。
6	自助与习惯	1. 学会自己吃饭、捧杯喝水,会用毛巾或纸巾擦嘴、擦手,自己穿脱鞋子、外套等。 2. 初步养成良好的睡眠、饮食、卫生习惯。 3. 具有良好的学习、游戏活动习惯,如"游戏后会主动收拾玩具""物品轻拿轻放"。
备注		以上六个方面各年龄段发展目标将在后续学习任务中具体阐述,在此只进行总体的概述。

(三) 亲子活动目标

亲子活动目标,指的是期望婴幼儿通过单次或多次亲子活动(包括延伸至家庭的亲子活动)所达成的发展成果。它是最为具体的目标层级,从属于婴幼儿各方面发展目标。

保育师须依据婴幼儿的年龄阶段特征、原有的能力水平,以及活动内容与性质,来确定具体的亲子活动目标。以19~24月龄亲子活动"美丽花篮"为例,保育师拟定了如下婴幼儿发展目标。

1. 认识红、黄、蓝三种颜色,能说出其名称,初步感知运用夹子装饰"花篮"的色彩美。

2. 能够顺利、有序地将夹子夹在矿泉水瓶底部边缘,练习二指捏夹子的精细动作,锻炼手指力量。

3. 在制作花篮活动结束后,主动收拾剩余材料。

这些活动目标清晰、明确,具有较强的可操作性与可检测性,为保育师组织活动和开展评价,提供了直接指引。

综上,亲子活动目标反映了对实践活动的价值追求,具备可观察、可评价、可界定的特性。它不仅为亲子活动的开展提供具体指导,还会依据亲子活动效果的反馈,持续进行调整与完善。

实践探索

动手区亲子活动:美丽的花篮①

婴幼儿发展目标:略。

家长学习目标:了解精细动作二指捏的发展,学会观察与分析孩子精细动作的发展情况。

活动准备:自制花篮——将矿泉水瓶剪开,取靠底部一段,然后把边缘剪开并翻下来;红黄蓝三种颜色夹子(大、中、小号)。

活动方法:

1. 家长和宝宝一起认识活动材料,对宝宝说:"这是用矿泉水瓶子底部做的花篮。这是什么(夹子),是什么颜色(红色、黄色、蓝色)? 我们用这些夹子把花篮装饰一下吧。"

2. 家长向宝宝示范捏夹子的动作,并配上形象的语言。家长对宝宝说:"伸出大拇指、食指,捏一捏。用大拇指、食指捏住夹子的尾巴,按住不动,塞进去,塞塞塞。夹子、夹子张嘴巴,咬一口,嗷……咬住不放,哦……夹住了。"

3. 宝宝会使用夹子后,引导宝宝边夹边说出夹子的颜色,并引导其按颜色排序,依序夹一圈。

家长指导要点:

1. 本活动的目的是引导宝宝认识并说出红黄蓝三种颜色,初步感知三种颜色夹子装饰"花篮"的色彩美;练习二指捏夹子的动作,锻炼手指力量,学会夹夹子的动作技能;养成花篮制作好后会收拾剩余材料的习惯。

2. 活动提供了大、中、小号三色夹子,是为手眼协调、手指力量发展不同的宝宝用的,家长可以让宝宝先尝试大号夹子,如果夹得很好则选中号的,最后可以选择小号的。

3. 所有的动作应配合相应的语言进行。

4. 在家中应继续加以锻炼,并利用一些生活场景(晾袜子、晾毛巾等)练习,帮助宝宝体验自我活动的成功感。

三、亲子活动目标制定思路

通过对不同层次教育目标的分析可知,亲子教育目标体系呈现层级化结构:亲子教育总目标为一级目标,各发展方面目标为二级目标,各发展方面不同年龄阶段目标为三级目标,亲子活动目标则为四级目标。上级目标为下级目标的制定提供了方向指引,是下级目标制定的依据。

因此,保育师在制定亲子活动目标时,需构建系统性的思维框架,确保目标设定科学合理。首先,紧扣亲子教育总目标,确保活动的价值导向正确。其次,以各个发展方面目标为维度,从多元视角考量婴幼儿的发展需求。最后,参照各发展方面不同年龄阶段目标,精准匹配婴幼儿的年龄特征。在遵循上述原则的基础上,保育师还需深入了解参与活动的婴幼儿的实际发展状况,使制定的亲子活动目标既符合科学的教

---

① 郑琼.0—3岁婴幼儿亲子活动指导与设计[M].福州:福建人民出版社.2013:79.

育理念,又契合活动对象的个性化需求(图 2-1)。

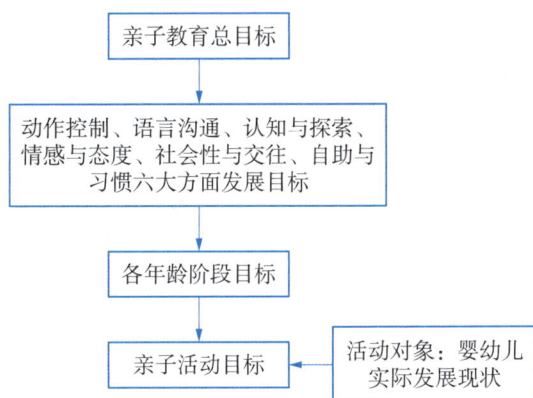

图 2-1 亲子活动目标制定思路

四、亲子活动目标制定注意事项

活动目标对亲子活动的开展起到直接指导作用,其科学性关乎活动成效。保育师在设计和撰写亲子活动目标时,须留意以下要点。

(一)兼顾双向需求

亲子活动旨在促进婴幼儿与家长的共同成长。一方面,活动目标须契合婴幼儿的年龄特征、实际发展水平及各阶段成长要求。另一方面,也要充分考量家长提升育儿能力的现实诉求。保育师在制定亲子活动方案目标前,需通过沟通、观察等方式,深入了解参与活动的婴幼儿及其家长的具体情况,据此制定个性化的婴幼儿发展目标与家长学习目标,确保活动既能有序推进,又能助力双方收获成长。

(二)融合发展目标

亲子活动目标的合理性,直接关系到婴幼儿发展价值的实现。为推动婴幼儿全面、和谐、整体发展,制定活动目标时须注重整合性。这一特性主要体现在:保育师要依据活动内容特点,深度挖掘活动价值。活动目标应尽可能涵盖婴幼儿六大发展方面的要求。即便某次活动可依据实际内容,侧重某一发展方面,但从系列活动的整体视角来看,应全面考虑六大发展方面目标的达成,从而促进婴幼儿的全方位发展。

(三)确保具体可行

亲子活动目标不仅为活动开展指明方向,也是活动结束后反思与评价的重要依据。因此,活动目标须具备高度的具体性与可操作性。制定活动目标时,切忌泛泛而谈、空洞无物。例如,"和谐亲子关系"这样的活动目标就过于笼统,未明确在亲子活动中实现和谐的具体方式与途径。再如,"通过看四季的图片,让婴幼儿感受四季的美"这一目标,虽有一定具体性,但仍不够精确。看四季图片,究竟是让婴幼儿感受四季的变化,领略四季的色彩之美,还是在四季变化的比较中,感受大自然的神奇之美,这些目标并不清晰。所以,保育师在设计活动目标时,务必做到具体、详细,目标越具体,可操作性就越强。

(四)统一表述角度

在制定亲子活动目标时,须确保目标表述的一致性与规范性。亲子活动目标主要有"发展目标"与"教育目标"两种表述方式:前者以婴幼儿为主语,强调婴幼儿的行为与发展,如"通过搭建积木,提升空间感知能力";后者以保育师为主语,突出保育师的教育行为,如"引导婴幼儿认识不同形状的积木"。考虑到婴幼儿在亲子活动中的主体地位,建议保育师优先采用"发展目标"的表述方式,并确保多个目标的表述角度统一。

实践探索

"亲子活动婴幼儿发展目标"合理制定示例

活动名称	原婴幼儿发展目标	修改后的婴幼儿发展目标
亲子活动:秋收乐 (19~24月龄)	1. 锻炼动手能力及手眼协调能力,发展手指的灵活性。 2. 体验劳动的乐趣。	1. 通过剥果壳、捣果仁等锻炼"剥、捣"动作技能及手指手腕灵活性与手臂力量。 2. 通过看一看、摸一摸、尝一尝、剥一剥、捣一捣等方式初步认识花生、玉米、豆子、红枣。 3. 体验自己动手剥、捣,和大人一起制作美食的喜悦。
亲子活动:小帆船 (25~30月龄)	发展宝宝的平衡能力,体验滑动的乐趣。 附儿歌: 花床单,真好玩,我和妈妈造帆船。 小宝宝,坐上边,妈妈拉着四处转。 有时快,有时慢,宝宝不怕真勇敢。 花床单,真好玩,我和妈妈都喜欢。	1. 通过床单不同速度、方向的移动,锻炼坐时的平衡能力,感受前后左右方位,体验滑动的乐趣。 2. 能用清晰的语言和家长一起唱儿歌。 3. 养成游戏结束后主动与家长一起把床单叠好并放回原处的好习惯。
亲子活动:生日蛋糕 (31~36月龄)	1. 能进行团圆、压扁的动作,并能用辅助材料装饰,认识更多的颜色。 2. 培养用橡皮泥制作活动的好习惯。	1. 进一步学习用橡皮泥团圆、压扁的技能,并能用辅助材料装饰生日蛋糕。 2. 在认识红、黄、蓝颜色基础上,认识绿、橙两种颜色。 3. 能在橡皮泥制作活动中做到适量取用、合理取放橡皮泥。

实训练能

实训项目 2-2:修改亲子活动目标

【实训目的】

能力目标:初步能根据目标制定要求合理制定亲子活动目标。

情感目标:树立"活动目标是方向,活动内容是载体"的活动设计观。

【任务实施】

请运用"亲子活动目标制定"有关知识修改下列亲子活动目标。

修改亲子活动目标

项目	具 体 内 容
原活动与目标设计	**亲子游戏活动:"给小熊分果果"(年龄:25~28月龄)** **活动名称:**给小熊分果果 **活动目标:** 1. 帮助宝宝建立初步的分类意识。 2. 训练宝宝手部小肌肉群的发展,练习手眼协调能力。 **活动准备:**矿泉水空瓶(红和黄),黄糖果,红糖果。 **活动过程:** 1. 了解活动材料,明确活动任务。 引导语:哇,熊爸爸买了很多好吃的给小熊宝宝,我们来看看是什么。 引导语:好多糖果呀,有红色的,黄色的。明天是母亲节,熊宝宝想送糖果给熊妈妈吃,但熊妈妈爱吃红色糖果,熊宝宝自己爱吃黄色糖果。熊宝宝想请宝宝们一起分糖果。

（续表）

项目	具 体 内 容
	2. 学习分类要求,帮小熊分装糖果。 引导语:熊妈妈爱吃红色糖果,所以放进红色瓶子里,熊宝宝自己爱吃黄色糖果,所以要放进黄色瓶子里。 引导语:宝宝们真能干呀,帮小熊分好了糖果。 3. 收拾玩具,感受成功分糖果的喜悦。 家长指导语:宝贝成功分好后,家长应及时给予肯定。有些宝宝今天没有严格按颜色分,家长们没有制止,这是对的,孩子的关注点不在分类,而是其他方面,需要得到大人的支持。 **家长指导要点:** 1. 因为不是真糖果,注意不要让宝宝往嘴里放。 2. 要主动细致观察孩子动手动脑的行为,方便有针对性的指导。 3. 回到家中,可用红豆、黄豆,让宝宝操作,注意瓶口大小,动作变精准后可选择瓶口小的瓶子。
修改后的 活动目标	

任务思考

一、单选题

1. 制定亲子活动目标时,要考虑(　　　)的需求。

A. 家长学习育儿

B. 婴幼儿高质量发展

C. 婴幼儿良好发展

D. 婴幼儿发展和家长科学育儿的需求

2. 家长的教养行为直接影响着婴幼儿的成长和发展,所以亲子活动除了作用于婴幼儿的发展外,更主要的目的是(　　　)。

A. 指导家长像老师一样教宝宝知识

B. 指导家长科学、有效开展育儿工作

C. 指导家长像老师一样与宝宝相处

D. 指导家长成为教育孩子的专业人士

二、判断题

1. (　　　)亲子活动目标反映了对实践活动的价值追求,不仅为亲子活动的开展提供具体指导,还会依据表现最好的孩子的表现进行调整与改进。

2. (　　　)亲子活动目标不仅要契合婴幼儿各发展阶段的目标要求,更要充分考虑参与本次活动的婴幼儿的实际情况与发展水平。

在线练习

任务三　选择亲子活动内容

案例导入

　　在一次集体亲子活动中,保育师佳佳为31~36月龄幼儿设计了以下活动内容:第一环节,在集体面前介绍名字和"我×岁了";第二环节,用沙锤演奏音乐"大雨小雨";第三环节,用羽毛球拍赶软球进球门;第四环节,操作环形扣,把不同颜色、形状的环形扣像钥匙一样扣在一起;第五环节,《笨笨熊》绘本分享阅读;第六环节,彩虹伞游戏"荷花合、荷花开";第七环节,亲子童谣"猴子荡秋千"的手指游戏。请分析该保育师在本次亲子活动中内容选择的合理性与适宜性。

　　亲子活动内容的选择,对亲子教育目标的达成起着决定性作用。它不仅是实现活动目标的关键媒介,更是亲子活动设计与实施的重要依据。因此,如何挑选亲子活动内容,是亲子活动设计中的一个重要问题。

一、亲子活动内容选择的原则

　　在亲子活动的实施过程中,保育师需精心策划每次活动的内容。那么,该如何选择合适的活动内容,又应遵循哪些原则呢?

(一) 紧密贴合婴幼儿生活经验

　　保育师在挑选亲子活动内容时,应当以婴幼儿的生活经验作为出发点。一方面,基于婴幼儿生活经验设计的教育内容,更容易被他们理解和接纳。保育师应当从婴幼儿的直接体验出发,选取他们熟悉、感兴趣,且能带来愉快情绪体验的内容,避免仅凭主观意愿,过度侧重知识传授、能力培养和技能训练。另一方面,与婴幼儿生活紧密相关的教育内容,本质上是其日常生活的延伸。深入挖掘这类内容,能够更好地服务于他们的生活实践。比如,选择"穿衣服、扣纽扣、梳头发"等活动内容,能够有效提升婴幼儿的生活自助能力。因此,在设计亲子活动内容时,应当优先考虑符合婴幼儿兴趣与需求,且与他们生活经验紧密相连的内容(图2-2,图2-3)。

图2-2　剥橘子

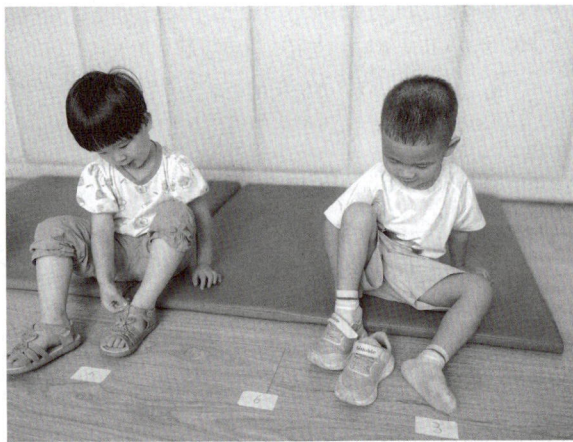

图2-3　穿鞋子

(二) 精准锚定婴幼儿兴趣和需要

　　"兴趣是最好的老师",当个体对某事物产生浓厚兴趣时,便会主动探索求知、积极参与实践,并从中收获愉悦的情绪体验。需要作为一种主观状态,是个体在生存进程中,对自身匮乏却又渴望得到的事物所产生的心理反应。婴幼儿出于生存和发展的本能,有着生理、安全、归属与爱的各类需要。

亲子活动内容的设计,必须紧密围绕婴幼儿的兴趣与需求。契合他们兴趣的活动内容,能带来积极的情绪体验;满足其迫切需要的活动,有助于他们的生存和成长。以亲子律动"摇啊摇"为例,婴幼儿坐在父母腿上,与父母面对面、手拉手,伴随着优美的音乐节奏前后摇晃。活动过程中,孩子们全身心投入,情绪愉悦,充分展现出对活动的喜爱。同时,在与父母的亲密互动中,孩子们深切体验到亲情的温暖,满足了归属与爱的需要。再如"打扮我自己"活动,保育师为孩子们准备了丰富的服装、鞋帽、配饰等材料,孩子们能够依据自己的喜好进行装扮。在这一过程中,孩子们从多个维度重新认识自我,不仅享受与同伴、父母、老师共同动手、玩乐的乐趣,也极大地满足了自身的兴趣和需求。

（三）遵循婴幼儿心理的发展顺序

婴幼儿在动作、语言、认知、社会性等多个维度的发展,呈现出显著的顺序性。以语言发展为例,婴幼儿通常先具备语言理解能力,而后才发展出语言表达能力,其过程历经简单发音、连续发音、学话萌芽,再到单词句、双词句,逐步发展为简单完整句与复合完整句。

基于此,亲子活动内容的筛选与规划,必须严格遵循婴幼儿的心理发展顺序,按照由易到难、从简单到复杂的逻辑层层递进。后续活动内容应是前期内容的自然延伸,后续经验能深化和拓展前期经验。只有构建系统化的活动内容,才能助力婴幼儿搭建完整的心理认知体系。

（四）践行体现整合性理念

婴幼儿的成长是全方位、整体性的,各方面发展相互关联、彼此促进。例如,动作发展对智力发育有着直接影响。多数婴儿在 7～8 个月大时开始学习爬行,爬行不仅是动作发展的关键阶段,还能有效促进认知、情绪与社会性的发展。婴儿通过爬行,不断感知自身与物体的空间关系,收获动作成功带来的成就感,进而深化对自我与他人的认知。

因此,在选择亲子活动内容时,需全面贯彻整合性理念,具体体现在两个层面。其一,单个亲子活动应涵盖多方面发展内容。如"我和妈妈做游戏"活动,不仅能锻炼宝宝的身体平衡与协调能力,引导其听指令做动作并发出指令,提升口语表达能力,还能增进亲子间的良性互动,加深亲子感情。其二,单次亲子活动应整合不同发展领域的内容。以 13～18 月龄的半日亲子活动为例,活动中融入螺丝螺母颜色与形状配对的认知活动、"我来了"言语交往活动、"揉纸球"手部精细动作训练、"玩纸球"的追踢投掷大肌肉动作练习、音乐律动"万花筒"以及彩虹伞集体互动游戏。

实践探索

亲子活动:我和妈妈做游戏

活动名称	我和妈妈做游戏	
活动对象	19～21 月龄宝宝	
活动目标	婴幼儿发展目标	1. 发展身体平衡及协调能力。 2. 能听指令做动作,并学习发出指令。 3. 能专注于"指令与动作"互动游戏,体验亲子互动乐趣。
	家长学习目标	学会"指令与动作"游戏中与孩子互动的方法。
活动准备	欢快的音乐、亲子着运动装。	

(续表)

活动环节		家长指导要点
活动过程	1. 做好准备,宝宝和家长面对面站好。 引导语:宝贝们,请用一只小手紧紧握住爸爸妈妈的食指,仔细听爸爸妈妈的口令,然后做出相应的动作。 2. 播放音乐,保育师边示范边组织玩游戏(第1～3遍)。 家长指导语:家长可以先就儿歌中的四个动作进行练习,宝宝熟悉指令动作后,再有节奏地念儿歌。 3. 变换动作,丰富互动游戏内容。 指导语:宝贝们,家长们,我们除了转个圈、摸下地、单脚站、蹲下去,还可以做哪些有趣的动作? 4. 变化形式,亲子间、同伴间继续互动游戏。 附儿歌: 宝宝宝宝(妈妈妈妈),请你转个圈; 宝宝宝宝(妈妈妈妈),请你摸下地; 宝宝宝宝(妈妈妈妈),请你单脚站; 宝宝宝宝(妈妈妈妈),请你蹲下去。	1. 活动目的和价值指导。 2. 亲子互动指导:充分营造轻松、愉快的游戏氛围;用夸张动作带动宝宝。 3. 延伸指导:完全熟悉游戏内容与方式后,可以请宝宝主导这个互动游戏,大人配合宝宝游戏。

二、亲子活动内容选择的范围

婴儿出生时,如同一张白纸,是纯粹的自然人,世间的人、事、物都能成为他们学习和认知的对象。正因如此,亲子活动的内容范畴极为广阔,日常生活中接触到的人和物,以及各类生活场景,都可以融入亲子活动之中。下面,我们将按照特定思路,对亲子活动的主要内容进行简要介绍(见表2-2)。这些内容仅为亲子活动设计提供参考,无法涵盖所有可能的亲子活动内容。

表2-2　0～3岁婴幼儿亲子活动内容安排维度

序号	方面	主　要　内　容
1	动作控制	1. 身体粗大动作锻炼:抬头、翻身、坐、爬、站、走、跑、跳(扶一手单脚跳起)。例如,绕障碍物走、搬运、跳竹梯等。 2. 手部精细动作锻炼:抓、握、敲、捏、托、拧、扭、旋、撕、揭、贴、推、刮、拔、压、挖、弹、夹、穿、拍、摇等。例如,穿珠子(或穿线板)、套叠套筒、拼搭积木、舀豆子、夹花生、敲打、转拨串珠架、旋拧瓶子等。 3. 动作技能练习:翻书、搭积木、端碗、拿勺吃饭、穿脱衣服、洗手、刷牙、晾毛巾、洗水果、蜡笔或彩笔涂鸦、鼓掌、折纸、剪纸、滚球、抛球、上小楼梯等。 4. 身体平衡与动作协调练习:攀爬、滑行、钻、摇摆、平衡、弹跳等。例如,走平衡木、钻彩虹隧道、爬斜坡、玩攀爬梯、骑动物羊角球等。
2	语言与沟通	1. 学习常用的词汇和基本的生活用语。 2. 念顺口的童谣,跟唱简单的儿歌,听简短的故事。 3. 逐步学习用语言与成人沟通、交流,使用对话言语、情境言语、不连贯言语进行请求、回答、提问的言语交际。 4. 学习由简单到复杂的句子,用语言表达自己的想法。
3	认知与探索	1. 发展视觉、听觉、触觉、嗅觉、味觉、平衡觉等感觉。 2. 发展方位、距离、形状、大小、时间知觉,如学习上下前后方位和基本形状、区分大小与多少、了解里外和远近关系。 3. 发展专注力、观察力、记忆力,进行相似联想和初步想象。 4. 认识五官和身体部位,学习简单的身体保护知识和卫生知识。 5. 认识家庭、家庭成员,了解基本情况。 6. 学习生活中常见物品的名称、形状、颜色、用途。 7. 认识常见的颜色,学习使用涂鸦工具进行不同程度的涂鸦。 8. 学习口数,感知数量关系,尝试配对、归类。 9. 在动手操作活动中进行直觉行动思维,解决简单问题。

(续表)

序号	方面	主要内容
4	情感与态度	1. 情绪:体验高兴、愤怒、快乐、惧怕、骄傲、羞愧、嫉妒等情绪,并表达情绪体验;学习控制、调节情绪。 2. 情感:启蒙美感,求知欲望,培养简单的是非观念;学习感恩、同情他人或小动物等。 3. 亲子关系:发展安全型依恋关系,培养安全感。 4. 态度:培养乐观、积极、向上、主动的生活、游戏、学习态度。
5	社会与交往	1. 自我意识:了解自己动作与动作结果的关系,了解自己身体感觉、身体器官名称及自己的名字,使用语言表达自我(表达自己的需要、喜好、意愿、想法和情绪情感),认识自己的心理活动,懂得害羞,为自己骄傲。 2. 人际交往:感受和体会父母和亲人对自己的爱;逐渐认识和熟悉老师和同伴,体会与他们共同活动的乐趣;学习"你好""谢谢"等基本文明礼貌用语,并在日常生活中运用;愿意参加集体活动,与同伴一起玩耍。 3. 社会学习:了解自己的家庭及成员的基本活动;了解常见的社会角色和周边的生活场所;体验集体活动;学习基本的活动规则,如轮流、等待、爱护玩具等。
6	自助与习惯	1. 生活自助:自助吃饭、喝水、洗手擦手、擦嘴巴、穿脱无鞋带鞋子和外套,清洗汗巾、手帕等小物件。 2. 睡眠、饮食、卫生习惯:穿脱、整理衣服的习惯;勤洗手、早晚刷牙与洗脸、饭后漱口的习惯;不挑食、不贪食的习惯;少吃零食、主动饮水的习惯;不随地吐痰、不乱扔果皮纸屑的习惯。 3. 学习、游戏活动习惯:活动用具主动收拾的习惯;说话轻、走路轻、放下东西也要轻的习惯;积极回应成人问题的习惯;主动、专注做事的习惯。
简单说明		以上内容是从婴幼儿发展方面列举了每个方面涵盖的主要内容,可作为亲子活动选择的参考。然而,在亲子教育实践中,很多早教指导中心开展的亲子活动都是成套的、由专业团队设计好的课程,例如:感统课程、蒙氏课程、奥尔夫音乐课程、创意思维课程、乐智课程、食育课程、亲子芭蕾课程等。各种各样的课程百花齐放,但是只要是高质量的课程,它必然要促进婴幼儿各个方面和谐、全面、整体的发展,那么在亲子活动实施过程中必然要涉及各个发展方面的内容。

实践探索

1. 奥尔夫音乐活动

奥尔夫音乐教学法以节奏为核心纽带,巧妙融合音乐、舞蹈、话剧、游戏与美术等多元艺术形式,构建综合性艺术教学体系;旨在为婴幼儿营造轻松愉悦的氛围,引导他们感受、领悟并表达人类丰富的情感世界。创造性是奥尔夫音乐活动的灵魂所在。活动过程中,鼓励婴幼儿全面感知和表现音乐,借此培养发散性思维。同时,该教学法在增强婴幼儿自信心、提升音乐鉴赏力与表现力等方面成效显著。

例如,开展"森林音乐会"主题活动,为婴幼儿提供鼓、沙锤、三角铁等乐器,播放轻快的鸟鸣声、风声等自然音效。引导婴幼儿根据节奏和音效,自由创编动作,模仿小动物的姿态,为不同的声音选择合适乐器进行伴奏。在活动中,有的婴幼儿会用沙锤模拟小雨沙沙,用鼓点表现沉重的脚步声,极大激发了他们的创造力与节奏感。

2. "彩虹屋"美劳活动

"彩虹屋"美劳活动涵盖绘画、手工、泥塑及趣味日常生活劳动等丰富内容。通过亲子共同参与的美劳活动,不仅能有效锻炼婴幼儿的动手能力,激发他们表现美、创造美的热情,还能促进婴幼儿增长见识,助力其身心健康发展,使婴幼儿动作更加灵活协调,塑造乐观的性格,提升感受美和表现美的能力。此外,亲子美劳活动为父母与婴幼儿搭建了心灵沟通的桥梁,让亲子间的情感在互动中得到升华。

例如,在"亲子陶艺创作"活动中,家长和孩子一起,将陶泥塑造成花瓶、小动物等造型,用彩色颜料进行装饰。在这过程中,婴幼儿锻炼了手部精细动作,家长和孩子密切协作,亲子关系在互动中愈发亲密,孩子对美的感知与创造能力也得到了提升。

实训练能

实训项目2‑3：分析亲子活动内容

【实训目的】

能力目标：初步能结合所学知识分析亲子活动内容选择的适宜性与合理性。

情感目标：树立"活动目标是方向，活动内容是载体"的活动设计观。

【任务实施】

请运用"亲子活动内容选择"有关知识对一个亲子活动的内容选择进行分析。

分析亲子活动内容选择

项目	具 体 内 容
31～36月龄的亲子活动内容	一场集体亲子活动里，保育师佳佳针对31～36月龄幼儿，策划了如下活动内容。 1. 互动介绍：引导幼儿在众人面前介绍自己的名字，并说出"我×岁了"。 2. 音乐感知：借助沙锤，演奏《大雨小雨》，让孩子感受节奏变化。 3. 运动挑战：使用羽毛球拍，将软球赶入球门。 4. 精细操作：摆弄环形扣，尝试把不同颜色和形状的环形扣相互扣合。 5. 绘本时光：共同阅读《笨笨熊》绘本。 6. 团队协作：参与彩虹伞游戏"荷花合、荷花开"。 7. 手指律动：亲子共玩手指游戏"猴子荡秋千"。
请分析内容选择的适宜性与合理性	

任务思考

一、单选题

1. 婴幼儿习惯养成非常重要，在0～1岁阶段应重点帮助其养成（　　）。

A. 学习与游戏习惯

B. 早睡早起的习惯

C. 认真专注的习惯

D. 睡眠、饮食与卫生习惯

2. 选择"穿衣服、扣纽扣、洗袜子、叠汗巾"等内容设计亲子活动，能促进婴幼儿多方面能力的发展，以下说法错误的是（　　）。

A. 助推婴幼儿精细动作发展

B. 提升婴幼儿生活自理能力

C. 提升婴幼儿认知能力

D. 提升婴幼儿社会认知能力

二、判断题

1. （　　）婴幼儿的成长是全方位、整体性的，各方面发展相互关联、彼此促进。

2. （　　）亲子活动内容选择应遵循婴幼儿心理的发展顺序，在语音发展方面，先引导孩子发音，再学说双词句，最后由单词句过渡到完整句。

在线练习

任务四　设计亲子活动的模式

案例导入

初入实习岗位的小美,在早教指导中心遇到了挑战。她发现,不少保育师在设计亲子活动时,过度依赖已出版的活动方案书籍和中心内部购置的材料,很多时候只是简单修改,甚至直接照搬。但凭借扎实的专业学习,小美坚信,亲子活动设计应从孩子的发展目标出发,依次确定活动目标、选择活动内容、规划活动流程。可具体该如何实施,让小美一时摸不着头脑。

当着手设计亲子活动时,不少关键问题亟待思考:应以何种"价值取向"为指引? 有哪些可供遵循的基本设计思路? 不同类型的亲子活动该如何设计? 有哪些活动形式可作参考? 对这些问题的深入思考,直接关乎亲子活动设计的适宜性与有效性。

一、亲子活动的价值取向

"价值取向是人们在一定场合以一定方式采取一定行动的价值倾向,也就是说人有什么样的价值取向,就有什么样的价值活动;价值取向的合适与否,直接决定着人们思想、行动成效的高低。"[①]

亲子活动的价值取向,指保育师根据自身教育理念和需要,对活动的目标、属性、价值、功能等基本观点作出选择时所持的一种倾向。它不仅是亲子活动设计与组织实施过程中所追求的目标,更是活动组织所依托的价值理念。

结合国内婴幼儿亲子活动的实践做法,呈现出三种价值观。

超前教育导向:这类理念聚焦于挖掘婴幼儿潜能,期望孩子"不输在起跑线上"。不少亲子教育机构借此宣传招生,吸引了众多怀揣"望子成龙、望女成凤"心理的家长。但这种观念过度掺杂成人功利思想,忽视了孩子的身心发展状态与需求,将孩子视作可随意雕琢的对象。

智力技能导向:该理念侧重促进婴幼儿智力及艺术技能发展,却反映出"重智轻德""重能力技能、轻习惯养成与学习品质""重艺术、轻言语与动作发展"等片面思想。

全面发展导向:此理念将婴幼儿视为一个整体发展的个体,尊重其发展现状与需求,以婴幼儿发展为核心,为他们营造适宜的发展环境,设计合适的活动。

不同的价值取向塑造了亲子活动的不同特征,产生各异的现实效应。保育师在设计亲子活动时,理应秉持第三种价值取向,让亲子活动真正助力婴幼儿的健康成长。

二、亲子活动设计的基本思路

设计亲子活动时,需综合考量诸多要素,如婴幼儿的发展目标、现有经验、兴趣爱好、发展需求,以及活动内容安排、材料提供等。实际上,亲子活动的设计过程,可用"目标+兴趣需要+内容=活动"这一公式概括。虽然亲子活动设计的切入点灵活多样,可从目标、兴趣需要或内容任一方面着手,但无论如何,这三方面要素都不可或缺。

(一) 从目标出发

以目标为起点展开亲子活动设计,保育师需先明确婴幼儿的发展目标,分析他们近期的发展需求与兴趣点。基于婴幼儿现有的经验,思考适宜的活动内容。确定内容后,再考量开展活动所需的材料,确认早教指导中心或家长是否具备相应材料。若材料缺失,须评估获取的难易程度。通过这一系列步骤,最终设

---

① 高敬.幼儿园课程[M].杭州:浙江教育出版社,2010:13.

计出完整的亲子活动方案。

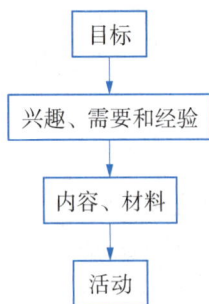

目标

↓

兴趣、需要和经验

↓

内容、材料

↓

活动

【案例】

目标:发展小肌肉动作,练习按的技能。

兴趣、需要和经验:喜欢动手摆弄看到的物品,已经能拾细小物品入瓶、会夹花生。最近对自然界的一些生物感兴趣,如萤火虫、蜗牛、蘑菇等。

内容、材料:塑料图钉玩具(图2-4)

活动:种蘑菇,拼蜗牛(螺旋线)。

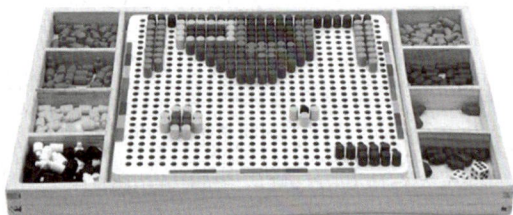

图2-4 塑料图钉玩具

(二) 从兴趣、需要出发

当以婴幼儿的兴趣或需要作为亲子活动设计的切入点时,主要有两条设计路径可供选择。

路径一:需求价值导向。保育师首先要敏锐捕捉婴幼儿当下的实际需求,或是他们近期热衷的活动,深入分析这些兴趣和需求背后潜藏的发展价值,以此为依据确定活动目标。明确目标后,挑选与之适配的活动内容,并准备相应的活动材料。经过这一系列流程,设计出完整的亲子活动。

路径二:内容价值挖掘。保育师从婴幼儿的兴趣和需求出发,直接确定活动内容,并选择相应的活动材料。之后,深度挖掘活动内容中蕴含的发展契机,从而确定活动目标,完成亲子活动的设计。比如,发现孩子们特别喜欢拓印,便确定以"用自然物拓印"作为活动内容,准备废旧小物品、小石头、树叶、树枝、蔬果模型等材料。深入分析后,将活动目标设定为提升孩子的语言表达能力,增强他们对社会角色的认知。

这种设计思路尤其适用于灵活性较高的课程体系。它要求保育师具备敏锐的洞察力,精准识别婴幼儿感兴趣的事物所具有的"内在价值",并与亲子活动的总体目标进行对照,合理筛选、确定活动内容。

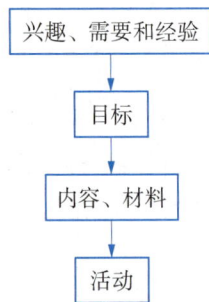

兴趣、需要和经验

↓

目标

↓

内容、材料

↓

活动

【案例一】

兴趣、需要和经验:婴幼儿初来早教中心,需要熟悉、了解情况,建立安全感和信任感。

目标:帮助婴幼儿适应中心生活,情绪安定地参加活动。

内容、材料:早教中心的环境、玩具,保育师、同伴等。

活动:自我介绍、相互认识(图2-5),大家一起玩彩虹伞(图2-6),老师亲一亲。

图2-5 宝宝们相互认识

图2-6 大家一起玩彩虹伞

兴趣、需要和经验

内容、材料

目标

活动

【案例二】

兴趣、需要和经验:婴幼儿在家基本上都是独自一个人玩,来到中心有很多小朋友,喜欢和大家一起玩;秋天了,大家发现早教中心的大树树叶都落下来了,走到树下时都驻足捡树叶玩。

内容、材料:认识并贴树叶;卡纸、彩色粘贴纸。

目标:体验与他人一起贴树叶的乐趣;发展小肌肉动作,练习撕贴的技能。

活动:我们一起贴树叶(图2-7)。

图2-7 一起给大树贴树叶

(三)从现有的材料、内容、问题出发

在亲子活动的设计中,可以先有游戏内容,再考虑它的活动目标,然后进行有目的的教育。季节、节日、必要的学习内容、生活中的偶发事件都可成为这种设计思路的起点。有了起点后,接下来有两种设计思路:一是分析现有的材料、内容或问题所蕴含的教育价值,确定活动目标,再思考这一活动是否与孩子的兴趣、需要和经验相契合,最后设计出有价值的活动;二是分析现有的材料、内容或问题是否与婴幼儿的兴趣、需要、已有的知识经验相符合,然后挖掘活动蕴含的价值,确定活动目标,最后形成一个优质的亲子活动。

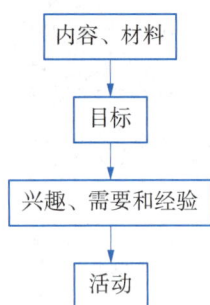

内容、材料

↓

目标

↓

兴趣、需要和经验

↓

活动

【案例一】

内容、材料:一年一度的新春佳节是我们的传统节日,每个宝宝都感受节日的氛围。

目标:认识春节,体验节日带来的乐趣;发展小肌肉动作,练习拆、包的技能。

兴趣、需要和经验:孩子需要了解"春节"这一重要节日的一些传统活动,这也是他们感兴趣的。

活动:"迎新年 庆新春"主题亲子活动,包含拓印烟花(图2-8)、包糖果、五福红梅迎新春(图2-9)等系列活动。

图2-8 拓印烟花

图2-9 五福红梅迎新春

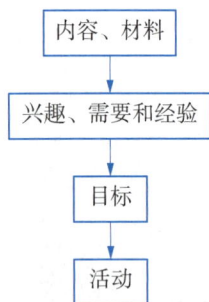

内容、材料

↓

兴趣、需要和经验

↓

目标

↓

活动

【案例二】

内容、材料:剩余的PVC管用来做成活动道具。

兴趣、需要和经验:孩子对这种有趣的钻、爬非常感兴趣,每次都玩得很开心;孩子在平地上爬得已经较熟练。

目标:练习越过障碍钻、爬的动作,发展身体动作的协调性。

活动:"穿越障碍",设置各种障碍让孩子钻、爬。

(四) 从已经设计好的亲子活动方案出发

在亲子活动实践中,很多保育师设计亲子活动的起点是参考用书上已经设计好的亲子活动方案。其实,这也是一种可选择的设计思路,只要我们能把这个活动本班化、具体化、生动化即可。拿到一个已经设计好的亲子活动,需要思考以下问题:

第一,符合当前婴幼儿的兴趣、需要和经验吗?

第二,符合阶段性的一般教育目标吗?

第三,与之前开展过的活动之间有关联吗?

第四,活动所需要的材料容易获得吗?

第五,原有的活动需要作出哪些调整?

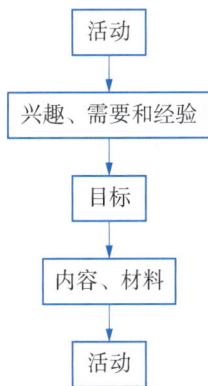

活动

↓

兴趣、需要和经验

↓

目标

↓

内容、材料

↓

活动

【案例】

原有活动：撕纸游戏。

兴趣、需要和经验：随着小手的灵活，孩子对动手活动感兴趣，惊叹自己动作带来的效果。

目标：锻炼撕纸的动作，能撕出一定形状的纸。

内容、材料：薄而好撕的纸。

新活动："狮子的头发"，撕出一定形状。

三、亲子活动的设计形式

亲子活动主要有两种类型：自主开展的活动区活动，以及集中组织的集体亲子活动。因活动类型不同，其设计形式也存在差异，下面将分别进行探讨。

（一）活动区活动的设计

活动区活动是保育师根据0～3岁婴幼儿的发展现状和发展目标，创设丰富有趣的、多样性的活动环境（活动区），并提供有层次性与探究性的活动材料，使婴幼儿能够基于自身兴趣和能力，自主选择活动材料，在环境中通过游戏进行自主的学习，进而实现和谐、全面的发展。

婴幼儿的许多经验难以通过传统讲授方式获得，更多是在活动区通过亲身动手操作与体验积累而来。由于婴幼儿原有的经验基础不同，相同的活动内容与材料可能会引发他们不同的行为表现。这就要求保育师和家长细致观察、适时引导。保育师在活动区活动中的预设作用，主要通过活动材料的投放和活动环境的创设来达成。设计这类活动时，保育师须把握三个关键要素。

第一，婴幼儿的发展现状和发展目标。明确当前活动对象在各个发展维度的实际情况，以及下一阶段每个孩子的发展预期。只有厘清这些问题，才有可能设计出契合婴幼儿发展需求的活动区活动。

第二，婴幼儿感兴趣且适合其发展需要的活动内容。活动内容是活动区活动的核心载体，内容选择是否恰当至关重要。需综合考量内容是否具有发展价值、是否符合婴幼儿当下的迫切需求、是否能够激发婴幼儿的兴趣，同时兼顾不同个体的差异化需求。

第三，活动区环境创设和材料投放。环境堪称"无声的教师"，是开展活动区活动的重要平台；材料则是活动区活动的媒介，婴幼儿在与活动材料的互动过程中实现发展。因此，只有科学合理地投放材料，精心创设适宜的环境，才能为婴幼儿开展活动区活动提供有效支持。

把握第一个要素，需要保育师在实际教育场景中，通过对婴幼儿的测评、观察，深入了解其发展目标与需求，并凭借专业智慧进行全面考量。鉴于此要素涉及的内容较为复杂，且依赖于具体教育情境，在此不作赘述。接下来，将对第二、三个要素展开初步探讨。

1. 活动区的设置

0～3岁婴幼儿的活动区活动，强调婴幼儿的自主性，保育师的干预和指导相对隐性，多以个别化形式开展。正因如此，并非所有亲子活动都适宜在活动区开展。基于活动内容、材料及功能的差异，0～3岁婴幼儿早教机构可设置以下几类活动区。

（1）运动区

运动区对促进婴幼儿自我意识发展、塑造健康心理、提升感知运动能力、增强身体协调性与平衡能力有着积极作用。运动区可细分为室内运动区和室外运动区。

室内运动区：包括用来爬、钻、跳、拉、绕障碍物走等活动内容，材料有小型滑梯、小攀登架、小汽车、各种垫子、彩虹隧道、可钻爬的箱子、各种自制拖拉玩具等，满足婴幼儿探索和运动的需求。

室外运动区：婴幼儿可以在上面进行走、跑、跳、弹跳、钻爬、攀登、摆动颠簸、骑车、掷击、玩球等大动作运动（趣味游戏），也可以开展玩沙玩水、私密空间（小帐篷、小房子）游玩等；材料有滑梯、攀登架、平衡

微课

如何撰写活动区活动方案

木、跷跷板、摇马、玩沙玩水的玩具、各种球、推拉骑的小车等,让婴幼儿充分接触自然,享受户外活动的乐趣(图 2－10 至图 2－15)。

图 2－10　多功能攀爬城堡

图 2－11　多功能室内攀爬区

图 2－12　戏水池探究水流

图 2－13　攀爬挑战

图 2－14　玩滑滑梯

图 2－15　荡秋千

(2) 动手动脑区

动手动脑区着重促进婴幼儿小肌肉发育、精细动作发展及手眼协调能力的提升,同时提升其感知觉、专注力、观察力等认知能力。该活动区可开展穿珠、配对、分类、镶嵌、拼图、套叠、图形组合等多元活动,可提供珠子与绳子、拼图玩具、套桶套装、敲打玩具、分类玩具、图形玩具、容器及大小各异的盒子和瓶子等,通过操作这些材料,帮助婴幼儿在游戏中发展精细动作与逻辑思维(图 2－16,图 2－17)。

图 2‑16　小手真能干——穿珠

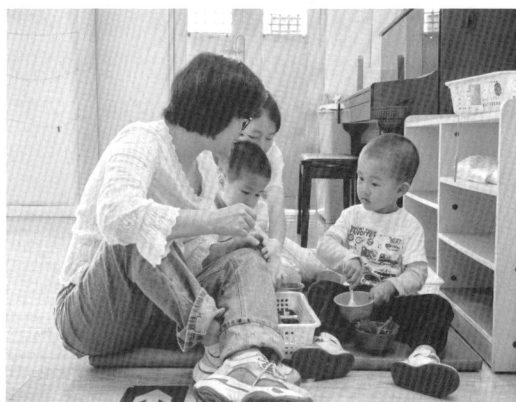

图 2‑17　小手真能干——学煮饭

（3）生活体验区

生活体验区旨在帮助婴幼儿锻炼生活技能，提升自理能力，并通过角色扮演体验生活场景。活动包括练习使用勺子、端小碗，锻炼手眼协调的抓、倒、捏、切动作，以及系扣子、穿衣服、打结绳、晾袜子、喂娃娃等生活实践，提供的材料有小碗小勺、生活中的物品（蔬菜、水果、豆子、花生等）、能穿衣穿袜的娃娃、简单的劳动工具、容器等，让婴幼儿在沉浸式体验中学习基本生活技能（图 2‑18，图 2‑19）。

图 2‑18　动手切水果

图 2‑19　制作美食

（4）建构区

建构区通过搭建活动促进婴幼儿拼接、围合、垒高、延展等建构能力发展，同时培养其空间概念。该活动区配备的材料包括搭建材料，如彩色及木色大积木、插装类玩具、大小不一的空盒子和箱子等，以及自然材料，如石头、树叶等自然物，鼓励婴幼儿利用自然元素进行创意搭建，在操作过程中感知形状、大小与空间关系（图 2‑20，图 2‑21）。

图 2‑20　积木搭建大城堡

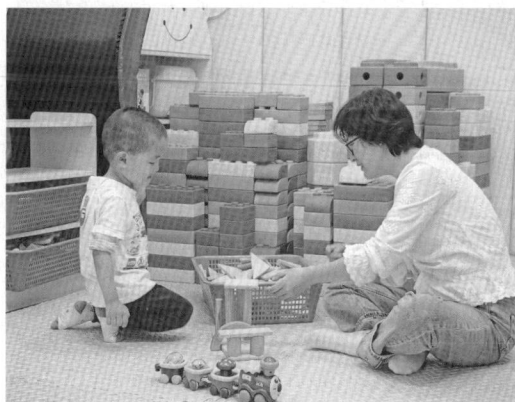

图 2‑21　亲子搭建动车站

（5）艺术区

艺术区可以促进婴幼儿感知觉的发展和艺术能力的发展。该活动区主要开展涂鸦、撕贴、玩色、律动、打击乐器、表演等活动，配备的材料包括开展美劳活动的涂鸦工具、玩色材料、撕贴材料、工作服、大毛笔棒、半成品材料、画册等，以及开展音乐活动的打击乐器、头饰、表演舞台、音乐等（图2-22，图2-23）。

图2-22 树叶喷画

图2-23 亲子装饰团扇

（6）装扮区

装扮区可以促进婴幼儿社会性情感、交往能力、想象力的发展。装扮区主要进行的是装饰、扮演活动；配备材料包括模拟表现生活经验的物品，如家具、餐具、娃娃、仿真食品、玩具厨具、简单医疗用品、镜子、帽子、小书包、眼镜、服装、配饰、扇子、彩带等。

（7）阅读区

阅读区可以促进婴幼儿语言表达能力、阅读能力、认知能力、表演能力和社会性情感的发展。该活动区配备的材料包括不同类型的书，如布书、塑料书、可以拼插的书、声音书、立体书等；录音机、无线听筒、毛绒玩具、表演头饰、玩偶；软靠垫、家庭式沙发、小地毯等。

（8）自然观察区

自然观察区通过观察活动帮助婴幼儿了解常见动植物特点与生长规律，增长见识，发展认知能力，同时培养亲近自然的情感。该活动区可开展观察小动物的外形特点、行动、饮食、睡眠活动，观察植物的种子、发芽、生长，观察盆花并给它浇水，观察瓜果蔬菜等活动；可观察的小动物有家禽、蟋蟀、蝉、萤火虫、蚕、鸽子、鱼类，植物有盆花、豆苗、蒜苗、葱苗、芦荟，以及一些瓜果蔬菜等。

2. 活动区材料的投放

活动区作为婴幼儿及其家长的自主探索场域，保育师的专业支持主要通过材料投放实现。科学合理的材料投放须遵循以下原则。

（1）材料投放的适宜性

材料的适宜性直接影响活动实效，涵盖数量、种类、形态及呈现方式等维度。

真实性与直观性：优先选择真实物品（如餐具、日常工具），搭配色彩鲜明、造型简洁的教具，增强婴幼儿的认知联结。

陈列规范性：采用分层架、透明收纳盒等工具实现有序陈列，通过色彩分区、标签指引等方式提升视觉秩序感。

动态平衡原则：根据活动人数配置材料数量（建议人均3~5件），定期更新20%~30%的材料以保持新鲜感。

启发性呈现：运用"问题导向式投放"，活动材料的呈现方式、呈现时机应有利于引发婴幼儿的活动兴趣，引导婴幼儿逐渐发现事物间的各种关系，如将拼图散放于托盘引发探索欲，通过材料组合暗示操作逻辑（如螺丝与螺母配对）。

（2）材料投放的层次性

在投放活动区活动材料时,保育师要考虑不同年龄段婴幼儿在发展水平上的差异以及同一年龄段婴幼儿之间的能力差异,采用层次性策略。有效的材料投放既要符合婴幼儿原有水平,又能起到提升婴幼儿经验、促进婴幼儿发展的作用。

第一,适应不同年龄段婴幼儿身心特点——纵向层次性。婴幼儿的年龄特点决定其身心发展水平。因此,活动区域中应根据不同年龄阶段婴幼儿的身心特点投放不同层次的活动材料,做到有的放矢,具有针对性和计划性。例如:

0～1岁:提供触觉球、响纸等感官刺激类材料。

1～2岁:增加串珠、套杯等基础操作材料。

2～3岁:引入拼图、分类板等认知挑战材料。

第二,适应不同能力水平婴幼儿的需要——横向层次性。同一年龄的婴幼儿,不同的个体,有着不同的兴趣、爱好和行动方式,他们之间也存在着能力上的差异,而且发展速度也不一样,其接受和掌握技能的速度不同,对材料的理解程度也不同。保育师要帮助每一位婴幼儿在与材料的互动中能自己做事、自己决定活动内容、自己选择玩具。例如:

基础层:提供已组装好的成品玩具。

进阶层:投放需2～3步操作的半成品材料。

拓展层:设置开放式材料(如自然物、废旧物品)。

（3）材料投放的安全性

0～3岁婴幼儿身心娇嫩、抵抗力弱,缺乏自我保护的意识和能力;再者这个年龄的孩子经常用口腔探索外部世界。因此,活动材料的投放要严把安全、卫生和健康关,建立三级安全防护体系。

材质安全:选用通过国家3C认证的材料,避免直径<3 cm的小零件,边缘倒圆处理。

空间安全:尖锐物品单独存放,重量>2 kg的材料固定于地面。

卫生安全:执行"三查三消"制度(入园查、使用查、离园查;日消毒、周清洗、月检测)。

3. 活动区环境的创设

环境是重要的教育资源,应通过环境的创设和利用,有效促进婴幼儿的发展,提高家长在亲子活动中的认识与能力。活动区环境的创设要考虑以下三方面。

（1）空间规划的科学性

动静分区:将运动区、建构区等动态区域与阅读区、艺术区等静态区域保持1.5 m以上距离。

空间密度:按人均1.2 m² 配置活动空间,运动区面积不小于6 m²。

通道设计:主通道宽度≥80 cm,次通道≥50 cm。

（2）氛围营造的功能性

主题情境化:阅读区采用暖色调灯光＋软包墙面,运动区使用防滑地垫＋防撞条。

标识可视化:通过图标指引(如脚印标识行进路线)、图片示范(如穿衣步骤图)。

自然元素融入:每个区域设置1～2处自然角,摆放绿植、矿物标本等。

（3）家长指导系统建设

① 信息墙设计

左上区:本周重点发展目标(图示化呈现)。

右上区:材料操作指南(分解步骤图)。

左下区:常见问题应答(Q&A形式)。

右下区:家园共育建议(如"每日5分钟亲子游戏")。

② 数字化支持

设置AR互动屏,扫描材料可显示指导视频。

（二）集体亲子活动的设计

集体亲子活动,主要是指保育师面对全体婴幼儿和家长开展的活动,是保育师按照活动目标与活动内容,有计划、有目的、有组织、有步骤地引导婴幼儿获得有益的发展经验、指导家长开展亲子教育的一种途径,具有目标明确、内容精选、步骤周密、计划性强、保育师作用显性的特点。

针对0~3岁婴幼儿的亲子活动仍处于起步探索阶段,集体亲子活动的设计形式多种多样,有的集体亲子活动只有1~2个环节,持续15分钟左右(半天当中的其余时间是在活动区中进行个别活动);有的2~3个环节,持续时间20分钟左右;有的3~4个环节,持续时间30分钟左右;有的5~6个环节,持续时间45分钟左右,分前后段进行,第一段25分钟左右,然后如厕、饮水、餐点,接着第二段20分钟左右。早教指导中心组织的半日亲子活动,既有活动区活动,也有集体亲子活动,各自的时间比例因设计者的理念不同而有所差异。

1. 独立式设计

独立式设计指的是集体亲子活动的各个环节并行呈现,环节与环节之间的关系是独立进行的,一个环节的完成与否并不影响另一个环节的进行和完成,环节之间可以调换进行而不会对活动效果产生质的影响。

📖 案例 31~33月龄集体亲子活动

环节一:认识你我他——花儿找朋友

活动目标

婴幼儿发展目标:

1. 愿意、大胆在集体面前介绍自己,并说一说自己的喜好;

2. 尝试用较完整的语言进行介绍。

家长学习目标:掌握鼓励宝宝在集体面前介绍自己的方法。

活动准备 自制五瓣大花一朵。

活动过程

1. 出示道具,引出活动。

引导语:你们看,这是什么? 今天,老师请来了花儿和宝贝们一起做游戏,它还不认识大家,老师要请你们向花儿介绍一下自己。

2. 师边做边说,示范活动方法。

引导语:现在,花儿要去找朋友了。点豆花呀点豆花,点到谁呀,花就开。(然后将花开向××面前),小宝贝,快快快,花儿点到了你,赶紧和花儿牵手上来向大家介绍自己吧。

宝宝:"大家好,我叫×××,我喜欢吃×××。"

大家一起拍手说:"你好,你好,×××早上好!"

3. 每个宝宝依次轮流介绍,尽可能引导每位宝宝上前完整地作自我介绍,如果宝宝不敢面向大家,可以让他在原地介绍或请家长陪伴。

家长指导要点

1. 这个环节主要让宝宝敢在集体面前介绍自己,明确自己的喜好;同时也让宝宝学会耐心等待。

2. 如果宝宝胆小,家长尽量鼓励他上来,哪怕他上来后什么都不敢说。

3. 宝宝的发展是有差异的,不要与其他宝宝进行横向比较。

4. 活动有利于促进宝宝社会性和自我认识的发展,所以类似的介绍可以结合生活情境继续练习,介绍的内容可以不断扩展。

环节二:小手真能干——穿项链

活动目标

婴幼儿发展目标:

1. 练习穿、拉连贯配合,锻炼手眼协调能力和手部精细动作;

2. 巩固对颜色的认识,感受色彩美,体验穿项链的成功感。

家长学习目标:掌握引导宝宝正确"穿""拉"的方法,以及科学提供相应的活动材料。

活动准备 剪短的各色吸管,有硬头的细绳,剪刀一把,长吸管数根。

活动过程

1. 介绍活动材料。

引导语:这是什么? 哦,这是长长的吸管。都有什么颜色? 红色、黄色、蓝色、绿色、白色、紫色。老师用剪刀把它剪得短短的,咔嚓、咔嚓、咔嚓,哦,变成这么多短吸管啦。

引导语:这是什么呢? 这是长长的、软软的、细细的绳子。

2. 保育师边做边说,示范主要动作和穿的方法。

家长指导语:请家长先帮宝宝在绳子的一头打个结。宝宝穿的时候用没有绑住的这头穿,一只手捏住吸管,另一只手捏住绳子的这一头,然后对准吸管的小孔穿进去,绳子在吸管的另一头露出来了,用手抓住露出来的绳子,另外一只手把吸管往下拉,绳子就能穿进来了。

保育师把所有的吸管都穿完,并说:"看,一条五颜六色的项链穿好了,把它挂在脖子上,好看吗?"

3. 家长引导宝宝动手穿项链。

家长指导要点

1. 这个活动主要是帮助宝宝学会穿拉连贯配合,锻炼手眼协调能力和手部精细动作。

2. 由于吸管口子深,所以家长引导宝宝穿时绳子头留长,手指捏后点,这样绳子才能穿进去。

3. 尽量不要干预宝宝的操作,如果他难以完成,家长可以适当帮助。

4. 在家中,家长可以为宝宝准备粗细不同的吸管或大小不同的木珠,穿线的绳子可以由粗到细、由硬到软,逐渐增加难度。

环节三:聪明时间——分豆豆

活动目标

婴幼儿发展目标:学习按一定的要求分类,初步发展思维和概括能力。

家长学习目标:了解宝宝"类"概念发展水平,以及促进"类"概念发展的方法。

活动准备 红豆、黄豆、绿豆若干,分类盒,轻音乐。

活动过程

1. 出示并介绍活动材料。

引导语:这是什么? 圆圆的、红色豆子……红豆、黄豆、绿豆,这些都是豆子。这是分豆盒,上面贴了什么标签,表示是什么豆豆的家。

2. 保育师示范用拇指和食指把豆子拣起,根据标签把豆子放到相应的盒子里,并配上儿歌。

3. 分发活动材料,家长引导宝宝操作;宝宝边操作家长边念儿歌,等孩子都分好后,也引导宝宝完整地念出儿歌。

家长指导要点

1. 这个活动主要帮助宝宝学习分类,逐步形成类的概念。

2. 家长先引导宝宝认识三种豆子,再引导宝宝根据标签把豆子放到相应的盒子里。

3. 注意安全,不要让宝宝把豆子放到嘴、鼻子、耳朵里。

4. 很多生活场景可以帮助孩子练习分类,平时应加以利用,循序渐进;活动中的分类是初步的、最简单的分类。

附儿歌:红豆黄豆绿豆都是豆,小宝宝分豆豆,红豆红、黄豆黄、绿豆绿,每颗豆豆圆溜溜。

环节四:休息时间(如厕、洗手、喝水、点心)

此环节中,保育师指导家长鼓励孩子自己脱裤子坐盆或蹲坑;指导家长按照正确洗手的示意图引导孩子自己洗手;家长要求孩子喝白开水;吃点心时孩子自己拿小椅子找位置坐好,自己拿点心吃,吃完后擦嘴擦手。

环节五:运动冲浪——运球比赛

活动目标

婴幼儿发展目标:练习双脚向前跳,锻炼腿部力量。

家长学习目标:初步掌握引导宝宝双脚向前跳的方法。

活动准备 彩色塑料圆圈 8 个,平衡木和拱门各 2 个,海洋球若干,装球的筐 2 个。

活动过程

1. 介绍活动场地和材料,并提出运球比赛的要求。

2. 示范运球的方法:手拿海洋球走过平衡木(高 20 cm),钻过洞洞(高 50 cm),跳进小圆圈(地上固定四个彩色圆圈,宝宝练习双脚向上蹦跳),把海洋球放到小筐里。

3. 把宝宝分成两组,组织他们开始运球比赛,注意让宝宝运球时一定要走过这三道障碍。

4. 引导孩子们一起数一数每组运了多少个海洋球。

家长指导要点

1. 家长要引导宝宝按指定路线运球,练习双脚向前跳时,家长可以在旁边给宝宝做示范。

2. 如果宝宝还不能双脚向前跳,家长可用双手托住宝宝的腋下,给他一个支撑;如果宝宝还跳不稳,家长可以稍稍扶其一手或牵着他的手。

3. 生活中,利用现成场景继续加以锻炼。

分析:这个集体亲子活动是为 31～33 月龄宝宝设计的,共有五个活动环节。除了第四环节"休息时间"外,其余四个活动环节主要发展目标很明确:第一个环节"花儿找朋友"主要是从促进孩子社会性发展角度设计的,第二个环节"穿项链"主要指向孩子精细动作的发展,第三个环节"分豆豆"主要是从促进孩子认知发展的角度设计的,第五个环节"运球比赛"则主要是从促进孩子大动作发展的角度设计的。部分环节除了反映某个主要发展方面之外,还体现了其他方面的发展价值。所以,在环节活动目标的制定上,我们可以看到两条或三条活动目标。各环节单独进行,互不影响,综合起来形成了一个较完整的亲子活动,多个方面的内容均有所体现。这是早教机构保育师集体亲子活动设计时常用的一种设计形式。

2. 主题式设计

集体亲子活动主题式设计借鉴了幼儿园单元主题教学和瑞吉欧方案教学的先进理念,它以一个主题为线索来整合亲子活动中的各个环节,形成一条主线,然后围绕主题进行活动与交流。主题式亲子活动选定主题后,就以主题为中心安排活动内容,再挖掘每个活动内容对婴幼儿身心发展的价值,确定每个环节的活动目标,最好能涵盖六大方面的发展。主题式设计有的以内容为主题,例如"我爱洗脸""我爱妈妈""小手真能干""宝宝庆生"等;有的以一种物品为主题,例如"神奇的气球""苹果""鸡蛋"等;有的以节日为主题,例如"粽味飘香宝宝尝""中秋月儿圆"等;有的以季节的某个特点为主题,例如"春天赏花""夏天水果真好吃""秋天的树叶"等。

📇 案例一

活动目标 我爱洗脸(适用于 25～27 月龄宝宝)

设计意图 "洗脸"是宝宝日常生活中最基本的一项卫生清洁活动。很多宝宝在家不愿意洗脸,洗脸时经常哭闹,抗拒洗脸。家长们为此非常烦恼。然而,两三岁正是培养孩子初步生活自理能力和形成良好卫生习惯的时候,因此,我们设计了"我爱洗脸"这一主题活动,通过一些简单、有趣的游戏,让宝宝愿意洗脸,乐于洗脸,体验洗脸的乐趣,同时帮助家长获得相应的家庭指导建议。

活动类型　集体亲子活动

环节一:我洗脸了

活动目标

婴幼儿发展目标:尝试用完整的语言表达生活事件,形成天天洗脸的意识。

家长学习目标:感受孩子生活教育的重要性,掌握引导孩子大胆表达的方法。

活动准备　小熊手偶一只。

活动过程

1. 保育师手拿小熊手偶,用形象的声音让小熊和宝宝们打招呼、作介绍。

引导语:大家好,我是小熊琦琦,早上起来我洗脸了,是妈妈帮我洗的,妈妈夸我是个爱干净的宝宝。听完我的介绍,我也想听听小伙伴们的介绍。

2. 保育师组织宝宝一一面向大家作关于洗脸的介绍。

宝宝一一介绍后,保育师以小熊的口吻讲个简单的小故事。

引导语:告诉大家一个小秘密,其实我以前不爱洗脸,我的小脸蛋越来越脏,走出去,大家看到我都躲得远远的,嫌我脸蛋脏,不跟我做游戏。我难过极了! 现在我天天都洗脸,小伙伴们都愿意跟我一起玩。我很开心!

家长指导要点

1. 这个活动主要是发展宝宝的口语表达能力,并愿意洗脸、乐于洗脸。

2. 有的宝宝没有像别的宝宝那样完整表述出来,家长不要焦虑、紧张,每个孩子各个方面发展进程不一样,要学会等待。

3. 如果宝宝不敢站在前方面向大家作介绍,家长可以陪宝宝一起上来。

4. 生活中可以经常给宝宝讲一些富有意义的小故事,故事教育不容忽视。

环节二:我的大头贴

活动目标

婴幼儿发展目标:

1. 通过贴自己的五官发展自我意识;

2. 掌握撕、贴、摁的技能,锻炼手部精细动作。

家长学习目标:了解孩子"撕、贴、摁"动作技能的发展。

活动准备　彩色粘贴纸、白纸、剪刀、黑色勾线笔,以上材料人手一份。

活动过程

1. 保育师请一位宝宝做模特,边讲解边操作,示范"贴大头"的方法。

引导语:脑袋圆圆的(家长用黑色勾线笔帮宝宝在白纸上画一个圆圆的脑袋);眼睛一双放上边(家长用剪刀在彩色粘贴纸上剪一双眼睛,引导宝宝撕贴在合适的位置,其他五官操作方法一样),中间是鼻子,鼻子下面是嘴巴,小耳朵在两边;最后是头发(家长根据宝宝头发的形状剪)。

2. 分发材料,组织家长和宝宝操作,保育师巡回观察与指导。

3. 宝宝写上自己的名字,把"我的大头贴"作品放进作品袋里。

家长指导要点

1. 注意剪刀的安全,操作前可以引导宝宝摸一摸自己的五官。

2. 如果宝宝还不能将彩色粘贴纸撕起来,家长可以帮他撕开一点点。

3. 贴的时候,注意引导宝宝合理布局空间。

4. 在家中可以引导宝宝用镜子仔细观察自己五官的形状和在头部的位置。

环节三:小小毛巾爱玩水

活动目标

婴幼儿发展目标:学习正确的洗脸方法,能跟着音乐表演洗脸动作,体验洗脸的乐趣。

家长学习目标:学习引导宝宝洗脸的方法。

活动准备 玩具娃娃一个,毛巾人手一块(包括家长),音乐《小小毛巾爱玩水》。

活动过程

1. 保育师出示玩具娃娃和毛巾,示范如何给娃娃洗脸。把毛巾叠成四方块,擦洗宝宝的脸,唱儿歌:"宝宝早上起来脸脏脏,要用毛巾来洗脸;洗洗额头、左边眼睛、右边眼睛、两个脸蛋、小小的嘴巴、圆圆的脖子。宝宝的脸洗干净了,闻一闻,好香啊!"保育师边说边示范动作。

2. 分发毛巾给宝宝和家长,保育师和家长引导宝宝学习洗脸的方法和动作。

播放《小小毛巾爱玩水》音乐,保育师配合音乐富有表情地示范游戏的玩法,随着音乐做相应动作。

3. 请家长带着宝宝跟着保育师边听音乐边做动作,3遍后结束(第一遍尝试,第二遍熟悉,第三遍可以请宝宝给家长洗脸)。

4. 保育师走到宝宝面前,闻闻、亲亲宝宝,对宝宝进行鼓励。

家长指导要点

1. 这个活动主要是让宝宝学会洗脸的方法,并在音乐游戏中体验洗脸的乐趣。

2. 活动过程中,家长不要只顾着看宝宝,要跟着大家一起做,并给宝宝做好示范。

3. 将这一活动延伸至家庭,继续引导宝宝掌握洗脸的正确方法,并乐意每天自己洗脸。

附歌曲:

小小毛巾爱玩水

1=C 2/4

(3 1 2 3 | 4 3 2 1 | 7 2 7 5 | 1 3 1) | 5 5 3 6 | 5 5 3 | 5 5 3 6 |

　　　　　　　　　　　　　　　　　　　　　　　　小小毛巾　爱玩水,　洗了眼睛、

5 5 3 | 5 5 3 6 | 0 0 | 5 0 5 | 1 — | 5 5 3 6 | 5 5 3 |

鼻子、嘴, 还跟 耳朵,　　　亲　亲　嘴。　　小小毛巾　爱玩水,

5 5 3 6 | 5 5 3 | 5 5 3 6 | 0 0 | 5 5 3 6 | 0 0 | 5 0 5 |

洗了眼睛、 鼻子、嘴, 还跟 耳朵,　　　还跟 脖子,　　　亲　亲

1 — | 5 5 3 6 | 5 5 3 | 5 5 3 6 | 5 5 3 | 5 5 3 6 | 0 0 |

嘴。　　小小毛巾　爱玩水, 洗了眼睛、 鼻子、嘴, 还跟 耳朵,

5 5 3 6 | 0 0 | 5 5 3 6 | 0 0 | 5 0 5 | 1 — ‖

还跟 脖子,　　　还跟 脸蛋,　　　亲　亲　嘴。

环节四:晾毛巾

活动目标

婴幼儿发展目标:学习晾毛巾的方法,体验活动的乐趣。

家长学习目标:初步掌握引导宝宝锻炼"晾毛巾"生活技能的方法。

活动准备　家长自带宝宝用的小毛巾两条,脸盆人手一个。

活动过程

1. 保育师带领宝宝和家长来到户外,在两棵树之间绑一根绳子,高度视孩子的普遍身高而定。家长和宝宝一起用脸盆去装水。

2. 请家长和宝宝一起在装了水的脸盆里洗毛巾,然后给宝宝做如何"拧干"毛巾的示范,只是学习动作,并不要求宝宝拧干毛巾。

3. 引导宝宝将毛巾打开,弄平整;然后把毛巾晾在绳子上。宝宝完成任务后要及时肯定和鼓励。

家长指导要点

1. 这个活动主要是帮助孩子学习"晾毛巾"这项生活技能。

2. 注意提醒宝宝卷起衣袖,必要时可以帮助他卷起。

3. 在家中结合生活继续加以练习,帮助孩子完全掌握这一技能。

分析:这是一个以"我爱洗脸"内容为主线的主题式集体亲子活动的设计。2岁左右的孩子要慢慢培养其最初步的生活自理能力,所以活动是为25～27月龄孩子设计的。这个集体亲子活动共有四个环节,均是围绕"洗脸"这一生活活动开展的。第一个环节"我洗脸了"主要是帮助孩子形成天天洗脸的意识;第二个环节"我的大头贴"主要是帮助孩子进一步认识头面部和发展手部精细动作;第三个环节"小小毛巾爱玩水"通过一首儿歌,帮助孩子学会正确洗脸和洗脸时应擦洗的各个部分;第四个环节"晾毛巾"主要是帮助孩子学习拧干和晾毛巾。这种亲子活动设计形式主题突出,能较好地解决一个简单问题,适合婴幼儿生活中经常发生的事件,往往孩子的活动兴趣比较高。

案例二

活动名称　神奇的小气球(适用于19～21月龄宝宝)

设计意图　每个孩子基本上都喜欢玩气球,他们惊叹气球的神奇,瘪瘪的气球经嘴巴这么一吹变成圆圆的、大大的、轻轻的球,可以用来拍、踢、拉着跑、扇动等,孩子看到气球都会爱不释手。1岁半以后的宝宝正是处在积极探索各种物体的时期,探索喜爱的气球会给他们带来无穷的乐趣。本次亲子活动以"气球"为认识对象,以"气球"为主要材料贯穿每个小活动。活动中努力挖掘气球作为工具的使用价值,和作为认识对象的学习价值。六个环节的内容设计涉及了婴幼儿发展的主要方面,有利于促进其自我意识、认知、语言、动作等方面的发展。

活动类型　集中亲子活动

环节一:宝宝问好

活动目标

婴幼儿发展目标:

1. 利用早教指导中心的人际交往环境发展初步的自我意识,学会说出自己的名字,会用"好"或"大家好"向别人问好;

2. 感受气球的弹性和大小的变化及颜色的不同。

家长学习目标:了解引导宝宝认识自我的途径和方法。

活动准备　没有吹起的各种颜色的气球若干个。

活动过程

1. 保育师呈现气球,并说:"这是什么?是什么颜色(请家长告诉宝宝)的?它很神奇,可以变得长长的(拉一拉),又缩回来。"

2. 保育师给家长分发不同颜色的气球,请家长和宝宝一起拉一拉气球,宝宝手部力量不够时,家长提供帮助,让宝宝感受气球的弹性。

3. 保育师引导家长把气球吹起来让宝宝摸一摸,然后放飞,再吹起来并扎好。

4. 提示家长不要把气球吹得过大,以免爆炸。

5. 保育师请手拿红色(黄色、蓝色、绿色⋯⋯)气球的宝宝上来作自我介绍。家长帮宝宝介绍名字:"大家好,我叫×××!"(不能完整说出的宝宝,可让他说出其中的一部分"好"和自己在家被叫的名字),其他家长和宝宝拍起小手说:"×××宝宝,×××宝宝,你好呀!"

家长指导要点

1. 在家中可以有意识地叫宝宝的名字,引导他进行回应,学会说出自己的名字。

2. 平时生活中,有意识地利用不同场景和方法,引导宝宝大胆在他人面前介绍自己。

3. 如果宝宝语言发展较好,可以丰富自我介绍的内容。

环节二:儿歌《大气球》

活动目标

婴幼儿发展目标:辨认并说出气球的颜色,学唱《大气球》儿歌。

家长学习目标:了解宝宝颜色认知的发展,以及促进语言发展的方法。

活动准备 吹起的红、蓝两色气球,宝宝和家长各一个。

活动过程

1. 保育师出示红、蓝气球,请家长告诉宝宝气球的颜色。

2. 主配班老师配合边做动作边唱《大气球》儿歌。

3. 家长和宝宝一起边做动作边唱《大气球》儿歌。

4. 宝宝和宝宝、家长和家长配合边做动作边唱《大气球》儿歌。

> 你有红气球,我有蓝气球,
> 球碰球,好像点点头;
> 你有红气球,我有蓝气球,
> 球碰球,好像拉拉手;
> 你有红气球,我有蓝气球,
> 球碰球,两个好朋友。

家长指导要点

1. 宝宝在这个年龄喜欢跟着大人学唱儿歌,能说出3~5个字的简单句。

2. 这首儿歌语句简单,有韵律,很适合这个年龄的孩子。

3. 活动后继续引导宝宝学唱;儿歌中气球的颜色可以根据宝宝手上实际拿的气球的颜色进行替换。

4. 平时,家长可以多找一些朗朗上口的儿歌教宝宝。

环节三:我和气球做游戏

活动目标

婴幼儿发展目标:感受物体的空间感,手臂活动的灵活性;感受风的力量和气球吹起来后大而轻的特点;视觉追踪物体,学会根据颜色分类。

家长学习目标:初步掌握引导孩子开展扇气球的活动方法。

活动准备　红、黄、蓝三种颜色气球若干个,扇子人手一把,欢快的音乐。

活动过程

1. 保育师介绍"拍气球"活动材料、玩法,向家长说明活动要求。

拍气球:小气球高矮不一悬挂起来让宝宝原地拍打、跳一跳拍打、家长抱起来拍打。

2. 保育师介绍"扇气球"活动材料、玩法,向家长说明活动要求。

扇气球:红、黄、蓝三种颜色小气球放在活动室的中间,宝宝和家长一起用扇子扇起风来,使气球随风散落开来,然后引导宝宝捡起气球放进与气球相对应的颜色筐。

家长指导要点

1. 这个年龄的宝宝要慢慢学会拍打上方的物体,提高手臂活动的灵活性。

2. 在"颜色认知"发展方面,孩子一般是先指认颜色,然后才会说出颜色的名称;一开始是认识"红、黄",随着月龄的增长逐渐增加其他颜色认知。

3. 当宝宝不能正确按颜色分类时,家长不必急于纠正,说明宝宝的发展水平还没有到这一程度。

4. 要引导宝宝正确使用扇子,如果宝宝不会,在家应继续多加练习。

环节四:休息时间(如厕、洗手、喝水、点心)

此环节中,保育师指导家长引导幼儿学会独自坐盆或蹲坑,指导家长按照正确洗手的指示图教幼儿洗手;家长要求幼儿喝白开水;幼儿吃点心时自己拿点心吃,吃完后擦嘴擦手。

环节五:运水球

活动目标

婴幼儿发展目标:

1. 观察气球的变化,并尝试用语言进行描述;

2. 锻炼走平衡木的能力与脚底触觉。

家长学习目标:了解孩子"运水球"任务执行能力,掌握借助活动促进宝宝语言和平衡能力的发展。

活动准备　在自来水龙头下灌装好的水球宝宝若干,触觉板,触觉平衡木。

活动过程

1. 认识小水球,保育师示范操作方法。取出一个没有灌水的气球和一个灌水后变成的水球,引导宝宝观察二者的不同,感受气球没装水之前"扁扁的"形状,最好让宝宝说出"扁扁的",并让其摸一摸;气球装水后变成圆圆的,引导宝宝说"圆圆的",并让其捏一捏。

2. 分发材料,请家长引导宝宝认识小水球。

3. 经过触觉板、触觉平衡木运水球,请家长和宝宝一起把水球从这个筐运到对面的筐里,并提出游戏规则:让宝宝独立走,最好不要扶着;宝宝成功运球后,应及时鼓励。

家长指导要点

1. 这个年龄的宝宝口语发展较为迅速,平时生活中应积极引导宝宝开口说。

2. 如果宝宝平衡感不好,难以顺利完成活动,回家后积极利用生活中的设施加以练习。

环节六:亲子涂鸦

活动目标

婴幼儿发展目标:体验气球作画的快乐,感受气球、水、颜料、纸张等物体之间的关系,增进亲子情感。

家长学习目标:了解引导宝宝涂鸦的途径和方法,以及亲子互动的技巧。

活动准备　人手一张画纸,黑色或褐色水彩笔,红、绿两种颜料。

活动过程

1. 展示树的图片,保育师:"小眼睛仔细看,这是一棵大树,有树干、树枝、树叶和红红的果实。"
2. 讲解操作方法和要求:家长先画出树干和树枝,再引导宝宝用水球沾上颜色画树叶和果实。
3. 请宝宝上前领取画纸和黑色水彩笔,保育师分发红、绿两种颜料。
4. 家长引导宝宝一起完成作品。
5. 宝宝把作品放在"成长档案袋"带回家。

家长指导要点

1. 宝宝用水球沾上颜色画树叶和果实时,家长不要包办代替,应尊重孩子自我表现的作品;作品带回家,让宝宝向其他家庭成员分享自己的创作。

2. 涂鸦是这个年龄阶段非常喜欢的一种活动,孩子涂鸦的方式方法也很多,除了常规的涂鸦工具,活动中的气球也可以作为工具进行涂鸦。

分析:这是一个以物品"气球"为主线的主题式集体亲子活动,包括认识气球的外形、颜色、特性,以及把气球当成涂鸦和游戏工具。这个集体亲子活动中,除了环节四是"休息时间"外,其余五个环节均是围绕"气球"展开的:第一个环节,"宝宝问好"以气球作为活动材料,在认识气球的基础上促进孩子社会性的发展;第二个环节,"大气球"主要促进孩子语言的发展和说出气球的颜色;第三个环节,"我和气球做游戏"主要引导孩子认识气球的特性,锻炼肢体动作;第五个环节,"运水球"在帮助孩子认识气球特性的基础上,锻炼其身体的平衡,促进触觉的发展;第六个环节,"亲子涂鸦"主要帮助孩子体验用气球作画的乐趣,加强亲子互动。这种主题式亲子活动的优点是活动材料容易准备,而且可以一物多用,既经济又方便。

实训练能

实训项目 2-4:亲子活动设计

【实训目的】

能力目标:能运用恰当的思路,采用合适的形式,以设计要点为指引,规范撰写出亲子活动方案。

情感目标:能将"呵护孩子一千天,关爱最柔软群体"职业精神贯穿于活动设计中。

【任务实施】

1. 扫码观看"如何撰写圆圈式亲子活动方案"微课 3 遍,学习如何撰写亲子活动方案(一个环节)。

2. 小组分工合作完成以下任务。

(1) 小组分析亲子活动设计提供的素材,研讨如何基于素材运用恰当的思路,撰写一个亲子活动方案。

(2) 建议 6 人为一小组,每位学生分别选其中一个素材进行活动设计。

(3) 以小组为单位,根据亲子活动设计,模拟组织实施该亲子活动。

微课

如何撰写圆圈式
亲子活动方案

亲子活动设计

亲子活动 设计素材	素材 1 活动目标: 1. 利用早教指导中心的人际交往环境发展初步的自我意识,学会说出自己的乳名,会用"好"或"大家好"向别人问好; 2. ……
	素材 2 一首好听的儿歌:《头、肩膀、膝盖、脚趾》
	素材 3 宝宝的发展需要: 1. 每个宝宝都有认识世界的欲望,他们需要认识周边的事物,例如每天都要吃的水果。从生活角度而言,我们也要帮助宝宝认识水果,并引导其爱吃水果; 2. 我们要培养宝宝良好的生活、卫生习惯,例如吃饭或吃水果之前要洗手。

（续表）

	附:童谣《我是一个大苹果》 我是一个大苹果,小朋友们都爱我。 要想吃我先洗手,要是手脏别碰我。
	素材4 保育师的观察和家长的反馈:在你带的那个班级,有三分之二的宝宝最近都爱上了粘贴活动,例如在家长的引导下用彩色粘贴纸粘贴简单的物品(动物、项链、水果)。
	素材5 活动材料:套筒(有方形、圆形、啤酒套筒)。
	素材6 一首欢快的音乐:《小马驮物》

活动设计	
活动名称	
活动对象	
活动目标	婴幼儿发展目标: 家长学习目标:
活动准备	

	活动内容	家长指导要点
活动过程		
家庭延伸 指导		

任务思考

一、单选题

1. 活动区活动是婴幼儿及其家长的自主活动,教师作用于活动区活动的主要途径是(　　)。

A. 活动材料的投放、活动区环境的创设、活动过程中的观察与指导

B. 活动材料的投放、活动区环境的创设、活动过程中的小组学习

C. 活动内容的安排、活动区环境的创设、活动过程中的小组学习

D. 活动材料的投放、活动区环境的创设、活动过程中的家长指导

2. 教师在投放活动区的材料时,以下哪项不属于需要考虑的因素?(　　)

A. 材料投放的适宜性　　　　　　　　　　B. 材料投放的层次性

C. 材料投放的安全性　　　　　　　　　　D. 材料投放的效益性

3. 有关"集体亲子活动设计"说法不正确的是(　　)。

A. 是面对全体婴幼儿和家长开展的活动

B. 有计划、有目的、有组织、有步骤地引导婴幼儿和家长一起活动

C. 设计集体亲子活动时,要注意活动时长,一般半小时以上

D. 设计形式多种多样,有独立式设计,也有主题式设计

4. 保育师在分散自主的活动区活动中的预设作用是通过材料的提供、环境的创设实现的,设计这种类型的活动,不属于保育师要把握的要素是(　　)。

A. 可供婴幼儿活动的活动区数量

B. 婴幼儿感兴趣的、适合其发展需要的活动内容

C. 活动区环境和材料投放

D. 婴幼儿的发展现状和发展目标

二、判断题

1. (　　)亲子活动设计的起点是灵活的,从目标、兴趣需要或内容,哪方面都可以开始,但是不变的是一定要三方面都考虑到。

2. (　　)亲子活动的设计应摒弃"超前教育"的思想,主要是促进婴幼儿智力、艺术技能的发展。

赛证 链接

一、单选题

1. 蒙台梭利强调有准备的学习环境,包括(　　)。

A. 人文环境

B. 精神环境

C. 物理环境和心理环境

D. 物质环境

2. 阳阳一边用积木搭火车,一边小心地说:"我要快点搭,小动物们马上就来坐火车了。"这说明幼儿自言自语具有的作用是(　　)。

A. 情感表达　　　　　　　　　　　　B. 自我反思

C. 自我调节　　　　　　　　　　　　D. 交流信息

3. 在抓握动作训练的"小摇铃"游戏中,当宝宝注视摇铃后,育婴师应(　　),让宝宝追随转头。

A. 从左到右、从右到左慢慢地摇晃摇铃

B. 从上到下、从下到上慢慢地摇晃摇铃

C. 从前到后、从后到前慢慢地摇晃摇铃

D. 从右到左、从左到右慢慢地摇晃摇铃

4. 关于幼儿进行看图讲故事练习,描述正确的是(　　)。

A. 成人讲述几遍后,让幼儿复述,熟练后由幼儿讲述给成人听

B. 让幼儿想象着编故事,成人讲述给幼儿听

C. 成人讲故事的速度要快,词语越华丽越好

D. 成人讲故事时可以让幼儿一边玩一边听

5. 幼儿的社会学习是在人际交往和(　　)的相互作用中进行的。

A. 互联网平台　　　　 B. 大众媒体　　　　 C. 家庭环境　　　　 D. 社会环境

6. 世界上第一部具有法律约束力的保障儿童权利的国际性早期教育政策文件是(　　)。

A.《儿童权利公约》　　　　　　　　 B.《儿童生存、保护和发展世界宣言》

C.《莫斯科行动纲领——用好各国的资源》　　 D.《强势开端:早期教育和保育》

7. 婴幼儿最早的思维是依靠(　　)进行的。

A. 动作　　　　　　　 B. 语言　　　　　　 C. 想象　　　　　　 D. 声音

8. 下列对动作和语言在婴幼儿思维发展过程中的相互关系表述正确的是(　　)。

A. 起初动作在前,语言在后

B. 最后动作在前,语言在后

C. 起初是动作伴随语言

D. 动作和语言的顺序无所谓先后

9. 以下关于幼儿攻击性行为的描述不正确的是(　　)。

A. 缺少社会交往经验,不懂得用语言来表达,常常用攻击性行为达到自己的目的

B. 存在明显的性别差异,女孩比男孩多

C. 如果幼儿长期处于被暴力控制的成长环境,就容易发生攻击性行为

D. 接触过多的暴力动漫、图画等,容易出现攻击性行为

10. 婴儿在1岁以前记忆能力比较差,5~6个月时可以认识并记住自己的妈妈,但(　　)。

A. 保持的时间不短　　　　　　　 B. 保持的时间很长

C. 保持的时间很短　　　　　　　 D. 可以永久保持

11. 判断是否以游戏为主要方式,要看在幼儿一日的活动中,是否有(　　),是否有足够的游戏空间,是否有开展游戏的足够的资源,幼儿是否能积极参与游戏。

A. 足够的游戏机会和时间　　　　　 B. 足够的玩具

C. 足够的兴趣　　　　　　　　　 D. 足够的主动性

二、多选题

帮助和指导幼儿学习用杯喝水的方法,正确的做法是(　　)。

A. 吸引法

B. 榜样法

C. 游戏法

D. 哄骗法

E. 表扬法

三、判断题

1. (　　)婴幼儿出现行为问题的时候是进行社会性教育的绝佳时机。

2. (　　)对于0~3个月的婴儿,应提供的玩具和游戏材料可以是色彩鲜明的小球。

3. (　　)婴幼儿在游戏和教学中出现的问题有些是由于婴幼儿年龄特点和孩子的个性特点决定的,有些则是由于教育的方法不当和活动本身存在问题造成的。

(全国职业院校技能大赛高职组婴幼儿照护赛项赛题)

项目三 设计与指导 0~1 岁婴儿亲子活动

项目导学

　　你是否思考过，0~3 月龄婴儿仅能短暂注视物体，7~9 月龄婴儿却开始尝试爬行探索，面对这些不同阶段的成长变化，该如何设计亲子活动助力他们发展？又该运用哪些指导策略，让亲子互动效果事半功倍？婴幼儿在不同年龄阶段，其身心发展特点、水平和教养需求均有显著差异。这就要求亲子活动的设计与指导，必须针对孩子所处阶段，在活动目标、内容及指导策略上作出精准调整。

　　0~1 岁作为婴儿成长的关键阶段，亲子活动设计与指导更有其独特的注意事项。本项目将带你深入剖析 0~1 岁婴儿的成长规律，通过典型案例分析与实践演练，掌握亲子活动设计与指导的专业技能，助力你在早教领域迈出坚实步伐。

学习目标

知识目标 　1. 掌握 0~6 个月、7~12 个月婴儿身心发展水平与教养策略。

　　　　　　2. 理解 0~6 个月、7~12 个月婴儿亲子活动的设计要点。

　　　　　　3. 初步掌握 0~6 个月、7~12 个月婴儿亲子活动的组织与指导要点。

能力目标 　1. 能依据 0~6 个月、7~12 个月婴儿发展特点，分析教养问题，并提供适宜指导。

　　　　　　2. 能分析 0~6 个月宝宝个案成长情况，撰写一份"入户指导方案"，并模拟指导。

　　　　　　3. 能根据月龄设计 7~12 个月婴儿亲子教育活动，并进行模拟实践。

情感目标 　1. 激发对婴儿的热爱之情，树立正确的儿童观。

　　　　　　2. 通过设计活动方案，树立科学的活动设计观。

　　　　　　3. 通过对活动的模拟组织，提升个人的从业信心，萌发对早教职业的热爱。

思维导图

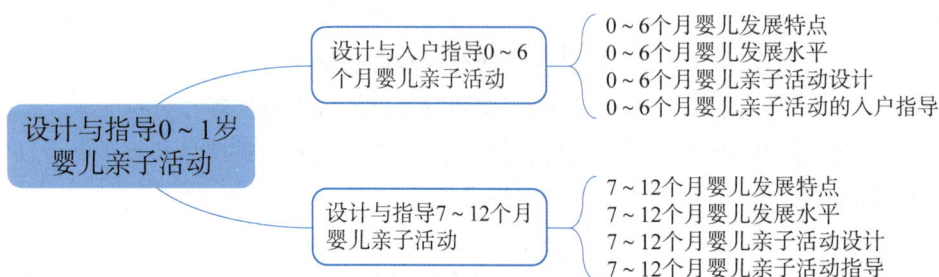

任务一　设计与入户指导 0～6 个月婴儿亲子活动

案例导入

思馨终于升级为妈妈了,宝宝现在 2 个多月,由于有婆婆的帮助,她觉得带孩子并不辛苦。然而,在教养观念和方法上,两人却各持看法,最近她们就在为"要不要给宝宝听音乐、唱儿歌、说说话"等问题而争执。奶奶认为:宝宝这么小,他不会听,没有必要做这么多烦琐的事情。妈妈通过看育儿书籍得知:3 个月以内的宝宝多进行声音刺激有利于提高其接下来的发音水平,成人应尽可能地为宝宝提供各种不同的声音,但切忌嘈杂、强刺激的声音;日常生活中,成人可以多与宝宝沟通交流、听音乐、玩一些听音和发声游戏。所以,在"是否给宝宝进行声音刺激"这件事情上,妈妈坚持这样做,奶奶却觉得没必要。

如果您作为保育师进行入户指导,怎么解决这一问题? 如果您也认同妈妈的看法,您会为她们提供哪些适宜的亲子活动?

　　0～6 个月婴儿主要从事的是生活和睡眠活动;随着月龄的增长,身体动作的锻炼、亲子游戏等活动应循序渐进地展开。这个阶段亲子活动的设计要从其身心发展特点出发,以婴儿各月份发展的期望(发展水平)为依据,设计出符合婴儿实际发展需求的活动。由于 0～6 个月婴儿身体娇嫩,睡眠时间比较长,他们不方便长时间外出,再加上我国民间流传"孩子 100 天或 4 个月后才能抱出去"的风俗,这就决定了这个年龄段的亲子活动基本上是在家庭中开展,由家长组织实施,早教机构保育师进行定期的一对一入户指导。

一、0～6 个月婴儿发展特点

　　我国学前心理学界把出生后的第一个月称为新生儿期,满月到半岁称为婴儿早期。人生头半年的婴儿发展非常迅速:新生儿期的发展是一天一个样,1～3 个月是一周一个样,4～6 个月是一月一变样。此时期婴儿的发展表现出以下六个方面的特点。

(一) 形成多种条件反射(开始学习)

　　婴儿出生带来了与生俱来的应付外界刺激的许多本能,天生的本能表现为无条件反射,它们是不学而会的,主要有吮吸反射、眨眼反射、怀抱反射、抓握反射、惊跳反射、迈步反射、游泳反射、击剑反射、巴宾斯基反射、巴布金反射、缩卷反射等,这些反射对于婴儿维持生命和保护自己具有重要而现实的意义。无条件反射随着年龄的增长会逐渐消失,相继建立起来的是各种条件反射。婴儿用以应答外界环境刺激的条件反射是在无条件反射的基础上建立的。婴儿出生后不久就能够建立条件反射,开始了人生的各种学习,他们获得的一切知识和能力都是条件反射活动的结果。半岁以前的孩子,他们开始学习如何更好地吸奶,认识奶瓶与自己的关系,配合大人洗脸、洗手、洗头、洗澡,用表情和动作表示自己的需求,学习玩玩具等。例如,当毛巾碰到了眼毛、眼皮或眼角时,新生儿会出现眨眼动作,通过一段时间的多次重复,孩子一看到大人拿着毛巾,就开始转头、眨眼。正是因为这样,从孩子出生时起,就要注意对他的教育。

(二) 开始感知世界

　　婴儿早期各种感觉逐渐丰富,知觉开始发生,视觉和听觉开始集中,他们开始感知这个世界。婴儿出生后就有感知觉,他会看、会听、会尝味道、会闻气味等;爱看颜色鲜艳、轮廓清晰的东西,爱看人脸;爱听柔和的声音、优美的乐曲,最爱听人的声音,特别是妈妈的声音。

　　满月以后至半岁,婴儿认知的发展突出表现在视觉和听觉的迅速发展上,婴儿的眼睛越来越灵活,不仅能盯着在他眼前的东西,视线追随物体的移动,而且会主动寻找视听的目标。他们会积极用眼睛寻找身边的人,主动看四周的物品,主动寻找身边的玩具,带到一个新的环境会不停地到处看。3 个月以后,婴儿对声音的反应比以前积极了,听到声音会把身体和头转过去,用眼睛寻找声源,对于一些发声的物体会一直盯着看。

总之,半岁以前婴儿认识世界主要靠视觉和听觉,因为他的动作刚刚开始发展,能够用手和身体接触的事物还很有限。

(三)手眼协调动作开始发生

手眼协调动作是指眼睛的视线和手的动作能够配合,手的运动和眼球的运动协调一致,眼睛能够指挥手的活动。婴儿早期手眼协调动作开始发生,对其心理发生发展具有重要意义,它是婴儿用手的动作有目的地认识世界和摆弄物体的萌芽,是孩子的手成为认识器官和劳动器官的开端。

孩子刚出生时,动作是混乱的;2~3个月时,手偶然碰到东西会去抚摸或拍拍它;3~4个月时,手会抓住无意碰到的东西;大约4个月时,婴儿看见挂在眼前的玩具,喜欢伸手去抓,但不能准确地抓到;4~5个月以后,手眼协调动作发生了,通过不断的努力和动作调整,可以抓到看到的玩具和物品。

(四)注意的选择性具有一定的规律

婴儿出生后,清醒的时间不断延长,觉醒状态也较有规律,这时期的注意迅速发展。1岁前婴儿注意的发展主要表现在注意选择性的发展上,这种选择性主要是视觉的选择性(视觉偏好)。有研究表明,婴儿注意的选择性有如下规律:第一,偏好复杂的刺激物;第二,偏好曲线多于直线;第三,偏好不规则的模式多于规则的模式;第四,偏好密度大的轮廓多于密度小的轮廓;第五,偏好集中的刺激物多于分散的刺激物;第六,偏好对称的刺激物多于不对称的刺激物。

(五)以亲子交往为主的人际交往开始出现

婴儿早期有与人交往的需求和行为,他们会用表情和动作与成人对话,主动招引大人,这个阶段的人际交往主要是亲子交往,也正是这种交往满足了其生理和心理的各种需求。

出生后第一个月,孩子逐渐会用眼神进行交流,吃奶时眼睛时不时看看母亲,看着母亲的时候会暂时停止吮吸,小手、小脸也不动。2~3个月以后,孩子会主动发起与成人的交往,睡起来饿了、尿了、不舒服了就会哭,把他抱起来,他就不哭了;他们不但会用哭引起成人的注意,也会用笑来吸引人,喜欢成人和他玩,变换声音和他说话,和他挤眉弄眼,都会使他露出愉快的表情,发出咯咯的笑声。随着月龄的增长,孩子还会用声音招引大人,发出一些声音和大人交流。

(六)人际交往上开始认生

5~6个月婴儿出现认生现象,对交往的人有所选择,接受亲近的人,害怕陌生人,对亲近和陌生人有了明显不同的反应:陌生人抱他,他会害怕和哭闹;熟悉的人抱他,他会开心和放心。认生的出现意味着婴儿认知发展和社会性发展有了重要的变化:它一方面明显地表现了感知辨别能力和记忆能力的发展(能区分熟悉的人和陌生人);另一方面也表现了婴儿情绪与人际关系进行关联的能力,慢慢开始形成对主要抚养人的依恋。

二、0~6个月婴儿发展水平

0~3岁婴幼儿发展分为"生长与发育""动作控制""语言与沟通""认知与探索""情感与社会性""自助与习惯"六个方面。婴儿期,年龄越小发展速度越快,孩子相差一两个月其发展表现就会有明显差异,接下来将按0~1个月、2~3个月、4~6个月三个月龄段阐述婴儿早期发展参考指标,详见表3-1、表3-2。

表3-1 0~3个月婴儿发展水平

方面	0~1个月							2~3个月						
生长与发育	1. 体格发育							1. 体格发育						
	月龄	体重(kg)		身高(cm)		头围(cm)		月龄	体重(kg)		身高(cm)		头围(cm)	
		男	女	男	女	男	女		男	女	男	女	男	女
	0	3.5	3.3	51.2	50.3	34.3	33.9	2	5.8	5.4	59.0	57.7	39.1	38.2
	1	4.6	4.3	55.1	54.1	37.0	36.3	3	6.8	6.2	62.2	60.8	40.5	39.5

(续表)

方面	0～1 个月	2～3 个月
备注	以上指标是平均值,它有上、下限,在上、下限范围内均属正常,超过则要进行关注。(后续表格内容相同)	
	2. 皮肤饱满、红润,体温随温度变化而升降。 3. 每天约睡 16～22 个小时。 4. 视力很模糊,眼有光感或眼前手动感,但能看清眼前 20～30 cm 的物体。 5. 母乳喂养者大便为金黄色、糊状,牛奶喂养者大便淡黄色、软膏状,母乳喂养者大便次数比牛奶喂养者多。 6. 生理性黄疸出生后 2～3 天出现,第 5～7 天达到高峰,10～14 天内自然消失。	2. 视力标准为 0.02,眼能追随活动的物体 180 度,具有聚焦的能力。 3. 大便次数较前明显减少。 4. 奶量的差异开始明显,平均 700 毫升/天左右。 5. 每天睡 16～18 小时,白天觉醒时间 4～5 小时,夜晚睡眠时间变长。
动作控制	1. 俯卧时尝试着抬头,仰卧时向两侧摆头。 2. 觅食、吮吸、吞咽、握拳等无条件反射较完善。 3. 四肢能笨拙地活动,上肢活动多于下肢。	1. 抱时头能竖直向四周张望,头能随着看到的物品或听到的声音转动 180 度。 2. 俯卧时抬头 45 度。 3. 逐渐能从仰卧位变为侧卧位。 4. 手指能放开,能伸手摸东西。 5. 上肢能够伸展,两手能在胸前接触、互握。
语言与沟通	1. 能发出细小的喉音。 2. 对说话声很敏感,尤其对高音很敏感。	1. 开始能辨别不同人的说话声音的语调。 2. 哭声逐渐减少,并开始分化。 3. 对成人逗引有反应,会发出"咕咕"声,而且会发"a、o、e"音。
认知与探索	1. 对甜、咸、苦有不同的反应。 2. 对熟悉或新颖的听觉刺激有反应,能转向声源处。 3. 眼睛能注视红球,但持续的时间很短。	1. 能感知色彩。 2. 对对比强烈的图样有反应。 3. 眼睛能立刻注意到面前的玩具,并追随着人的走动。 4. 开始将声音和形象联系起来,试图找出声音的来源。 5. 能注视自己的手。
情感与社会性	1. 喜欢被爱抚、拥抱。 2. 看到人的面部表情、听到人的声音有反应。哭吵时母亲的呼唤声有安抚作用。 3. 喜欢看人脸,尤其是母亲的笑脸。	1. 能忍受喂奶的短时间停顿。 2. 逗引时出现动嘴巴、伸舌头、微笑和摆动身体等情绪反应。 3. 看见最主要看护者会笑、发声或挥手蹬脚,表现出快乐的神情。 4. 表现出对母亲的偏爱。
自助与习惯	1. 养成自己吮吸母乳的习惯。 2. 乐于接受抚触、抚摸和搂抱。	1. 养成有规律的哺乳、睡眠习惯。 2. 乐于接受并享受抚触、抚摸和搂抱。

备注:表格中的"体格发育"参考的是卫生部妇幼保健与社区卫生司 2009 年制定的《中国 7 岁以下儿童生长发育参考标准》。

表 3-2　4～6 个月婴儿发展水平

方面	4～6 个月					
生长与发育	1. 体格发育					
	月龄	体重(kg)		身高(cm)		头围(cm)	
		男	女	男	女	男	女
	4	7.5	6.9	64.8	63.3	41.6	40.6
	5	8.0	7.4	66.9	65.3	42.5	41.5
	6	8.4	7.8	68.7	67.1	43.4	42.2

（续表）

方面	4～6个月
	2. 能固定视物,看约75厘米远的物体,视力标准为0.04。 3. 开始长出乳前牙。 4. 大便1～3次/天。血色素≥110克/升。 5. 流相当多的唾液。 6. 大多数婴儿开始后半夜无须喂奶,能一觉睡到天亮。
动作控制	1. 逐渐能从仰卧翻身到俯卧。 2. 靠坐稳,独坐时身体稍前倾,并能用手撑住。 3. 扶腋下能站直,双腿跳跃。 4. 能换手接物,但稍显笨拙。 5. 能双手拿起面前玩具,喜欢把东西放入口中。 6. 会撕纸。 7. 会玩手、扒脚。
语言与 沟通	1. 有明显的发音愿望,可以和成人进行相互模仿的发音游戏。 2. 咿呀学语,开始发辅音"d、n、m、b"。 3. 无意中会发出"爸"或"妈"的音。 4. 能和成人一起"啊啊""呜呜"地聊天。 5. 会听成人的语言信号。
认知与 探索	1. 能注视约75厘米远的物体。 2. 会用较长的时间来审视物体和图形。 3. 喜欢颜色鲜艳的玩具或图卡。 4. 听到歌谣和摇篮曲会手舞足蹈。 5. 听到熟悉物品的名称,会用眼注视。 6. 会寻找手中丢失的东西。 7. 听到自己的名字会转头看。 8. 能根据不同的声音找不同的家人。
情感与 社会性	1. 能辨别陌生人,见陌生人盯看、躲避、哭等,开始怕羞,会害羞转开脸和身体。 2. 高兴时大笑,会用哭声、面部表情和姿势动作与人沟通。 3. 当将其独处或别人拿走他的小玩具时会表示反对。 4. 对亲切的语言表示愉快,对严厉的语言表现出不安或哭泣等反应。 5. 会对着镜中的影像微笑、发音或伸手拍。 6. 对教养者有明显依恋。
自助与 习惯	1. 养成自然入睡、有规律睡眠的习惯。 2. 初步养成定时喂哺、用小勺喂食的习惯。 3. 养成乐于接受日常盥洗的习惯。

三、0～6个月婴儿亲子活动设计

0～6个月婴儿亲子活动的设计要考虑其年龄特点和开展早期教育的阶段特点,需要注意多方面的问题。

（一）0～6个月婴儿亲子活动设计注意事项

针对0～6个月婴儿设计亲子活动时,需要关注的问题很多,以下是需要注意的主要事项。

1. 以抬头与翻身和视听触觉为主要内容

从0～6个月婴儿发展需求来看,其主要的发展内容为抬头、翻身、开始学坐、双手开始抓取物品、丰富的视听和触觉刺激、发音练习、情感满足等。综合考虑各个发展方面,这个阶段孩子最主要的发展需求是肢体大动作锻炼、适宜的感觉刺激和良好亲子情感的建立。因此,设计亲子活动时,其内容主要是抬头与翻身练习、视听活动和抚触,并以此为主线,在活动中融合发音练习和良好情感建立。

2. 以月龄和个体差异为思考起点

孩子年龄越小发展速度越快,这就意味着年龄越小不同月龄段发展差异越大,甚至有的孩子前半个月和后半个月相比就有很多不同。此外,年龄越小个体差异表现越明显。婴儿早期分为三个年龄阶段(新生儿、2～3个月、4～6个月),亲子活动设计时应充分考虑孩子月龄差异,设计的活动符合孩子当下的需求,每个阶段的亲子活动安排应根据月龄的需求逐步递进。新生儿阶段主要安排水浴、视听训练(如看黑白图卡、听音乐、抱着走动等)、抚触等亲子活动;2～3个月再安排俯卧抬头训练、日光浴、空气浴、被动操;4～6个月则要增加翻身、打滚、扶坐、学蹦蹦跳,拿桌面玩具和抓悬吊玩具。

3. 以家庭开展的适宜性为准则

0～6个月婴儿闯过了生存关,但身体仍然娇嫩,需要全方位的保护。所以,这一阶段他们外出不方便,亲子活动基本是由家长在家庭中实施。鉴于家长专业早教知识与能力的有限,家庭活动材料偏少,场地普遍偏小,保育师为婴儿及家长设计的亲子活动宜简单、易行,能较好地在家中实施,对设施设备的要求较低。

4. 以一日活动中融合语言的发展为要点

婴儿三四个月开始出声地笑,此后他们才开始慢慢发出一些声音。总体来看,0～6个月婴儿基本上处于尝试听的阶段,这就告诉成人:这个阶段不适宜以发展言语能力为出发点的纯粹的语言类亲子活动,而是将语言的发展融合在一日的生活、游戏和学习活动中,家长和孩子展开这些活动的时候,始终配上相应的语言,把孩子当成一个会听你说的人,积极跟他"沟通和交流",说一说你们做的每一件事情,说一说他在活动中的表现。

5. 以活动的短暂性为时间参考

婴儿早期大脑皮质功能发育极不成熟,神经活动过程中兴奋与抑制不平衡,易兴奋,也易疲劳,对长期的刺激耐受力小,注意力很难持久,在从事某种活动后,大脑皮质的相应区域将由兴奋转入抑制,出现疲劳。因此,针对这个年龄阶段设计的亲子活动持续时间宜短暂、活动方式宜简洁。一般而言,一个亲子活动的时间是2～3分钟,如家长和婴儿一起照镜子,时间两三分钟就差不多,时间过长,孩子没办法坚持,会开始东张西望。总之,0～6个月的亲子活动时间宜短,不宜过长。

(二) 0～6个月婴儿亲子活动设计案例解读

在"0～6个月婴儿亲子活动设计"这一问题的探讨上,项目一、二更多的是理论思考,以下结合实际活动设计案例进行具体评析,详见表3－3、表3－4、表3－5。

表3－3　0～1个月婴儿亲子活动设计案例

亲子活动一		
活动名称:铃儿响叮当		适宜月龄:0～1个月
适宜场地:室内		适宜人数:1～2组家庭
设计思考	听觉、触觉、视觉是新生儿发展的三大感觉。听觉是婴儿接收信息的重要通道。锻炼听觉的亲子活动在0～3岁这个阶段要持续进行,只是每个阶段的发展目标不一样。一般孩子在4个月左右能视听协调。在0～1个月主要通过给予适宜的感觉刺激,提供多种材料,提升婴儿的听觉能力。	
活动目标	**婴幼儿发展目标** 通过听不同强度、不同距离的声音锻炼听觉反应。	**家长学习目标** 了解婴儿听觉发展的相关知识,初步掌握锻炼听觉的方法。
活动准备	摇铃,哗铃棒。	
	活动过程	**家长指导要点**	**活动设计分析**
活动环节	1. 以饱满情绪和宝宝简单互动。 引导语:宝宝,我是××,我们碰碰小手打个招呼吧。 2. 出示材料,激发宝宝兴趣。 引导语:今天我带来了一个摇铃,我们一起听听摇铃的声音吧。	1. 活动过程中,请家长注意观察宝宝的反应,看看眼睛是否会寻找声源。在家可每天重复类似的听觉训练2～3次,看看是否会逐渐灵敏起来。 2. 游戏时注意摇铃不能太响,以免宝宝受惊吓,也可能损害宝宝的听力。摇铃的节奏尽量慢一点,力度要柔和、轻轻地摇。	1. 该活动设计比较简单,活动材料容易找到,非常适合在家中开展,有助于提升婴儿听觉能力。 2. 照顾者通过饱满的情绪、眼神、微笑和轻柔的

（续表）

	（距宝宝一侧耳朵9厘米，摇动不同强度摇铃，观察宝宝的反应） 3. 变换形式，吸引宝宝注意。 引导语：宝宝，听听看摇铃去哪里了。听，摇铃在这边。宝宝真棒！ （变化不同距离或方向，用摇铃或轻柔说话声引导婴儿转头寻找声源）	3. 活动价值：本活动主要是通过摇铃等能发出声音的物品，引导婴儿转头寻找声源，刺激并促进婴儿听觉能力的发展。 4. 观察要点：听觉正常的新生儿能听声转头，这是一种无条件反射。随着年龄的增长，婴儿听到声音后会转头去寻找发出声音的方向，这种有意识的反应的出现，要求婴儿的听觉、视觉和头部转动同步，也就是感觉和前庭支配的运动统合。请家长注意观察宝宝听觉反应的灵敏度。	鼓励言语互动，为婴儿营造宽松、充满亲情的心理环境，能满足新生儿情感和安全感的需要。
家庭延伸活动	1. 除了摇铃，家长可以变换不同的声音，如鼓掌、呼唤等悦耳的声音，吸引婴儿注意并寻找声源。 2. 多带宝宝听各种大自然的声音。	

亲子活动二

活动名称：和宝宝说悄悄话	适宜月龄：0～1个月	
适宜场地：室内	适宜人数：1～2组家庭	
设计思考	婴儿在会说话前主要通过拥抱、眼神交流、微笑、发声、手势和保育师互动，了解周围的人和人际关系，并逐渐习得语言。因此，保育师用轻柔的声音呼唤宝宝名字，用柔和亲切的声音和婴儿说话等关爱型的互动方式，能为婴儿提供丰富的语言环境，增强新生儿对语言的感知。	

	婴幼儿发展目标	家长学习目标
活动目标	通过听大人说话，感受语音，进行亲子情感交流。	初步了解婴儿语言发展的相关知识和掌握发展新生儿语言的方法。

活动准备	安静的环境。	

	活动过程	家长指导要点	活动设计分析
活动环节	宝宝觉醒时，用柔和、亲切的语音、语调和宝宝讲悄悄话，如"××（乳名），你醒啦，哦，醒了啦；睡得舒服吗？和妈妈说说话吧……"	1. 在日常生活中，家长可多和宝宝进行语言互动，如洗脸时，家长可边做动作边配合相应的言语，例如"宝宝要洗脸了，擦擦额头、脸蛋、鼻子、嘴巴、脖子……" 2. 注意互动时用简单、重复、富有情感的语言，可以反复说，每天2～3次，每次2～3分钟。 3. 活动价值：虽然宝宝这个时候还不会发音，也听不懂。但有爱的互动和随时随地的交流能为婴儿营造良好的语言环境，增强宝宝对语言的储存和记忆，有利于语言的发展。 4. 观察要点：家长可观察互动时宝宝的表情和反应，适时调整对话内容。	1. 0～1岁是孩子语言发展的准备阶段，从新生儿阶段就要为其创造良好的语言环境。因此，这个亲子活动非常重要，也是适宜的。 2. 活动注重在平时的生活中进行，说明教育就在生活中，体现了活动设计生活化原则。
家庭活动延伸	1. 在日常生活中，家长可利用其他照护环节，如喂奶、沐浴、洗脸等环节，多和宝宝进行语言互动。 2. 家长可选择一些简单的儿歌念给宝宝听，边念儿歌边做动作。		

亲子活动三

活动名称：抚触	适宜月龄：0～6个月	
适宜场地：室内	适宜人数：1～2组家庭	
设计思考	触觉发展在婴儿阶段具有重要意义，他们依靠触觉探索外部世界。抚摸并按摩婴儿皮肤、关节是发展触觉的一个最佳途径。刺激皮肤能使内脏器官顺利运转，有助于血液循环、健全胃肠道功能。因此从新生儿开始就要积极给宝宝做抚触。	

（续表）

活动目标	婴幼儿发展目标	家长学习目标	
	1. 对婴幼儿进行抚触,促进婴幼儿触觉感知能力的发展。 2. 增进亲子情感交流,建立对保育师的信任。	了解婴儿触觉发展的重要性,掌握抚触的方法和注意事项。	
活动准备	播放柔和的音乐,抚触橄榄油。		

活动环节	活动过程	家长指导要点	活动设计分析
	1. 以饱满情绪和宝宝简单互动。 引导语:摸摸我们的小宝贝,我们要准备做抚触喽。 保育师播放轻柔音乐,双手搓热涂抹好抚触油。让宝宝躺在柔软的垫子上,边轻柔说话边抚摸宝宝皮肤。 2. 身体抚触。 保育师用手依次抚摸婴幼儿身体的各个部位(前额—下颌—头部—胸部—腹部—上肢—手指—下肢—脚趾—背部),边抚摸边用表情、语言和宝宝交流(图3-1)。 图 3-1　抚触	1. 在抚触过程中,家长要有感情,边抚摸边用表情、眼神、语言和宝宝交流,让宝宝感受到家长的投入和安全感。 2. 按摩时间应在宝宝觉醒状态下,每天 5～6 次,每次 3～5 分钟,每天 15 分钟以上。 3. 注意事项:不要在宝宝饥饿或刚吃完奶后进行。选择安静、舒适、温湿度适宜的环境,室温一般 25℃ 为宜。抚触部位和时间可灵活选择,如洗澡可全身抚触,平时可在暴露的部位进行抚触,如手、脸、手指等。 4. 活动价值:抚触是保育师与婴幼儿的一种沟通方式,不仅可以促进婴幼儿的身体生长发育,增加触觉体验,安抚情绪,还能增进亲子感情。 5. 观察要点:注意观察宝宝在抚触时的情绪状态。	1. 该活动能有效满足孩子触觉发展的需求,这是新生儿迫切需要的活动,非常有价值。 2. "边抚摸边用表情、语言和宝宝交流。"这体现活动设计追求多维价值的实现,有触觉、语言的发展和情感的交流。
家庭活动延伸	1. 在日常生活中,家长可多和宝宝进行肢体接触和轻柔抚摸。 2. 可把保育师手指或用布艺、木质和塑料等不同材质的玩具,放在宝宝手里,给宝宝不同的触觉刺激。		

亲子活动四		
活动名称:看黑白卡片		适宜月龄:0～3 个月
适宜场地:室内		适宜人数:1～2 组家庭
设计思考		婴儿刚出生,视力发展还不完善,颜色视觉尚未发育,看到的物品相对比较模糊。因此,选择对比强烈、轮廓鲜明的黑白图片,来促进婴儿的视觉发育。

活动目标	婴幼儿发展目标	家长学习目标	
	通过看对比强烈的黑白图片,锻炼专注力和视觉追踪能力。	初步掌握促进新生儿视觉发展的方法。	
活动准备	黑白图片 8 幅,如三角形、同心圆、棋盘、小熊、金鱼等。		

活动环节	活动过程	家长指导要点	活动设计分析
	1. 出示图卡(图3-2),吸引宝宝注意。 引导语:宝宝,看,这是××! 在宝宝觉醒状态下,将黑白图片放在离宝宝眼睛 20 厘米处,当宝宝快要转移注意力时更换图卡。 2. 移动图卡,观察注视情况。 宝宝注视一张图片后,慢慢左右移动图片,观察宝宝是否会进行视觉追踪。	1. 可每天 2～3 次,每次的时间根据宝宝的反应适宜把握。 2. 观察宝宝注视的时间会不会慢慢缩短,如果时间变短了说明宝宝熟悉了刺激物,不愿看了,需要更换图片。家长可多准备几张图片,两周更换一组黑白图片。如替换为爸爸、妈妈的黑白照片,宝宝非常喜欢看妈妈的照片。 3. 这个视觉训练黑白图的亲子活动可以持续进行,直到婴儿半岁。	1. 视觉的发展是 0～3 岁婴幼儿发展的一个重要方面,它始于新生儿阶段。在这个阶段利用视觉训练卡开展专注力训练的亲子活动意义重大。 2. 该活动设计对使用材料处理灵活,家长可以根据实际情况自主安排。

活动过程	家长指导要点	活动设计分析
图 3-2　黑白图片	4. 活动价值:新生儿的视觉能力主要包括注视能力和追视能力。新生儿的最佳视距是 20 cm 左右。让宝宝注视或追视对比鲜明的黑白卡片,能促进宝宝视觉发育。 5. 观察要点:观察宝宝是否注视卡片、专注时间长短,并配合对宝宝眨眼、发声的观察,这可作为最早的宝宝智力测试方式。	
活动延伸	可用红色小球或发出柔和声响的玩具引逗,根据宝宝注视追踪物体的反应来决定移动速度。	
总评	1. 新生儿阶段亲子活动的设计以"视觉、听觉、触觉发展和语音发展"为主要内容,并整合亲子情感交流。 2. 活动设计主要以指导家长为主,所以"家长指导"这部分内容比较丰富。 3. 每个环节的设计注重多方面发展价值的挖掘。 4. 这几个亲子活动都是新生儿期的经典活动,能较好地满足新生儿的发展需求。 5. 活动设计对材料要求较低,适合在家中开展。	
备注	以上亲子活动可以采用图文并茂的形式制作成彩页或小册子,入户指导的时候发放给家长,保育师可以先进行示范或者是要点讲解,然后家长自己组织实施,下一次入户指导时针对存在的问题进行解答和作进一步的交流。	

表 3-4　2～3 个月婴儿亲子活动设计案例

亲子活动一		
活动名称:外面的世界很精彩	适宜月龄:0～6 个月	
适宜场地:户外	适宜人数:2～4 组家庭	
设计思考	0～6 个月是婴幼儿感官发展的敏感期。在日常生活中,要丰富婴幼儿的感官刺激,创造机会让婴幼儿多听、多看、多摸、多嗅、多尝,促进其感官及认知发展。而户外自然环境中有着丰富的视听刺激,可以给宝宝带来更多新鲜体验,是非常好的感知渠道。	

	婴幼儿发展目标	家长学习目标
活动目标	通过前往室外观光,开阔眼界,发展视觉,进行心智启蒙。	了解婴儿认识世界和学习的方式,形成经常带孩子外出的意识。

活动准备	宝宝觉醒的时候。	

活动过程	家长指导要点	活动设计分析
活动环节	1. 以饱满情绪和宝宝互动。 引导语:天气真好!我们一起到户外玩玩吧。 (早上 9 点钟左右把宝宝抱到室外有阳光、空气好的地方) 2. 视觉刺激。 引导语:宝宝在看什么?哦,绿绿的叶子,红红的花,真好看!还有小鸟在飞…… 带着宝宝东瞧瞧、西看看,配合语言和宝宝说一说看到的东西。 3. 听觉刺激。 引导语:听,小猫喵喵叫,小狗汪汪叫,小鸟叽叽喳喳,风呼呼地吹。 4. 触觉刺激。 引导语:宝宝,我们来摸一摸,树叶滑滑的,树干粗粗的。	1. 家长注意观察宝宝视觉注视的地方,积极回应,用简洁、清楚的语言和宝宝说一说所看到的东西。每天 1～2 次,一开始每次时间控制在 15 分钟左右,以后逐渐增加,到 3 个月时逐步增加到 1.5 小时。 2. 该活动须结合日光浴、空气浴进行,注意不要让太阳直接照射宝宝的眼睛,如果是夏天,可以把衣袖和裤腿都卷起来。注意防蚊虫叮咬。 3. 活动价值:月龄越小的宝宝,他们的眼睛就像一部摄像机,经常带他们到处走一走、看一看,对其感官和认知发展大有益处。0～6 个月是婴儿感官发展的敏感期。创造机会让婴儿多听、多看、多摸可以给予婴儿丰富的感官刺激,促进其感官及认知发展。	1. 活动设计注重内容的整合,有视、听、触多感官结合,配合语言互动,能促进宝宝认知发展,同时也有利于语言经验的积累。而且,在户外环境开展活动,还能同时给宝宝进行日光浴和空气浴,有益宝宝身体健康。 2. 该活动有关注宝宝视觉注视的地方,有积极回应宝宝的兴趣和需求。

（续表）

家庭延伸活动	1. 每天有一定的户外时间,带宝宝在户外大自然中多看、多听。 2. 带宝宝观察小鸟等有趣的动物,边看边用语言跟宝宝描述。

亲子活动二

活动名称:认识其他人	适宜月龄:2～6 个月
适宜场地:室内或户外场地皆宜	适宜人数:2～4 组家庭

设计思考	2～3 月龄的婴儿能对周围人展露微笑,是儿童社会性的第一步。在日常生活中用张口、吐舌等不同表情和不同语调逗引宝宝,能让宝宝体验愉快情绪并引导宝宝逐渐学会模仿成人的面部表情和微笑。

活动目标	婴幼儿发展目标	家长学习目标
	与他人建立良好的互动关系和人际关系,发展自我意识。	了解婴儿与陌生人交往的重要性和相关知识。

活动准备	安静的环境。

活动环节	活动过程	家长指导要点	活动设计分析
	1. 逗引宝宝,引起注意。 由妈妈抱着,陌生人上前用张口、吐舌等不同表情和不同语调逗引宝宝,引起宝宝的注意。 2. 肢体接触,尝试互动。 陌生人可以握握宝宝的小手,妈妈注意观察宝宝的表情,若宝宝紧张、恐惧时,妈妈可以轻拍、抚摸宝宝的背部以缓解宝宝紧张的情绪。 3. 变化形式,重复逗引。 陌生人再次逗引宝宝,如声音轻柔、面带微笑地向宝宝打招呼,并再次尝试触摸宝宝,或者抱一抱宝宝。如此反复几次,宝宝可能会和陌生人有所接触和互动。	1. 利用生活情境随机进行。 2. 陌生人在与宝宝互动时不能操之过急,需要顾及宝宝的情绪和情感,逐渐地接近宝宝。若宝宝由于惊恐而拒绝互动时,应立即停止接触,等其情绪愉悦时再尝试恢复。 3. 活动价值:在日常生活中用张口、吐舌等不同表情和不同语调逗引宝宝,能让宝宝体验愉快情绪并引导宝宝逐渐学会模仿成人的面部表情和微笑。	1. 2～3 个月婴儿交往的范围要扩大,除了主要教养人之外,要开始接触一些陌生人。设计的这个活动能有效满足孩子的发展需求。 2. 活动设计有利于发展人际交往能力和处理好依恋关系。

家庭延伸活动	随着月龄的增长,可扩大其交往范围,让宝宝接触的人越来越多。

亲子活动三

活动名称:听听摇篮曲	适宜月龄:2～3 个月
适宜场地:床上或有软垫的活动室	适宜人数:2～4 组家庭

设计思考	0～3 个月婴儿听觉的发展主要表现在听觉的敏锐上。日常照护中,可为婴儿提供丰富的声音,刺激其听觉发展。优美、轻柔的音乐,既可以让宝宝稳定情绪,也可以感受声音的变化。

活动目标	婴幼儿发展目标	家长学习目标
	通过听摇篮曲,稳定情绪,能伴随摇篮曲安静地入睡。	体验摇篮曲对婴儿的作用。

活动准备	宝宝吃饱后,快要睡觉的时候。

活动环节	活动过程	家长指导要点	活动设计分析
	1. 膝上摇篮曲。 引导语:家长可用大腿做摇篮,抱着宝宝,一边轻晃身体,一边	1. 循序渐进地选择摇篮曲,一首熟悉后再增加第二首,两首轮换着用。 2. 营造安静的周围环境。	1. 良好的睡眠习惯非常重要,设计的这个活动具有重要价值。

（续表）

活动过程	家长指导要点	活动设计分析
跟宝宝说话或唱歌。 2. 随乐共舞。 播放摇篮曲。抱着宝宝，跟着节拍，轻轻拍打或抚摸宝宝的背部，让宝宝感受到稳定的节奏，给宝宝带来一种安全感，也能使宝宝烦躁不安的情绪稳定下来。	3. 家长唱给宝宝听的时候，要有眼神对视，最好时不时地亲一亲宝宝的额头。 4. 活动价值：优美、轻柔的音乐，既可以让宝宝稳定情绪，也可以感受声音的变化。在日常照护中，可为婴儿提供丰富的声音，刺激其听觉发展。	2. 活动能促进宝宝身体感知能力、听觉和视觉发育。在活动过程中注重情感交流，关注亲子互动。

家庭延伸活动	1. 可让宝宝俯卧趴在浴巾卷上，随乐左右摇动。 2. 带宝宝感受不同乐器的声音和多听自然界的声音。

亲子活动四

活动名称：宝宝被动操	适宜月龄：2~3个月
适宜场地：床上或有软垫的活动室	适宜人数：2~4组家庭

设计思考	婴儿早期，孩子的活动能力比较弱，要促进婴儿身体动作的发展，除了丰富的营养之外，最关键的是婴儿是否有被动操的训练。婴儿被动操是这个阶段孩子必不可少的重要活动。

活动目标	婴幼儿发展目标	家长学习目标
	锻炼身体，发展肢体的运动能力。	初步掌握被动操的做法，并了解相关的知识。

活动准备	宝宝吃饱1小时后或睡醒后。

活动过程	家长指导要点	活动设计分析
1. 以饱满情绪和宝宝互动。 引导语：我们要开始做操啦。 在床上垫上干净的浴巾，让宝宝躺在上面。 2. 被动操（图3-3）。 引导语：被动操共有八节，第一节两手胸前交叉，第二节伸屈肘关节，第三节肩关节运动，第四节伸展上肢运动，第五节伸屈踝关节，第六节两腿轮流伸屈，第七节下肢伸直上举，第八节转体、翻身运动，最后做全身放松运动。一开始做两个八拍，到6个月增加到四个八拍，上下午各做一次。 图3-3 被动操	1. 做操时可播放柔和的轻音乐。 2. 操作时与宝宝进行亲密的眼神或面部表情交流，按口令有节奏进行，增进亲子情感。 3. 随着年龄的增长，宝宝会越来越有力量，做操的时候如果宝宝发力抗拒，大人不要强行牵拉。 4. 被动操不仅适用于2~3个月的宝宝，4~6个月也要持续进行。 5. 活动价值：婴儿早期，孩子的活动能力比较弱，婴儿被动操是这个阶段孩子必不可少的重要活动。被动操可以锻炼四肢、关节和躯干，提高宝宝肌肉的收缩力，改善血液循环，促进动作发展。	1. 活动设计重视音乐的运用，以此陶冶宝宝的情操。 2. 这一亲子活动操作过程中注重"亲子间的情感交流"。

（续表）

家庭活动延伸	1. 可在宝宝上方悬挂色彩鲜艳、轻软、安全的玩具，左右晃动引起婴儿注意，宝宝挥动手臂、脚等进行全身运动。 2. 让宝宝躺在床上，握着宝宝的腿做骑自行车的动作。

亲子活动五	
活动名称：抬头与撑肘抬胸	适宜月龄：2～3 个月
适宜场地：床上或有软垫的活动室	适宜人数：2～4 组家庭
设计思考	从动作发展来看，婴儿最先解放的是头，抬头、撑肘抬胸是整个大动作发育中很重要的一个阶段。

活动目标	婴幼儿发展目标	家长学习目标
	锻炼颈背部肌肉，学习抬头与撑肘抬胸。	初步掌握锻炼婴儿抬头与撑肘抬胸的方法，并了解相关的知识。

活动准备	宝宝吃饱 1 小时后或睡醒后，摇铃、拨浪鼓和小镜子。

活动环节	活动过程	家长指导要点	活动设计分析
	1. 以饱满情绪和宝宝互动。 引导语：宝贝，我们要练习抬头啦。 在床上垫上干净的浴巾，让宝宝躺在上面。 2. 俯卧抬头练习。 （1）让宝宝俯卧位趴着，然后在宝宝头的前方，出示摇铃或拨浪鼓，轻轻摇动发出声音，温柔地对宝宝说："叮叮当当小摇铃，宝宝，快抬头看。" （2）当宝宝看到后，继续逗引宝宝尽量将头抬高和坚持抬头。在宝宝抬头过程中，可以不断鼓励"宝宝，加油，看到摇铃咯"。一开始，如果宝宝颈背部肌肉力量不够，可以用双手轻轻地托起宝宝的下巴，帮助他抬头。 3. 撑肘抬胸练习。 引导语：宝宝俯卧位趴着，将其双肘弯曲放在胸前，引导撑肘抬胸，可以结合照镜子一起进行。	1. 练习时可播放欢快的音乐。 2. 宝宝满月后就应每天俯卧练抬头，上下午各一次。这个活动最好持续进行到 5～6 个月，具体要考虑个体差异（图 3-4）。 3. 注意刚开始抬头训练时，多鼓励宝宝，不要把玩具抬得太高，要在宝宝的能力范围内，不强求必须把头完全抬起。每次时间不宜太长，以免宝宝疲劳，时间可选在两次喂奶之间。 4. 活动价值：2～3 个月时，宝宝在俯卧时可以自主地左右转动头部，3 个月时能在坐和站的状态下自主将头竖起。头部活动是婴儿扩大视线范围，探索周围环境的最早途径。 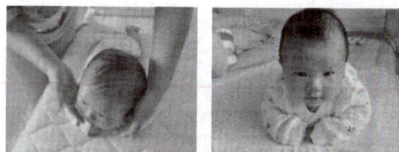 图 3-4　抬头练习	1. 该活动能促进婴儿发展头、颈部的力量，有利于颈曲的形成，对 2～3 个月的婴儿意义重大。在婴儿早期不能少，一定要坚持练习。 2. 活动设计重视音乐的运用，以此提升宝宝的乐感。

家庭延伸活动	1. 可让宝宝俯趴在浴巾上练习俯卧抬头。 2. 用飞机抱姿势抱着宝宝，前后摇摆，尝试练习抬起头颈部和肩膀。

亲子活动六	
活动名称：宝宝翻身	适宜月龄：2～3 个月
适宜场地：床上或有软垫的活动室	适宜人数：2～4 组家庭
设计思考	翻身需要借助头、颈和躯干等部位的力量，是婴儿最初的"全身自主活动"，能为接下来的坐、爬、行走等动作奠定基础。翻身有助于拓展婴儿的视野，提升婴儿感官能力的发展。

活动目标	婴幼儿发展目标	家长学习目标
	锻炼腿和腰背部肌肉，学习翻身。	初步掌握锻炼婴儿翻身的方法，并了解相关的知识。

活动准备	1. 宝宝吃饱 1 小时后或睡醒后。 2. 小鸭子玩具。

（续表）

	活动过程	家长指导要点	活动设计分析
活动环节	1. 以饱满情绪和宝宝互动。 引导语:宝贝,我们要练习翻身啦。在床上垫上干净的浴巾,让宝宝躺在上面(图3-5)。 2. 侧卧练习。 进行"左侧侧、右侧侧"的练习,为翻身动作做准备。 侧卧的方法是:让宝宝仰卧,家长双手扶住宝宝躯干一侧的上肢,把宝宝从仰卧转成脸向左(或右)的侧卧位,坚持几秒钟,然后松手(不必放手),宝宝立即自动回复到原来的仰卧位。 3. 被动翻身练习。 在宝宝身体的一侧出示小鸭子玩具,吸引宝宝的注意力,当发现宝宝注意力被吸引,并尝试做出翻身的努力时,轻轻地用手推一下宝宝的背部或腿部,协助宝宝翻身。翻身成功后,用言语鼓励:"宝宝,你真棒!这只小鸭子送给你哦。" 3个月后,当宝宝开始有主动翻身的意识时,家长只需把宝宝的双腿交叉,稍微按住在上方的大腿,宝宝一蹬腿就能顺利翻身。 图3-5　翻身练习	1. 练习时可播放欢快的音乐。 2. 宝宝翻身有三个信号:一是头到胸部能抬起来,具备颈部和背部的肌肉力量;二是不满足于仰卧,经常会朝某一个方向侧卧;三是仰卧时脚上扬,脚摇晃,并总朝一个感兴趣的方向侧躺。宝宝会抬头之后,才能练习翻身。 3. 注意出示玩具的位置需要两边轮换,让宝宝分别从右侧与左侧练习翻身。当宝宝做出翻身的尝试时,不要立即去推宝宝,逐渐延缓推的时机,让他稍稍体验用力翻身的感觉,以帮助宝宝慢慢自己学会用力翻身。练习时间上下午各一次,直到宝宝能自如翻身。	1. 继婴儿抬头动作之后,翻身是其第二个重要的大动作发展。因此,帮助婴儿早期的孩子练习翻身是一个常规而重要的活动。 2. 活动设计善于运用音乐,以此陶冶宝宝的情操。
家庭延伸活动	可用其他色彩鲜艳或能发出柔和声响的玩具逗引,引导宝宝主动翻身。		
总评	1. 这个阶段的亲子活动设计仍然把指导家长放在第一位。家长会了才有可能在家中好好实施。 2. 这个阶段亲子情感的培养和交流一般融合在各个活动中进行,很少设计专门的活动。 3. 活动内容安排适合这个月龄段的宝宝,较好地满足了宝宝的发展需求。 4. 活动设计注重音乐在活动中的运用。 5. 活动设计简单、易行,适合在家中由家长实施。		

表3-5　4～6个月婴儿亲子活动设计案例

亲子活动一	
活动名称:荡秋千	适宜月龄:4～6个月
适宜场地:室内床铺或软垫上	适宜人数:4～6组家庭

设计思考	前庭觉也称为前庭平衡觉,是大脑的门槛,触觉、关节活动的信息都需要在此过滤以选择重要的信息作为回应。前庭觉是影响婴幼儿成长和学习发展最重要的一种能力,传达视听嗅味等讯息,是大脑功能最为重要的守护神,通常称为前庭体系。前庭体系正好位于身体到三角形架构的上方,也就是头重脚轻的头部,是平衡感上面最不平衡的地方,所以前庭体系必须和平衡体系保持密切的协调,人类才能理解视听讯息和身体间的正确关系,进而作出应有的行动,这便是所谓的前庭平衡。处理前庭平衡的整个感觉系统,则称为前庭觉。		
活动目标	**婴幼儿发展目标**		**家长学习目标**
	发展视觉、听觉与空间知觉,锻炼前庭功能,增进亲子感情。		了解"前庭觉",掌握亲子活动中互动的方法。
活动准备	浴巾一条。		
	活动过程	**家长指导要点**	**活动设计分析**
活动环节	1. 以饱满情绪和宝宝互动。 引导语:宝宝,我们要来荡秋千啦! 2. 欢乐吊床,亲子荡秋千。 宝宝躺在浴巾上,父母各抓住浴巾的两个角,把宝宝兜在浴巾中,父母提起四角,距离地面10～15厘米,宝宝头高脚低躺在浴巾中。 3. 快乐摇摆,随乐荡秋千。 宝宝接受并熟悉这一活动后,可以结合欢快的儿歌有节奏地哼唱。 **附儿歌:** 一二一,一二一; 小宝宝,荡秋千; 爸爸妈妈各一边; 左摇摇,右荡荡, 一会儿高,一会儿低; 秋千荡荡真好玩。	1. 父母方向一致左右轻轻摇荡,开始不要太快,弧度不要太大,注意观察宝宝的表情。如果宝宝有惊吓表情,动作要减慢甚至停止;如果宝宝很高兴,可逐步加快节奏,加大幅度。 2. 每天或两天 1 次,每次时间控制在 3 分钟左右;随着月龄的增长,可以适当延长时间。 3. 注意这个活动最好在床铺或软垫上进行,以防浴巾从手中滑落致宝宝跌落。 4. 注意游戏时要和宝宝进行情感交流,做完后最好帮宝宝按摩一下。 5. 活动价值:这个简单的摆动游戏产生的晃动感对宝宝有很好的安抚,也有助于发展宝宝的前庭平衡能力。家长充满关爱的笑容陪伴,能增强宝宝对他人的信任感。 6. 已经学会 180 度翻身的宝宝玩这个游戏时,家长要注意宝宝在活动中的表现,以防其翻出浴巾。	1. 活动设计充分体现了对家长的指导,尤其是婴幼儿发展专业知识方面。 2. 前庭平衡能力的发展在婴儿阶段非常重要,设计的活动满足了孩子发展需求。
家庭延伸 活动	1. 变换游戏形式,用浴巾和宝宝玩升降机,感受上下高低的变化。 2. 更换音乐,宝宝对一首儿歌熟悉后,家长应更换新的儿歌,还可以用节奏比较明显的旋律。		

亲子活动二

活动名称:斗斗虫虫飞	适宜月龄:4～6 个月	
适宜场地:有软垫的活动室	适宜人数:4～6 组家庭	
设计思考	4～6 个月婴儿虽听不懂儿歌意思,但他喜欢儿歌中有韵律的声音和欢快的节奏。在亲子互动时选择短小且富有节奏感的儿歌,或唱或念给宝宝听,都能给予宝宝语音刺激,培养语音感知和辨别能力。	
活动目标	**婴幼儿发展目标**	**家长学习目标**
	1. 发展触觉、手指灵活性和动作协调性。 2. 感受儿歌的趣味。	了解婴儿手指活动的重要性,掌握亲子互动的方法。
活动准备	宝宝能把手放进嘴里后,情绪愉悦的时候。	
	活动过程	**家长指导要点**
活动环节	1. 手指对对碰。 引导语:宝宝与家长面对面,坐在家长的膝头上,家长抓住宝宝双手,露出食指和宝宝碰碰手指互动。	1. 当宝宝 4 个月开始做时,是被动的"虫虫飞",依靠家长握住宝宝的小手进行;宝宝经常玩,到 6 个月时,当家长再唱"虫虫飞",宝宝自己会伸出食指了,虽然样子笨拙,但可爱至极。

活动设计分析
1. 活动设计体现了整合性原则,追求多方面发展价值。
2. 活动很容易迁移,具有延伸的空间。

（续表）

活动过程	家长指导要点	活动设计分析
2. 互动游戏。 边念儿歌边进行碰手指的互动游戏，每念一个字，就让宝宝左右食指指尖对碰一下；念到每一句的最后一个字时，将宝宝双臂张开做飞鸟的姿势。 **附儿歌：《斗斗虫虫飞》** 斗斗虫虫飞，飞到蓝天上； 斗斗虫虫飞，飞到白云间； 斗斗虫虫飞，飞到花丛中； 斗斗虫虫飞，飞到动物园。	2. 注意在活动过程中观察宝宝的状态，如果宝宝感兴趣，时间可以稍长。活动中，家长要注意和宝宝进行情感交流，可以偶尔中途停下来亲一亲宝宝。 3. 活动价值：动作的发展，尤其是手部动作的发展，直接影响孩子认识世界的能力，决定其智慧的获得。配合有趣的儿歌，边念儿歌边进行手指游戏，能较好地促进宝宝手部动作的协调性和语言发展。	

家庭活动延伸	1. 可结合生活中具体活动情境替换歌词，如"飞到妈妈的衣服上，飞到宝宝的头顶上"。 2. 可改变活动方式，例如拍拍手、鼓掌，并创编儿歌。

亲子活动三

活动名称：咿咿呀	适宜月龄：4～6 个月
适宜场地：有软垫的活动室	适宜人数：4～6 组家庭

设计思考	从 4 个月起，婴儿的发音增加了很多重复、连续的音节，会开始关注保育师的口型和发音。当婴儿愉悦、兴奋也会发出声音时，家长经常交谈、游戏、逗引发音并积极回应，能鼓励婴儿发音，有利于宝宝的语言发展。

活动目标	婴幼儿发展目标	家长学习目标
	感知语音，模仿发出"咿咿呀呀"的语音。	了解婴儿发音的顺序，初步掌握引导婴儿发音的方法。

活动准备	在宝宝精神状态好的时候，家长与宝宝面对面，视线相对。

活动过程	家长指导要点	活动设计分析
1. 轻唤宝宝名字，引起注意。 引导语：××宝宝，我们今天来说话。 2. 自编曲调，示范发音。 引导语：注意看老师的嘴巴哦。啊·啊｜啊啊｜啊–，咿·咿｜咿咿｜呀–‖。注意慢慢地发每个音，嘴形要夸张。可以自编简单的小曲调，反复唱给宝宝听，注意变换曲调。 3. 放慢速度，逗引发音。 引导语：宝宝来试下，"啊啊——咿咿——呀""咿咿呀"。 4. 附和宝宝，共同发音。 引导语：宝宝真棒！我们一起来唱歌：咿咿呀，哦哦哦，小宝宝，学唱歌。咿咿呀，宝宝唱歌真好听。	1. 家长要注意面带微笑地看着宝宝，重复发音，嘴型夸张一点，逗引宝宝模仿发音，发出语音后，家长要给予积极的回应和鼓励。 2. 4～6 个月宝宝会自己发出一些声音，如"啊 gen"，家长听到宝宝发音时积极回应，模仿宝宝发出的声音，与他进行互动。 3. 家长应循序渐进引导宝宝发音，婴儿语音的发展是元音和辅音同时出现，头 3 个月内既发元音，也能发辅音。不同的元音和辅音，发展有先后。如在元音中，口形越开越易发，口形越合越难发，其顺序是开口 a→半开口音 e→合口音的齐齿音 i-圆口音 u→口形变化最大的撮口音 y。根据宝宝发音的顺序，注意延伸、拓展活动，引导宝宝发出更多的语音。	1. 这个阶段的婴儿学习发音非常重要，设计的这个活动具有重要价值。 2. 活动设计注重"亲子间情感的交流"。 3. 活动设计体现了指导性原则，活动对家长指导比较深入。

家庭活动延伸	1. 在日常亲子互动和照护环节，家长可多念短小简单、富有节奏感的儿歌或顺口溜。 2. 坚持每天与宝宝交谈，用温柔亲切、富有变化的语调反复和宝宝交谈。

亲子活动四

活动名称：呼唤宝宝名字	适宜月龄：4～6 个月
适宜场地：有软垫的活动室	适宜人数：4～6 组家庭

（续表）

设计思考	该月龄的婴儿对周围环境的兴趣大为提高,能注视周围更多的人和物。呼唤宝宝名字,既可以让宝宝对保育师的呼唤有转头、注视等反应,也能锻炼其视听协调能力发展,促进语言发展。边玩躲猫猫游戏边呼唤名字,还能促进宝宝客体永久性发展。	

活动目标	婴幼儿发展目标	家长学习目标
	发展感知能力,听到自己的名字有反应。	了解婴儿学习听自己名字的过程,并掌握训练的方法。

活动准备	会听、会寻找声源。	

活动环节	活动过程	家长指导要点	活动设计分析
活动环节	1. 呼唤宝宝名字,吸引注意。 从 4 个月开始,家长时常变换声调叫宝宝的名字,从宝宝的左边、右边、后面叫宝宝的名字,观察宝宝的反应。 2. 藏猫猫呼唤名字。 用手帕遮住自己的脸,然后突然探出头来叫宝宝的名字。反复玩耍,直到宝宝 5、6 个月时,家长可以做抓掉脸上手帕的动作,激发宝宝模仿家长的动作来抓掉手帕,找到手帕后面的家长后,家长呼唤宝宝的名字。	1. 活动过程中,家长注意观察宝宝的反应,日常生活中可以结合具体的生活情境经常叫宝宝的名字,一般到 6 个月,家长一叫名字,宝宝就会回头了。 2. 宝宝听到声音会用视线搜寻,说明其已有一定的视听协调能力,一般 4 个月左右就会表现出来;此后,宝宝听到自己的名字会回头看,说明其视听协调能力进一步发展,也说明他对语言有一定的认识。	1. 活动内容选择较好,可以融合到生活中进行。 2. 这一亲子活动操作过程中注重"亲子间的情感交流"。 3. 活动设计体现对家长的指导性原则。

家庭活动延伸	当宝宝会听名字后,带宝宝听歌做动作,如《外婆桥》:宝宝与家长面对面,坐在家长的大腿上;家长唱"摇啊摇,摇到外婆桥"时,带着宝宝一起左右摇晃身体,做摇摆状。通过慢慢的学习,以后宝宝听到儿歌时,对不同的句子会自己主动做出不同的动作。		

	亲子活动五		

活动名称:照镜子		适宜月龄:4～6 个月	
适宜场地:有软垫的活动室		适宜人数:4～6 组家庭	

设计思考	该月龄的宝宝自我意识尚未发展,能望着镜子中的人影笑,但不知道是自己。引导宝宝对着镜子微笑、点头、说话、与镜中人玩,可以帮助其发展自我意识。	

活动目标	婴幼儿发展目标	家长学习目标
	观察镜中人,会朝镜中人微笑。	了解婴儿自我意识发展的阶段,掌握发展婴儿自我意识的方法。

活动准备	能立起来的镜子一面。	

活动环节	活动过程	家长指导要点	活动设计分析
活动环节	1. 出示镜子,感知特点。 引导语:宝宝,这是镜子。伸手摸一摸,真光滑! 2. 看看镜子中的自己。 引导语:宝宝,我们来照一照镜子,跟镜子里的宝宝点点头、挥挥手,你好呀,小宝宝。 家长将宝宝抱坐在怀里,小镜子放在与宝宝高度相等的桌面上,引导宝宝看镜中的宝宝,鼓励注意观察宝宝对镜中人的反应。 3. 和镜中人互动。 引导语:家长抱着宝宝站在镜子前,用手指宝宝(不是指镜中人),并叫宝宝的名字;再用手指	1. 引导宝宝照镜子的系列活动主要意图在于帮助其发展自我意识,然而 4～6 个月宝宝还没有自我意识的发展。因此,这个月龄的宝宝照镜子会把镜中人当成另外一个人。 2. 介绍婴幼儿自我意识的发展情况:宝宝 2～3 岁才会有自我意识的萌芽,1 岁前处在"自我感觉阶段",1～2 岁是自我认识阶段;自我感觉的出现要到婴儿晚期,6 个月之前还没有发展。著名的"点红实验"就是判断宝宝自我意识萌芽的一个经典实验,即在宝宝鼻子上点一个红点,看看宝宝照镜子时会不会有异样的表情或者擦鼻子动作,如果有这样的行为,说明宝宝的自我意识已经开始发展。	1. 活动设计注重对家长的指导,全面介绍了孩子"自我意识"发展的脉络。 2. 活动设计注重亲子之间的互动。 3. 活动过程中引导宝宝用手触摸镜子,鼓励与镜中人互动打招呼,初步认识五官,可以为婴儿后期区分镜子中的自己和现实中的自己做准备,从而更好地促进婴儿自我意识的发展。

（续表）

活动过程	家长指导要点	活动设计分析
宝宝的五官,边指边说"眼睛、鼻子、嘴巴、耳朵……",让宝宝看镜中人;也可以问"妈妈在哪里?"让宝宝摸一摸镜中的妈妈。	3. 这个活动最好持续进行,注意观察不同阶段宝宝照镜子的反应。	

家庭活动延伸	在宝宝俯趴时,在其前面竖一面小镜子让宝宝继续观察,和镜中人互动。

亲子活动六

活动名称:宝宝玩球球	适宜月龄:4～6 个月
适宜场地:有软垫的活动室	适宜人数:4～6 组家庭

设计思考	该年龄阶段的婴儿,手部的灵活性不够,常用手心抓握。提供会动、会发光的小球,能较好吸引宝宝注意力,感受球变化的运动轨迹,练习推碰、触摸、抓取和踢的动作,增强动作的协调性。

	婴幼儿发展目标	家长学习目标
活动目标	锻炼肢体动作,提高手、脚、脑的协调能力。	爸爸每天要抽出时间陪婴儿活动,掌握锻炼宝宝肢体动作的方法。

活动准备	珠光软球(直径约 15 厘米,这种球受压不会爆裂),大眼网兜一只,欢快的音乐。

	活动过程	家长指导要点	活动设计分析
活动环节	1. 推小球。 引导语:宝宝,这是小球。我们推一推小球,推了,动了,推了,动了,给爸爸…… 爸爸、妈妈对坐地上,中间距离 0.5 米,宝宝坐在妈妈怀里,面对爸爸。珠光球在爸爸、妈妈之间推来推去,让宝宝的视线随球移动,妈妈可抓住宝宝的双手做被动推球的动作,一推一抓,宝宝会很开心。 2. 踢小球。 引导语:我们来跟着儿歌,踢一踢小球吧。 把珠光球兜入网中,爸爸提着或吊在床上,妈妈抓住宝宝的小脚去踢球,练习一段时间后宝宝就会自己寻球去踢了。当宝宝踢到球后,妈妈亲亲宝宝小脚,给宝宝以鼓励。 附儿歌:《踢球球》 珠光球,爸爸提(床前吊); 小脚丫,踢呀踢; 一脚踢到球球上, 踢得球球前后摇。	1. 活动时可播放欢快的音乐,不建议在临睡前玩,以免宝宝过于兴奋,无法安静入睡。要有目光交流和表情互动。 2. 一段时间后,可以变换游戏方法,如将球放在床面上,爸爸(妈妈)双手环抱宝宝的腋下,然后晃动身体,带动宝宝的腿去踢球,并唱《踢球球》儿歌。 3. 观察时注意关注宝宝推球和踢球动作的发展,看看他是什么时候能由被动到主动推(踢)球。	1. 这个年龄阶段要开始锻炼下肢的活动能力,设计的活动很好地满足了孩子的发展需求。 2. 活动设计善于运用音乐,以此陶冶宝宝的情操。 3. 活动设计注重爸爸参与到亲子活动中。

家庭活动延伸	1. 玩滚球时,可以在宝宝肚皮或背上轻轻滚一滚,感受触觉刺激,提高身体的感知能力。 2. 宝宝玩大摆钟等游戏。

总评	1. 这个阶段的亲子活动设计仍然把指导家长放在第一位。家长会了才有可能在家中好好实施。 2. 这个阶段亲子情感的培养和交流一般融合在各个活动中进行,很少设计专门的活动。 3. 活动内容安排适合这个月龄段的宝宝,较好地满足了宝宝的发展需求。 4. 活动设计注重音乐在活动中的运用。 5. 活动设计简单、易行,适合在家中由家长实施。

四、0～6 个月婴儿亲子活动的入户指导

0～6 个月婴儿不方便外出,亲子活动一般由家长在家中实施,保育师进行一对一入户指导。

(一)"入户指导"介绍

入户指导是在家长与保育师双方自愿、互相信任的基础上,保育师走进家庭,指导 0～3 岁婴幼儿家长科学、有效开展婴幼儿教养,是一种走进家庭的早教指导形式。通过这种形式的科学育儿指导,家长掌握更多的教养知识和方法,使孩子身心得到健康发展。

一般而言,0～6 个月婴儿每周至少入户指导 1 次,7～12 个月婴儿每月至少入户指导 1 次,1～2 岁幼儿每季至少入户指导 1 次,2～3 岁幼儿每半年至少入户指导 1 次。入户指导的形式有以下两种。

第一,信息引导式。保育师把育儿新观念、新信息带进家庭,通过定期发放资料(如婴幼儿近期的发展水平指标)、热线电话、网络论坛服务等,使家长的科学理念得到更新指导,更了解婴幼儿的生长发育指标、生理特征、科学喂养常识。

第二,实践指导式。保育师通过了解婴幼儿及其家庭的特点,制定相应的方案,对孩子的生活、亲子游戏、身体锻炼活动和家庭环境等进行实地指导,定期定时地对方案的实施状况进行小结,再提出新阶段方案的目标,为孩子建立档案,让家长了解孩子的发展。入户实践指导最主要的方面是亲子活动指导,指导家长开展科学、有效的生活活动、游戏活动和学习活动。

入户指导的特点是具有较强的针对性,方式比较灵活;有利于满足个体的需求,因人而异;教育及时,个案跟踪,随时调节。

(二) 0～6 个月婴儿亲子活动的入户指导

1. 指导的对象以家长为主

一般而言,亲子活动是婴幼儿、家长和保育师三方共同参与的活动,在活动开展过程中,保育师既要指导婴幼儿如何活动,更要指导家长如何引导婴幼儿进行该项活动、怎么进行活动、如何延续或创新活动等。因为半岁以前的婴儿与人交往、互动能力非常弱,既听不懂,更不会说,这意味着这个月龄段的亲子活动指导是针对家长的指导:根据孩子的发展需求,指导家长开展哪些方面的亲子活动,如何正确操作(尤其是动作锻炼的动作要领),要注意哪些事项等。

2. 指导的前提是进行婴儿发展评估

针对 0～6 个月婴儿开展的亲子活动,保育师要在活动指导前思考:选择什么内容指导家长、怎么进行指导、如何循序渐进指导。为了保证入户指导的有效性,这个月龄阶段的亲子活动指导的前提是针对婴儿发展情况进行评估(见表 3-6),评估其各个方面的发展情况,全面了解孩子的发展现状,明确其发展的迫切需求。针对婴儿的发展进行评估之后,亲子活动指导将有的放矢,切中要害。例如,保育师在入户指导时,对牛牛的发展情况进行了评估,发现其上身动作的发展比同龄孩子稍慢,于是指导家长多开展肢体锻炼的亲子活动,每天抚触两次,并建议少搂抱、多平躺。

表 3-6　0～6 个月婴儿发展评估

基本资料	姓名	萌萌	性别	女	出生日期	2011 年 4 月 3 日
	测评日期	2011 年 9 月 5 日	实际月龄	5	是否足月生产	是
发展情况	生长发育: 1. 身高:69 厘米;体重:7.3 千克;头围:42 厘米;胸围:42.5 厘米。 2. 开始长出乳前牙。					
	动作控制: 1. 仰卧时可抬头,持续时间 10 秒左右(头与床面最大夹角为 25 度左右)。 2. 俯卧时能用肘支撑身体并抬头挺胸看前方。					

（续表）

发展情况	3. 给予轻微助力可由仰卧状态至侧卧状态。 4. 下肢力量较弱,只能瞬间支撑站立。 5. 婴儿可抓握成人手指靠成人较小拉力顺势坐起来。
	语言与沟通: 1. 开始模仿大人发音,咿呀学语。 2. 大人与她聊天时可以发出附和的声音。 3. 会听成人说的一些简单日常用语。
	认知与探索: 1. 会寻找从手中滑落的物品。 2. 听到自己的名字会转头看。 3. 听到熟悉的物品的名称会用眼注视。
	情感与社会性: 1. 别人拿走她的小玩具没有太大的反应。 2. 任何人抱都要。 3. 对教养者的依恋感不强。
发展评估	1. 身高发育正常,头围、胸围中偏下,体重比较轻。 2. 动作发展中偏下,尤其是下肢动作。 3. 语言、认知发展均正常。 4. 情感与社会性的发展滞后:这个年龄别人拿走她的玩具应该有反对的表现,开始会认生,对教养者有明显的依恋。
教养措施与建议	1. 加强营养,平衡膳食,逐步添加辅食。 2. 有意识加强身体锻炼(骨骼、肌肉的发展),少抱,注重宝宝自身活动。 3. 生活活动配合语言的表达,多和宝宝说话,陪宝宝聊聊天。 4. 有意识帮助宝宝认识生活环境,认识自己,尤其是认识自己的身体,意识到自己的能力。 5. 固定主要教养者(最佳人是母亲),加强亲子交流。 6. 多与同伴接触,和同伴一起玩耍。

3. 指导的方式以口头指导与书面材料提供为主

0～6个月婴儿的亲子活动有其特殊性,在保育师每周1次的入户指导的基础上,由家长在家中开展。从活动对象来看,这个阶段的婴儿还比较弱小、娇嫩;从指导的次数来看,指导频率比较低;从指导的时间来看,有时保育师入户的时候正好孩子在睡觉。这些现实情况要求亲子活动指导的方式宜主要采用口头指导和提供丰富的书面指导材料。书面指导是将指导内容以书面的形式呈现给家长,一般材料详细,可以反复翻阅,利于保存;口头指导是通过口头交流的方式,说明活动价值、解说活动方法、探讨活动延伸等,具有互动性、实时性、针对性、深入性等特点。

4. 指导的主要任务是激发家长的早教意识

开展亲子活动是婴幼儿早期教养的重要内容。刚刚迎接孩子出生的家长们一方面沉浸在喜悦之中,另一方面基本上只关注其吃喝拉撒、身高与体重的增长,对于婴儿的早期教育意识不足,或者根本没有意识到,更不清楚亲子活动的开展对这个阶段婴儿发展的益处。因此,0～6个月婴儿亲子活动指导的主要任务是激发家长的早教意识,从亲子活动对孩子发展的实际帮助让家长感受其重要性。只有家长在观念上足够重视,他们才会积极、主动地开展亲子活动,并用心钻研。

实践探索

入户指导不仅仅是针对0～6个月婴儿,其他月龄段的孩子也需要进行入户指导,只是频率随着年龄的增长而有所降低。

入户指导方案

宝宝姓名：龙龙　宝宝年龄：2 岁 1 个月

入户指导意图：当今社会，越来越多家庭少子化、独生子女化，一个孩子集多人宠爱于一身。在日常生活中，家长对于宝宝的照顾过于细致，很多事情包办代替，满足孩子的一切要求，这样剥夺了孩子自己发展的机会，也剥夺了他们自立机会和树立自信心的机会。

龙龙来早教指导中心有一年多了，家长经常抱怨他吃饭的问题。每次吃饭时不是大人追在后面喂，就是宝宝一边在玩扭扭车，而大人在一旁边喂边哄，总之，想让他安安静静地坐好吃饭很难。从小养成良好的饮食习惯非常重要，学习自己用勺吃饭也是这一年龄阶段应培养的最基本的生活自理能力。因此，我们期望通过入户，给家长提供帮助。

入户指导目标：

1. 在了解孩子吃饭问题的基础上分析问题的原因。

2. 初步指导家长正确对待孩子的吃饭问题。

3. 尝试提出解决孩子吃饭问题的方法。

入户指导准备：

1. 保育师准备：将家长收集的各类盒子制作成张开嘴巴的小动物。

2. 环境准备：提供宝宝的活动场地，在墙面上创设"我吃得真棒"。

3. 家长、宝宝准备：提供彩泥、手工纸、泥工板、碗、小勺。

入户指导过程：

一、入户前与家长电话沟通

1. 了解宝宝的主要家庭成员。

（爸爸是警察，上班比较忙，经常加班。妈妈是银行职员，上下班时间相对固定。奶奶是退休人员，是宝宝的主要看护人）

2. 了解家人对宝宝的教育态度与方法，尤其是在照顾宝宝吃饭方面。

（爸爸妈妈：平时比较迁就宝宝，会尽量满足宝宝的一切要求，有尝试让宝宝自己吃，但看到宝宝吃得一片狼藉，最后放弃了）

（奶奶：比较溺爱，对宝宝呵护有加，包办宝宝的一切。为了让宝宝多吃一些，总是想尽办法让宝宝吃，常常是边喂边哄）

二、入户后观察宝宝用餐情况

与家长事先沟通后，选择中午快吃饭的时间进入家庭，然后了解宝宝从早上到现在的饮食情况，接下来观察宝宝吃午饭，以及家人对此事的态度和行为，包括家人之间的互动和行为方式。

三、指导家长开展有针对性的亲子游戏活动

保育师根据宝宝及其家庭的情况，组织了"给小动物喂食"的游戏活动。

1. 出示材料，认识"小动物"，请宝宝说一说自己认识的小动物。

师：今天，小动物到宝宝家做客，看看都有谁呢？

（出示小动物，主要是吸引宝宝的注意力，让宝宝能安安静静地坐下来）

2. 提供制作材料，请宝宝动手给"小动物"准备点心。

师：宝宝，你平时喜欢吃什么呢？（保育师与宝宝进行交流）

师：小动物饿了，我们来准备一些点心给它们吃吧！

（1）制作小丸子：引导宝宝用橡皮泥来捏一捏、团一团。

（2）撕面条：引导宝宝用手工纸来撕一撕。

（让宝宝动手操作，既可以锻炼其小肌肉动作，又可以让宝宝体验劳动的乐趣）

3. 创设宝宝自己吃饭时的情境，引导宝宝给"小动物"喂食，以此帮助他感受吃饭的时候应该怎么做。

情境：给小动物吃饭时，小动物不好好坐着，而是一直跑来跑去或边吃边玩，不专心吃饭；或者小动物无理由地说"我不吃"。

（1）请宝宝做好准备，给小动物喂食。

师：宝宝的手真能干，做了好多的点心，快请小动物来吃吧！

（2）创设情境，让宝宝难以成功给小动物喂食。

师：小猫吃饭的时候它去干吗了？这样对不对？吃饭的时候要怎么做？

师：小兔吃饭的时候它去干吗了？这样对不对？吃饭的时候要怎么做？

······

（3）让"小动物"们坐好，请宝宝给它们喂食。

师：小猫小猫坐坐好，张开嘴巴吃个饱；小狗小狗坐坐好，张开嘴巴吃个饱······（提醒宝宝正确地使用小勺：左手扶碗右手拿勺，一勺一勺把食物舀进小动物的嘴巴）

（这一环节主要是帮助宝宝明确吃饭的时候应该怎么做才合适，并练习拿小勺）

四、出户前向家长提出建议

第一，慢慢改变宝宝的不良吃饭习惯。宝宝从小要养成良好的吃饭习惯：定时、定量、固定位置吃饭，不偏食、不挑食；不要一边玩一边吃。家长给宝宝吃饭注意以下三个方面。

一是提高宝宝吃饭的兴趣。家长可以为宝宝准备一些颜色、形状特别的餐具，如一把有小动物的勺子；可以用心为宝宝做一些色、香、味、形俱佳的菜肴，如清蒸"狮子头"（"狮子头"是用瘦肉、黑木耳剁碎后弄成一个个丸子，再粘上胡萝卜碎末）。家长也可以边吃饭边讲有趣的故事给宝宝听。总而言之，家长可以采用各种可行的方法以引起宝宝对"吃饭"的兴趣，让"吃饭"成为宝宝期待的事情，让其在吃饭中也能找到乐趣。

二是平时不吃零食、不喝饮料。零食对宝宝的健康不利，多吃零食会导致宝宝没有饥饿感。

三是高蛋白质的食物不能过量食用，要多吃粗粮。

第二，为宝宝也准备一把勺子。龙龙以前吃饭的时候总是要抢勺子，奶奶觉得他会将饭撒得到处都是，所以不给他勺子。大多数妈妈面对这种事情会失去耐心，甚至对宝宝大吼大叫，宝宝学习吃饭的热情被扼杀。其实，大人应该多一点耐心，多一点容忍，孩子用勺子吃饭总是由"不会"到"会"，正因为这样，大人要给予宝宝锻炼的机会。

第三，不要强迫孩子吃饭。如果宝宝实在不想吃，说明宝宝确实不饿，不要勉强，勉强地逼迫宝宝吃会使宝宝厌食。所以，尽量不要以强迫的手段让宝宝进食，而应该以鼓励或引导的方式让宝宝感到吃饭是一种享受。

第四，利用"我吃得最棒"鼓励宝宝吃饭。在1 m以下（孩子能看得到）的墙面上创设"我吃得真棒"统计图表，当宝宝哪天饭菜都吃完时，各方面表现都很好的时候，给他贴上五个卡通贴纸（五星级），根据具体表现逐渐递减星级水平，在此过程中让宝宝体验自己吃饭的快乐。

第五，家长们在对待孩子吃饭的问题上，要求和做法要一致。如果家长之间要求不一致，孩子会无所适从，甚至他会在不同的大人面前表现出不同的行为。

五、入户后回访宝宝的变化

一是了解宝宝的就餐现象是否有改善；二是了解家长的教育方式是否有所改变。

实训练能

实训项目 3–1:婴幼儿入户指导方案

【实训目的】

知识目标:熟练掌握婴幼儿入户指导方案的设计和实施要点。

能力目标:能够小组合作设计一份婴幼儿入户指导方案,并模拟展示。

情感目标:积极参与实践,养成立足婴幼儿的发展和家长科学育儿需求的活动观。

【任务实施】

任务情景:5 个月的女宝西西,长得肉嘟嘟很可爱,家里人对她甚是宠爱,经常抱在怀里。但西西还不会翻身,妈妈十分焦虑,但奶奶认为没什么。

1. 分析任务情景中的问题,设计一份入户指导方案,给家长提供帮助。

2. 模拟展示入户前、入户后和家长进行沟通的情况。

3. 模拟展示入户后,指导家长开展有针对性的亲子游戏活动,帮助西西进行翻身练习。

婴幼儿入户指导方案

入户指导目标	
入户指导准备	
入户指导过程	一、入户前与家长电话沟通
	二、入户后观察宝宝运动发展情况
	三、指导家长开展有针对性的亲子游戏活动
	四、出户前向家长提出建议
入户后回访宝宝变化	

任务思考

一、单选题

1. 下面有关"入户指导"说法不正确的是(　　)。

A. 入户指导应建立在家长与早教教师双方自愿、互相信任的基础上

B. 入户指导的形式一般有"信息引导式"和"实践指导式"

C. 入户指导有利于满足个体的需求,方式比较灵活,针对性比较强

D. 入户指导适合小年龄的宝宝,不适合2岁以上的孩子

2. 刚满周岁的孩子,有的已经会叫"爸爸、妈妈、爷爷、奶奶"了,有的还没有开口说话;有的动作反应灵敏,已经会走路了,有的还不能独自站立。这说明婴幼儿的发展存在(　　)。

A. 群体差异,年龄越小差异越大,年龄越小个别化需求越强

B. 群体差异,年龄越小差异越大,年龄越小个别化需求越少

C. 个体差异,年龄越小差异越小,年龄越小个别化需求越大

D. 个体差异,年龄越小差异越大,年龄越小个别化需求越强

3. 婴儿早期分为三个年龄阶段(新生儿、2~3个月、4~6个月),亲子活动设计时应充分考虑(　　)。

A. 孩子群体差异,不同群体的孩子有不同的需求

B. 孩子群体差异,不同群体的孩子有共同的需求

C. 孩子月龄差异,根据每个月龄阶段实际需求进行设计

D. 孩子月龄差异,前一个月与后一个月的发展差别不大

二、判断题

1. (　　)婴儿期的宝宝已经能用语言表达自己的需求了,主要教养人要多用表情、动作和语言等与婴儿多多交流,可结合日常生活给婴儿描述正在做的事情。

2. (　　)对婴儿以哭或其他方式表达的各种需求,养育者应用温柔的语言、表情或动作及时回应,慢慢与婴儿建立起稳定、可信赖的关系。

设计与指导 7～12 个月婴儿亲子活动

案例导入

> 保育师萍萍把一个透明的、没有盖子的瓶子和一棵夹着几个夹子的塑料小树呈现在活动现场。所有孩子在拿到材料后的第一反应就是拿起小树反复看,再拿起瓶子做看和摇的动作。形形则拿起瓶子做喝水的动作。在保育师和家长的引导下,孩子们开始对树和夹子有了兴趣,有的用握、有的用抓、有的用捏的方法把夹子从树上拉下来,并重复多次。当他们注意力在夹子上的时候,老师暗示家长把拉下来的夹子塞进瓶子里,问题出现了:孩子怎样把夹子从瓶子中取出来。诺诺的行为表现:把手伸到瓶口中抠,在瓶子底部发现了夹子,尝试拿,但隔着一层瓶子,反复抓取均告失败。形形:没有取夹子的欲望,对晃动瓶子发出声音很感兴趣,反复做摇晃动作。佳佳:很想拿出夹子,用了诺诺的方法没有成功后,拿起瓶子开始摇晃,不经意地将夹子甩了出来,她很开心。如果你是保育师,你会怎么向家长解读孩子的行为,并告诉他们该怎么做。[①]

7～12 个月婴儿每天觉醒的时间越来越长,身体活动与动手能力、与家长交往能力、生活能力等越来越强。这个阶段,家长可以带孩子前往早教中心参加活动,在精心设计、有准备的环境下学习并开展亲子活动。保育师根据这个年龄阶段孩子的发展特点与需求设计多类型的活动,凸显对个体差异的关注,突出对家长的指导。

一、7～12 个月婴儿发展特点

从半岁到 1 岁称为婴儿晚期,半岁以后孩子的主要变化是:动作比以前灵活了,身体活动范围扩大,双手可以模仿多种动作,出现言语的萌芽,亲子依恋关系基本形成。

(一) 身体大动作迅速发展

婴儿晚期是大动作能力发展最迅速的时期,学坐、学爬、学站、学走基本上是在 6～12 个月发生的。孩子在半岁前学会了抬头和翻身,开始学习独自坐,但是还坐不稳。6～7 个月孩子能够坐稳了,坐着时身体躯干不再向前倾;7～8 个月婴儿开始慢慢会爬了。坐和爬的动作是交叉发展的,学会爬行对婴儿发展非常重要:可以锻炼四肢和背部肌肉的力量和协调运动,又可以促进大脑和小脑之间神经的生长和发育。爬行需要大脑和小脑之间的配合,可以使婴儿移动自己的身体位置,主动接触外界事物。10 个月左右,婴儿开始学习扶着站起,扶着站稳,然后扶着迈步。

会坐使婴儿从躺着的姿势解放出来,会爬、站、走使婴儿开始摆脱成人的怀抱,进行主动移位,可以自行接近事物。这个时期的孩子开始能够自己活动,扩大了活动范围,开阔了眼界,满足了好奇心,这对认知、情绪、人际交往方面的发展都有促进作用。

婴儿学习这些动作不是先学一样再学另一样,而是交叉进行的。例如,站立是在 11～12 个月时学会的,但在 5～6 个月时便可以依靠成人扶住两腋站立片刻,7～8 个月时可以由成人拉着双手站立,接着会自己扶住东西站立。在此期间,婴儿同时又在学习坐、爬、蹲等动作。

(二) 手的动作开始形成(手眼协调)

半岁以后,婴儿手眼协调动作能力有所发展,婴儿的手日益灵活,形成了一系列的动作,手开始成为认识活动的器官。通过手和眼的作用,可以发现物品更多的特性,更快地了解环境。比如,对于一个玩具,婴儿眼睛能看到它的颜色、形状,手能摸到它的软硬、质地。在眼睛的监控下,通过手的摆弄,婴儿还可以发

---

① 张梅,马梅. 婴幼儿教养活动:7～12 个月[M]. 上海:复旦大学出版社,2010:87.

现物体的上下、左右、前后的特性等。

第一，五指分工。这个阶段，孩子的大拇指和其他四指的动作逐渐分开，采取对立的方向，而不是五指一把抓。7个月左右，孩子在拿东西的时候，五指分工动作已经逐渐灵活。

第二，双手配合。半岁以后，孩子可以用两只手配合着拿东西，能够把一只手里拿着的东西放在另一只手里。

第三，摆弄物体。这时期婴儿的手已不是无意乱动，而是开始针对物体活动，喜欢把东西搬来搬去，敲打或摇晃。这时候孩子抓住玩具也喜欢送到嘴里咬。

第四，重复连锁动作。婴儿晚期的孩子喜欢拿着物体做重复的动作，如把小盒的盖子拿下来、盖上去，再拿下来、盖上去，如此重复20多次；衣服上的暗扣，按下去、掰开来，这样的动作可以持续十几分钟。

（三）有意动作开始发展

无意动作是指无意识、无目的的动作，有意动作是指有意识、有目的的动作。

从婴儿动作发展来看，其动作起初是无意的，当他做出各种动作时，既无目的，也不知道自己在干什么和能干什么；随着认知、身体大动作和手部动作的发展，逐渐出现有目的的动作。一般而言，6个月以后，婴儿开始意识到自己所做的动作，逐渐出现一些意向性动作。例如，看到不远处的玩具或物品伸手去拿，如果够不着会表现出愤怒和烦躁。有意动作的出现表明婴儿开始主动作用于外部世界，开始有目的地探索各种事物。这种目的性行动使婴儿的运动技能和意志都得到锻炼。

（四）言语开始萌芽

婴儿晚期言语开始萌芽，既能听懂简单、常用的话，又主动开始开口说。

半岁以后婴儿喜欢发出各种声音。虽然半岁以前他们已经会发出各种声音，但是这个阶段的声音和以前不同：音节比较清楚，可以发出许多重复的、连续的音节，如"ba-ba"，好像是叫爸爸，其实并不指代什么；他们还可以发出一些包含不同音节的连续声音，如"a-fa-gua-lua-gong"，感觉好像在说话。

9～10个月婴儿能听懂一些词，并按成人说的去做一些动作，例如：成人说"风扇转转转"，他转头看风扇；说"再见"，他挥挥手。

7个月的孩子就会分别用不同的声音招呼大人，招呼大人所用的声音和自己嘟囔的声音是有区别的。到9～10个月，婴儿开始主动发出不同的声音来表示不同的意思。例如：东西掉地上要别人捡，就发出"喏"或"唔"等声音；表示惊奇就会发出"噯"的声音。将近1岁的孩子一般会用单词招呼成人。

（五）依恋开始产生

依恋是指婴幼儿与其主要抚养者特别亲近而不愿意离开的情感，是存在于婴幼儿与其主要抚养者（尤其是母亲）之间的一种强烈而持久的情感纽带。在和依恋对象相处时，婴幼儿感到安全、愉悦，面对困难时会寻求依恋对象的帮助和慰藉。健康的依恋关系的建立，有利于婴幼儿的心理健康成长。

婴儿晚期，孩子与成人真正的依恋关系开始形成，孩子和主要抚养者在一起感觉安全、舒服、放松、积极、乐观；当依恋对象离开时，分离焦虑相当明显，出现长时间哭闹，情绪不安；当依恋对象出现时会显得十分高兴，情绪安定。从依恋的发展阶段来看，孩子6个月至2、3岁处在特殊情感联结阶段，他们一刻也不能离开依恋对象。

因此，应尽量避免依恋对象与孩子的长期分离，研究表明孩子与依恋对象长期分离会造成孩子的"分离焦虑"，从而影响孩子正常的心理发展。特别是6～8个月之后的分离，会对孩子产生严重的影响。因为这个时期正是孩子与他人建立情感联系的关键时期。

知识链接

儿童发展中的异常情况识别

二、7～12个月婴儿发展水平

0～3岁婴幼儿发展分为"生长与发育""动作控制""语言与沟通""认知与探索""情感与社会性""自助与习惯"六个方面，7～12个月婴儿发展水平详见表3-7。

表 3-7　7～12 个月婴儿发展水平

<table>
<tr><th>方面</th><th colspan="7">7～9 个月</th><th colspan="7">10～12 个月</th></tr>
<tr><td rowspan="7">生长与发育</td><td colspan="7">1. 体格发育</td><td colspan="7">1. 体格发育</td></tr>
<tr><td rowspan="2">月龄</td><td colspan="2">体重(kg)</td><td colspan="2">身高(cm)</td><td colspan="2">头围(cm)</td><td rowspan="2">月龄</td><td colspan="2">体重(kg)</td><td colspan="2">身高(cm)</td><td colspan="2">头围(cm)</td></tr>
<tr><td>男</td><td>女</td><td>男</td><td>女</td><td>男</td><td>女</td><td>男</td><td>女</td><td>男</td><td>女</td><td>男</td><td>女</td></tr>
<tr><td>7</td><td>8.8</td><td>8.1</td><td>70.3</td><td>68.7</td><td>44.0</td><td>42.9</td><td>10</td><td>9.6</td><td>9.0</td><td>74.3</td><td>72.8</td><td>45.5</td><td>44.4</td></tr>
<tr><td>8</td><td>9.1</td><td>8.4</td><td>71.7</td><td>70.1</td><td>44.6</td><td>43.5</td><td>11</td><td>9.8</td><td>9.2</td><td>75.5</td><td>74.0</td><td>45.8</td><td>44.8</td></tr>
<tr><td>9</td><td>9.4</td><td>8.7</td><td>73.1</td><td>71.5</td><td>45.1</td><td>44.0</td><td>12</td><td>10.1</td><td>9.4</td><td>76.7</td><td>75.2</td><td>46.1</td><td>45.1</td></tr>
<tr><td colspan="7">2. 视力标准约为 0.1。
3. 上颌、下颌长出乳旁切牙。
4. 需大小便时会有表情或反应。
5. 每天睡 15 小时左右。
6. 会吃稀粥,能自己拿着饼干咀嚼吞咽。</td><td colspan="7">2. 有规律地在固定时间大便,1～2 次/天。血色素≥110 克/升。
3. 视力标准为 0.2～0.25。
4. 上、下颌开始长出第一乳磨牙。流涎的现象减少。
5. 每天睡 14 小时左右。</td></tr>
<tr><td>动作控制</td><td colspan="7">1. 独坐自如,自己坐起躺下。
2. 扶双腕能站,站立时腰、髋、膝关节能伸直。
3. 开始会爬。
4. 用拇指、食指配合取物。
5. 能拨弄桌上的小东西,摇有声响的小件物品。
6. 能换手接物,双手拿两物对敲。</td><td colspan="7">1. 会用四肢爬行,且腹部不贴地面。
2. 自己扶栏杆站起来,自己会坐下。自己扶物能蹲下取物,不会复位。
3. 独站稳,自己扶物可行走。独走几步即扑向大人怀里。
4. 手指协调能力更好,如打开包糖纸。会用手指向他(她)感兴趣的东西。
5. 会从大罐子中取物放物。
6. 故意把东西扔掉又捡起,把球滚向别人。会将大圆圈套在木棍上。</td></tr>
<tr><td>语言与沟通</td><td colspan="7">1. 听懂成人对自己的召唤。
2. 开始发“ma-ma、ba-ba”等音节,能重复发出某些元音和辅音。
3. 试着模仿成人声音,发音越来越像真正的语言。
4. 会用自己的语音来表达不同的情绪。
5. 懂得一些常用词语的意思,会用简单的动作表示。</td><td colspan="7">1. 能听懂与自己有关的日常生活指示语言,如问:“灯在哪儿呢?”会看灯,向他索要东西知道给。
2. 试着模仿成人声音,能重复发出某些元音和辅音,能说出几个词,会模仿叫“爸爸”“妈妈”等。
3. 会自创一些词语来指称事物。
4. 会用动作表示同意(如点头),或不同意(如摇头、摆手),会模仿手势,面部有表情地发出声音。</td></tr>
<tr><td>认知与探索</td><td colspan="7">1. 会关注有吸引力的物体,并反复观察其特点和变化。
2. 注意观察大人行动,模仿大人动作。
3. 会寻找隐藏起来的东西。
4. 能分辨地点,喜欢熟悉的环境。
5. 能挑选自己喜欢的玩具。</td><td colspan="7">1. 会分辨甜、苦、咸等味道和香、臭等气味。
2. 喜欢看图画。
3. 能指认耳朵、眼睛、鼻子和经常接触的物品。
4. 喜欢重复的游戏,例如“再见”、玩拍手游戏、躲猫猫。
5. 关注比较细小的物品,喜欢摆弄、观察玩具及实物。
6. 能学习用工具帮助够物。</td></tr>
<tr><td>情感与社会性</td><td colspan="7">1. 对成人表示肯定或否定的面部表情有不同的反应。
2. 对教养者表示出依恋和喜爱,对陌生人会有害怕、拒绝等情绪反应。
3. 喜欢玩躲猫猫一类的交际游戏。
4. 喜欢镜子中自己的影像。
5. 会挥手再见、招手欢迎,玩拍手游戏。
6. 听到表扬会高兴地重复刚才的动作。</td><td colspan="7">1. 显示出更强的独立性,不喜欢被大人搀扶和抱着。
2. 更喜欢情感交流活动,还懂得采取不同的方式。
3. 对抚养者表示出依恋和喜爱,对陌生人表现出忧虑、退缩、拒绝等行为。
4. 言行得到认可会高兴地重复表现。
5. 喜欢各种交际游戏,喜欢重复玩,惊讶时发笑。
6. 会用动作等方式向成人索取感兴趣的东西,初步具有保护自己物品的意识。
7. 以哭引人注意。听从劝阻。</td></tr>
</table>

（续表）

方面	7～9个月	10～12个月
自助与习惯	1. 养成定时喂哺、用小勺喂食的习惯。 2. 初步养成主动配合成人开展生活活动和动作锻炼的习惯。 3. 能按时睡觉,建立明确的昼夜规律,睡整觉,夜间吃一次奶或不吃奶。 4. 能配合养育者餐后清洁口腔。 6. 会手拿食物放进嘴里。	1. 养成定时睡眠、自然入睡的习惯。 2. 初步养成用杯喝水的习惯,能双手捧杯喝水。 3. 养成主动配合成人开展生活活动和动作锻炼的习惯。 4. 能用手握勺把饭往嘴里送,能咬碎较松脆的固体食物,并吞咽。 5. 每天排便次数、间隔时间等逐渐表现出一定的规律。 6. 被照料时能配合穿衣服、擦脸等。

三、7～12个月婴儿亲子活动设计

7～12个月婴儿有不同于其他年龄段的发展需求和表现,设计亲子活动时应遵循其身心发展特点、满足其各方面的发展需求。只有这样,才能设计出科学、适宜的亲子活动。

（一）7～12个月婴儿亲子活动设计注意事项

针对7～12个月婴儿设计亲子活动时需要关注的问题很多,以下是需要注意的主要事项。

1. 以动作发展为主要内容

7～12个月是婴儿动作发展最为迅速的时期,学坐、学爬、学站、学走的大动作发展,手部的精细动作发展,肢体活动能力逐步增强,手开始成为认识活动的器官,手部动作日益灵活。在这个年龄阶段,与其他方面的发展相比,动作的发展更丰富、全面。因为动作是这个时期主要的发展任务,所以亲子活动的设计应以动作发展为主要内容,然后在动作发展类的亲子活动中体现认知、语言、情感、社会性等方面的发展诉求。

2. 以认识生活中的物品为认知发展的重点

婴幼儿的发展规律决定了这个阶段是感知运动阶段,动作和感知觉是主要的发展任务,以感知觉发展为首的认知发展是7～12个月婴儿发展的重要方面。婴儿期是认识世界的开始阶段,婴儿最先感知的是生活中的人与物。随着感知觉发展的逐渐成熟,7～12个月婴儿应以认识生活中的物品为认知发展的重点,记住物品的名称,感受物品的颜色、形状、质地等。例如:在活动中引导孩子感知米粒、豆子、芝麻、花生等物品的形状、大小、颜色,体会抓这些物品的不同感受;引导孩子通过看一看、摸一摸、闻一闻、尝一尝等方式,认识各种瓜果蔬菜;引导孩子通过观察,对比感知豆腐与果冻的不同。

3. 以发音练习为语言发展的起点

半岁以后,婴儿喜欢发出各种声音,嘴巴咿咿呀呀地说个不停,发出的声音音节逐渐清晰,可以发出许多重复的、连续的音节,但大人经常并不知道他们在说什么;1岁左右,言语开始萌芽,既能听懂简单、常用的话,又主动开始开口说。因此,从促进婴儿语言发展的角度而言,这个阶段的亲子活动应以发音练习为主,帮助孩子练习准确发出基本的元音、辅音和音节;注重家长和孩子在活动中的有效互动,在言语上积极回应孩子。从婴儿晚期语言发展的特点来看,7～12个月婴儿的发音练习可以设计专门的亲子活动,但更主要的途径是融合在动作与认知活动中进行。

4. 以亲子情感培养为活动的灵魂

半岁以后,婴儿会认人,喜欢和母亲(主要抚养者)待在一起,对陌生人接近会感到害怕,与母亲真正的依恋关系开始形成,和母亲在一起感觉安全、舒服、积极、乐观,婴儿的亲子情感慢慢发展起来。亲子关系的建立直接影响将来的同伴关系,对待事物的态度,以及探索外部世界的信心和主动性。因此,从小培养良好的亲子情感至关重要。这就要求这个阶段亲子活动的设计要以亲子情感的培养为活动的灵魂,设计各领域亲子活动时尽可能融合这一内容,在活动过程中关注亲子之间情感的互动和交流。例如,"摇小船""开飞机"亲子活动的主要目标在于发展孩子的前庭平衡,活动设计的最后一个环节就是"保育师提醒家长

抱起宝宝亲一亲,抚摸其背部,并对他说一说活动中的表现"。

5. 以家长育儿知识的丰富为活动的主旨

婴儿半岁以后,各种心理活动逐渐发展,教育的需求逐渐增强,家长带着他开始走出家庭,来到早教机构参加亲子活动。保育师设计的亲子活动既关注孩子的发展,更关注家长作为教养者的成长。家长要成为一名合格的教养者,必须全面掌握育儿知识和形成育儿能力。然而,能力形成的前提是一定知识量的储备,这就要求这个阶段的亲子活动设计要以家长育儿知识丰富为活动的主旨,帮助家长积累育儿方面的知识。例如,"碰一碰"(家长用头碰孩子身体的某部位,意在帮助孩子认识自我)亲子活动的主要任务之一就是帮助家长了解孩子自我意识的发展过程,以及 1 岁前自我认识的主要发展方面。

(二) 7～12 个月婴儿亲子活动设计案例解读

在亲子活动设计基本理论的指导下,以 7～12 个月婴儿亲子活动设计的注意事项为参考,密切联系亲子活动设计的实践,用实际的活动设计案例直观说明这个月龄段亲子活动的设计,详见表 3-8。

表 3-8　7～12 个月婴儿亲子活动设计案例

案例一		
活动名称:亲子主被动操	适宜月龄:7～12 个月	
适宜场地:床上或软垫上	适宜人数:6～8 组家庭	
设计思考	7～12 个月的婴儿,已经有了初步的自主活动的能力,能自由转动头部,可自己翻身且能独坐片刻,双下肢已能负重,并上下跳动。婴儿每天进行主被动操的训练,可活动全身的肌肉关节,为爬行、站立和行走打下基础。	
活动目标	婴幼儿发展目标	家长学习目标
	锻炼手臂、腹部和腿部力量,感受亲子活动的快乐。	掌握亲子主被动操的操作方法。
活动准备	轻音乐,浴巾,球和串铃(或其他小玩具)。	

活动环节	活动过程	家长指导要点	活动设计分析
	1. 以饱满情绪欢迎宝宝和家长。 2. 完整示范,讲解动作要领。 引导语:主被动操共有九节,第一节起坐运动,第二节起立运动,第三节提腿运动,第四节弯腰运动,第五节挺胸运动,第六节转体、翻身运动,第七节跳跃运动,第八节扶走运动,第九节全身放松运动。(因为容量较大,建议用 3 次活动完成,每次学 3 节) 3. 热身准备。 引导语:家长和宝宝们,我们一起来做操前准备工作吧。 可以让宝宝躺在干净的浴巾上,注意宝宝的情绪,准备好了就可以温柔地对宝宝说:"××,我们开始做操啦。"保育师播放轻音乐。 4. 亲子主被动操。 家长给婴儿做主被动操,保育师一边示范、一边观察家长的操作情况,及时纠正家长不正确的地方。一遍结束后,稍事休息,再做一遍。	1. 过程中,家长动作要轻柔,注意观察宝宝的反应,如果宝宝烦躁、抗拒,应停止做操。家长操作的过程中要慢慢引导宝宝由被动活动到主动活动。 2. 注意和宝宝进行情感交流,做完后帮宝宝按摩一下。在家中做主被动操时要在床上或软垫上进行,以保证宝宝的安全。 3. 活动价值:主被动操是在被动操的基础上,在成人适当扶持下,加入婴儿的部分主动动作。主被动操是婴儿体格锻炼的重要方式,能促进宝宝基本动作的发展,促进新陈代谢,增强免疫力,为爬行、站立和行走打下基础。配合音乐的做操,可促进左右脑平衡发展,促进智力发育。 4. 观察要点:家长注意观察孩子肢体动作发育情况,平时可以就某个比较弱的方面多加练习。	1. 活动设计具有重要价值。由半岁前的被动操到半岁至 1 岁的主被动操,能有效锻炼孩子的肢体动作。 2. 活动设计强调延伸至家庭。"家长指导"要求家长每天上、下午各 1 次。活动设计重在指导家长,秉持"教会家长"的理念。 3. 活动设计注重亲子情感交流。

（续表）

家庭延伸活动	1. 在家每天上下午各 1 次,每次四个八拍,可配合空气浴一起进行。 2. 可配合宝宝喜欢的欢快音乐做操,如《拔萝卜》等。		
	案例二		
活动名称:打电话		适宜月龄:10～12 个月	
适宜场地:活动室		适宜人数:6～8 组家庭	
设计思考	9～12 个月的婴儿进入语言理解阶段,能理解常用的字词意思,能用表情和动作等身体语言与成人交流,并能按成人的话做一些动作。日常照护中加强和宝宝的互动,鼓励宝宝模仿成人发音,将语音和语意联系起来。		
活动目标	**婴幼儿发展目标**	**家长学习目标**	
	学习呼应,练习发音,交流亲子情感。	明确"练发音、学说话"是这个阶段婴儿语言发展的重要任务,掌握帮助婴儿发音、学说话的方法。	
活动准备	玩具电话机或者家里的小电话机。		
活动环节	**活动过程**	**家长指导要点**	**活动设计分析**
	1. 出示材料,吸引宝宝注意。 保育师给每个宝宝发一部玩具电话机。保育师一一叫宝宝的名字:"××宝宝,××宝宝在哪里?"鼓励宝宝用手指一指,家长帮助宝宝回答:"××宝宝在这里。" 2. 游戏互动,亲子打电话。 保育师组织家长和宝宝开始玩打电话的游戏。家长尽量用丰富的语言与宝宝对话,家长可以对宝宝说:"喂,我是妈妈,你好呀,你是不是××,呵呵呵,嘿嘿嘿,啊咕哥,啊哏,妈——妈,电——话……"	1. 这个阶段宝宝语言发展差异非常大,有的已经会叫"爸爸妈妈",会说一些简单的词;有的还不会说,只会发音。然而,不管宝宝是否会说,家长要做的是为他们创造良好的语言环境,积极跟宝宝说话,说的时候慢一点,用词尽量简单。 2. 在对答时,会说的宝宝可以学习说话,不会说的宝宝继续锻炼发音,也能让他们感受到有呼有应的快乐。 3. 平时生活中,宝宝说或者发音的时候,家长要积极回应,这样宝宝才有说的积极性。	1. 活动内容的安排贴近生活,宝宝对于这样的活动不会感到陌生,也能让家长形成"婴幼儿的教育应结合生活进行,生活处处是教育"的理念。 2. 活动设计体现了整合性原则,既发展语言,又促进亲子情感的发展。 3. 活动容易迁移,具有延伸的空间。
家庭活动延伸	1. 在家庭中变化谈话内容,继续玩"打电话"的游戏,帮助宝宝练习说话。 2. 在日常生活中,家长可在使用物品的过程中,和宝宝一起指认物品。描述名字和物品的特性或功能,用丰富的语言帮助宝宝认识周围人和物,进一步拓展词汇。		
	案例三		
活动名称:认识苹果		适宜月龄:10～12 个月	
适宜场地:活动室		适宜人数:6～8 组家庭	
设计思考	1 岁以前的婴儿依靠各种感觉认识世界,所以应该多让宝宝看看、摸摸、听听、闻闻。苹果是生活中的常见物品,也是宝宝吃的主要水果之一,应抓住生活中的教育契机,让婴幼儿在生活中积累经验。		
活动目标	**婴幼儿发展目标**	**家长学习目标**	
	1. 激发好奇心和愉悦情绪。 2. 调动多种感官,通过看、捏、闻、吃等多种方式认识苹果。	了解婴儿认识物品的途径和方法,初步掌握引导婴儿认识物品的方法。	
活动准备	有透明窗的牛奶箱和苹果多份。		
活动环节	**活动过程**	**家长指导语**	**活动设计分析**
	1. 出示神秘箱,激发宝宝兴趣。 引导语:宝宝,猜一猜,这是什么东西呢? 保育师把苹果放在盒子里,通过	1. 这个阶段,宝宝喜欢有声音的游戏,能熟练地在追踪声音的基础上寻找声源,能从透明窗看到里面熟悉的苹果,可以激发宝宝探索取苹果的欲望。	1. 活动设计较好地把握了这个阶段孩子的心理发展特点,让宝宝通过看、捏、闻、啃、玩等多种方

（续表）

活动过程	家长指导要点	活动设计分析
滚动让苹果发出声音,吸引宝宝注意。 2. 看一看,摸一摸。 引导语:我们来透过这个透明窗,看看里面有什么?红红的苹果。伸手尝试去摸一摸苹果吧。保育师给每对婴儿和家长分发一个半透明牛奶箱和一个苹果。家长可以把盒子放在宝宝的面前,让宝宝用自己的方式尝试摸出苹果,注意观察其操作,适时引导。 3. 多感官认识苹果。 宝宝摸出苹果后,家长进行动作示范,引导宝宝通过看、捏、闻、啃、玩等多种方式认识苹果,可以把它放在宝宝皮肤上碰一碰,让宝宝用多种感官感受苹果的色、硬、香、滑、凉。	2. 摸苹果前,家长注意观察宝宝的行为,看看宝宝是怎么发现箱子里的苹果,会不会主动伸手去摸。 3. 摸苹果的时候,宝宝会用自己的方式尝试拿取,也可能对纸盒本身发生兴趣,家长不要急于教宝宝怎么做,先观察,看宝宝怎么解决问题。 4. 活动价值:基本上所有的家长都会给宝宝吃苹果泥,但并不一定让宝宝认识和玩过苹果。而婴儿阶段,宝宝认识各种事物依靠的是基本的感觉通道,所以在吃其他水果、蔬菜之前,都可以引导他先认识,让宝宝摸一摸、看一看、闻一闻,丰富认知经验。	式认识苹果。 2. 活动内容贴近孩子的生活,选材来源于婴儿生活实际。 3. 活动对家长指导比较全面、深入,包括理念的传授。 4. 活动过程通过纸箱滚动苹果,让婴儿在追踪声音的基础上寻找声源;神秘箱设计为不透明,能激发宝宝探索苹果的欲望。
家庭活动延伸	宝宝在吃其他水果、蔬菜等辅食之前,可以引导他先摸一摸、看一看、闻一闻,帮助他认识事物。	

案例四

活动名称:休息时间		适宜月龄:7~12 个月	
适宜场地:室内		适宜人数:6~8 组家庭	

设计思考	婴幼儿的成长、学习与发展是在生活中进行,生活是其学习与发展的源泉和舞台。亲子活动的设计要与婴幼儿生活密切结合,要充分利用生活中的教育契机,在生活情境中开展,为生活服务,帮助婴幼儿养成良好的生活习惯,提升生活自理能力。

	婴幼儿发展目标	家长学习目标
活动目标	感受如厕的步骤,慢慢尝试自己端杯子饮水和洗手。	明确婴儿生活自理能力培养的重要性,并初步掌握锻炼婴儿如厕、饮水、洗手的方法,以及给这个阶段婴儿吃苹果的方法。

活动准备	正确洗手的示意图,苹果、勺子、热毛巾。

活动过程	家长指导要点	活动设计分析
活动环节	1. 有序如厕。 "认识苹果"活动结束后,保育师有序组织家长和宝宝如厕,提醒家长注意引导宝宝如何如厕。保育师播放一些轻柔的音乐,让整个休息环节充满音乐声。 2. 正确洗手,清洗苹果。 如厕后,家长带领宝宝洗手,按照洗漱台前方的"洗手示意图"帮助宝宝正确洗手;然后,家长把刚刚的苹果拿出来,和宝宝一起把苹果洗干净,并告诉他苹果要洗干净才能吃。保育师在一旁观察并指导。 3. 点心时间。 洗手后,家长引导宝宝用杯子喝水,可以尝试让宝宝自己端着杯子,家长用手协助宝宝。	1. 家长培养宝宝的生活自理能力应该从婴儿阶段就开始。对婴儿的教育要先教会他基本的生活能力。 2. 这个阶段宝宝的自主行为能力较差,基本上还是要依靠家长,但是也不能完全包办代替,要开始尝试让宝宝自己来。 3. 家长应在家中积极引导宝宝慢慢开始学习如厕、洗手、喝水、自己吃东西。	1. 活动把孩子的生活活动也纳入设计的范围,活动既满足婴幼儿身心发展需求,也体现了亲子活动设计的生活性原则。 2. 休息环节的安排考虑了这个阶段孩子身心发展特点。在亲子活动设计时,年龄越小,中间休息时间应越长。

(续表)

活动过程	家长指导语	活动设计分析
家长和宝宝面对面坐着,削一小块苹果让宝宝自己啃。当宝宝啃累了,家长用勺子刮给他吃,刮的苹果泥不用像以前那么细,可以粗些。		

家庭活动延伸	在家中继续引导宝宝慢慢开始学习如厕、洗手、喝水、自己吃东西。

案例五

活动名称:小手真能干	适宜月龄:10~12个月
适宜场地:室内	适宜人数:6~8组家庭

设计思考	半岁后,婴儿手指协调能力增强,婴儿手日益灵活。该阶段婴儿的精细动作发展以手指动作的灵活性、锻炼手指配合能力为主。提供给宝宝各种捏取、操作的材料和各类玩具,让宝宝捏拿、摆弄、敲打等,提高手指的灵活性,发展精细动作。

活动目标	婴幼儿发展目标	家长学习目标
	认识小手,锻炼手部抓握能力,发展手眼协调;学听常用语。	形成在游戏中有意识地用语言来支持宝宝的行为。

活动准备	装满小物品、小玩具的筐筐多份。

	活动过程	家长指导要点	活动设计分析
活动环节	1. 手指游戏,激发宝宝的兴趣。 引导语:宝宝们,我们一起来玩一个亲子手指游戏。请家长一只手托起宝宝的一只手掌,另一只手在宝宝的手掌上边念儿歌边做动作,"一个手指点点点,两个手指剪剪剪,三个手指捏捏捏,四个手指搓搓搓,五个手指抓抓抓"。 2. 出示玩具和淘宝筐。 引导语:老师今天带了一个淘宝筐,里面有很多宝宝们喜欢的物品和小玩具。看,这是沙蛋,沙沙响。这是丝巾,飘啊飘。这是镜子,照一照。这是"淘宝筐",我把玩具一件一件地放进"淘宝筐"里。 3. 示范游戏玩法。 引导语:老师将操作材料发给宝宝们。现在,请宝宝先看爸爸妈妈将玩具放进去、拿出来。边做边说"我把沙蛋拿出来,我把丝巾拿出来"。家长将筐中的物品散落在地上,让宝宝自由选择物品抓握。 4. 分发材料,宝宝动手操作。 家长将宝宝抓取的物品、玩具排成一排,和宝宝说说物品的名称。然后,家长拿起物品让宝宝来抓握,并用语言提示,如"宝宝的小铃铛在这里,给你!"。待宝宝抓稳物品后,可让宝宝将物品放在家长的手里,并用语言来提示"宝宝把小铃铛给我"。	1. 宝宝抓取小物品、小玩具的时候,注意运用支持性的语言引导宝宝游戏,如"宝宝,你喜欢什么?""哦,你抓的这个是什么呢?""宝宝喜欢的汽车在哪里? 拿给妈妈"。 2. 活动中,家长要及时用语言和肢体动作鼓励、肯定宝宝。如果宝宝能力发展较好,家长可引导宝宝将物品从一只手换到另一只手。 3. 每次练习以宝宝的兴趣和情绪为参考,时间不要过长。放进百宝箱的东西可以随时更换。爸爸妈妈一定要注意看护,防止宝宝把东西放进嘴里呛住。	1. 动手能力(手指的灵活性,抓、握、取、放等基本手部动作)是孩子这个阶段发展的重要方面,动手能力直接决定了孩子日后智力、生活自理能力等的发展,活动设计考虑到了这一点,有较好的发展价值。 2. 动手活动融合孩子语言发展目标,体现了活动的整合性。 3. 活动设计追求对家长的指导。

(续表)

家庭活动延伸	在平时的生活中,家长可以利用生活场景和随手可得的物品迁移这个活动,例如用勺吃饭前,"宝宝的勺子在哪里,拿给妈妈""这是宝宝的勺子,给你"。		
案例六			
活动名称:摘纸球		适宜月龄:12 个月左右	
适宜场地:有软垫的活动室		适宜人数:6～8 组家庭	
设计思考	10～12 个月是婴儿动作发展最为迅速的时期,学站和行走是该年龄段发展的重要内容。手部精细动作发展和肢体活动能力增强,手部动作日益灵活。让宝宝摘纸球、放纸球入包,既可以发展宝宝站立、行走等大动作,也能促进手部精细动作发展。		
活动目标	**婴幼儿发展目标**		**家长学习目标**
	发展站立、行走能力,练习"摘""放物入包"的动作技能。		明确"练习站立、行走"是这个阶段宝宝发展的重要方面,初步掌握锻炼该能力的方法。
活动准备	硬纸板糊的大树,用报纸揉的大小不同的纸球,双肩小背包,万象组合里的四分之一圆。		
活动环节	**活动过程**	**家长指导要点**	**活动设计分析**
	1. 介绍活动玩法与要求。 引导语:这边有三棵树,树上挂满了用废旧报纸揉的纸球。请宝宝们走过来摘纸球,然后放在背包里。摘完后爬过两座拱桥(四分之一圆拼成两个半圆),再把背包里的纸球倒进这个大筐里。 2. 宝宝摘纸球。 引导语:现在老师给每个宝宝一个双肩小背包,一起走到大树前摘纸球咯。 3. 宝宝运纸球。 引导语:宝宝们真棒! 把纸球全部摘完了。现在我们要爬过障碍物(拱桥),然后把背包里的纸球放进大筐里,数一数有多少个。 4. 随乐放松肌肉。 结束后,边念儿歌边帮宝宝按摩,放松腿部肌肉。 **附儿歌**:《萝卜》 拔萝卜,拔萝卜,拔一拔; 捏萝卜,捏萝卜,捏一捏; 切萝卜,切萝卜,切一切; 好宝宝,好宝宝,顶呱呱。	1. 宝宝个体差异比较大,如果宝宝还不敢独自走,家长可以一只手牵着;如果宝宝只会站,还不会走,家长扶住宝宝腋下帮助其迈步走。 2. 纸球粘贴得有高有低,能力强的宝宝,家长可以鼓励他踮起脚摘高处的。 3. 这个活动具体针对的是 12 个月左右的宝宝,在摘纸球的时候,家长可以有意识地引导宝宝观察大与小。摘取纸球时,可以配合语言"摘下来""放进去"等词,增强宝宝的空间意识。同时摘、放纸球的动作还可以锻炼宝宝精细动作,家长注意尽量全程鼓励宝宝自己完成。	1. 有的保育师将这一活动的"纸球"称为"苹果"(包上一层红色薄纸)。当孩子还没有认识真实的物品,如果给它一个假想的物品,孩子建立的认识将会是:"苹果摸起来软软的,有点粗糙,拿起来很轻……"这一活动设计较好地把握了"活动情境和活动材料的真实化"这一设计理念。 2. 活动设计注重动作技能的发展。
家庭活动延伸	可结合生活情境,让宝宝蹲起拾物或提供一些牵拉的玩具,让宝宝练习站和行走的动作。		
案例七			
活动名称:坐飞毯		适宜月龄:7～12 个月	
适宜场地:有软垫的活动室		适宜人数:6～8 组家庭	
设计思考	前庭觉是影响宝宝成长和学习发展最重要的一种能力。从坐、爬、站、走到会说、写,到各种情绪的表达,都与平衡系统的发展有密切关系。飞毯游戏配合照镜子活动一起开展,既刺激宝贝的"前庭平衡"又能发展"自我认识"。		

（续表）

活动目标	婴幼儿发展目标		家长学习目标	
	1. 发展前庭平衡。 2. 感知自己的五官。		1. 形成"发展婴幼儿前庭平衡具有重要意义"的认识。 2. 感受亲子游戏的快乐。	
活动准备	立式大镜子一面,长条形毛毯多份。			
活动环节	**活动过程**	**家长指导要点**	**活动设计分析**	
	1. 出示材料,示范玩法。 引导语:先在地上铺上毛毯,扶着宝宝坐在毛毯的一端,宝宝背向家长,然后拉着毛毯往后倒退。可以一边退一边念儿歌,以增加活动的兴趣。 2. 快乐飞毯。 亲子玩飞毯游戏,保育师巡回指导。可变换飞毯的移动方向和速度,增强游戏趣味性。 3. 感知五官。 拉着宝宝转一圈,转到大镜子前稍作停留,对着镜子叫宝宝的名字,并引导宝宝认识自己的五官,边看边用食指指认自己的五官。	1. 在活动中,家长要密切关注、观察宝宝的反应,当发现宝宝害怕不敢坐时,家长应停止游戏抱起宝宝,亲一亲额头及时安抚。如果宝宝玩得高兴,可以继续游戏,加快拖的速度。 2. 应注意控制好宝宝的活动量。照镜子时注意引导宝宝观察镜子中的自己。 3. 活动价值:飞毯游戏可以刺激宝宝内耳前庭觉,提高平衡力。照镜子认识五官的活动既可以让宝宝认识自己脸部的各个器官,促进宝宝语言发展,同时也能发展宝宝对自我的认识,使宝宝观察到镜中和现实中的自己动作是对称的,增强趣味性。	1. 该活动将前庭平衡和自我意识的发展结合在一起,体现了整个半日亲子活动的完整性和整合性。 2. 活动突出对家长的指导。	
家庭活动延伸	在家里爸爸参与进来继续玩飞毯游戏,还可以让宝宝俯趴或仰卧在大龙球上,家长前后左右地摇摆大龙球。			
总评	1. 这个阶段的亲子活动设计比较侧重大动作的发展,包括简单的动作技能和身体动作的学习。该集体活动的设计正体现了这个要求。 2. 这个阶段,婴儿由完全被动活动到慢慢开始主动活动,所以亲子活动的设计考虑了孩子这一发展特点,尤其是在家长指导方面。 3. 选择的活动内容贴近婴儿的生活,如"打电话""认识与吃苹果""玩报纸"等,活动设计关注婴儿生活能力的发展这一点往往被保育师忽视。 4. 从七个环节的安排来看,所选内容是这个年龄阶段迫切需要的,活动量适度,设计比较灵活。			

四、7~12个月婴儿亲子活动指导

7~12个月婴儿具有自身的发展特点,在亲子活动中有属于这个年龄阶段的特殊表现,与家长和保育师的互动表现出不同的模式,这意味着该月龄段亲子活动的指导应具有针对性。当然,因为0~3岁婴幼儿各个阶段的发展具有共性表现,所以这个月龄段的很多指导要点也适用于其他年龄段,只不过是在这个阶段更应突出这一指导要求。

(一) 引导孩子多体验,尽量少说教

1岁以前的婴儿语言的发展处在"能听懂常用的生活用语,但还不会说"的阶段,他们的言语交流能力还处在萌芽阶段,语言还难以成为游戏与学习活动中的交流工具。这个年龄阶段的孩子更多地依靠亲身体验来认识外部事物、掌握活动的方式等,在自己用眼看、动手摸、嘴巴尝、鼻子闻等过程中对事物进行感知。因此,指导7~12个月婴儿进行活动时应尽量少对他们进行说教,而应多引导他们自己主动尝试、体验,让他们通过与活动材料的相互作用感知事物特性和与人交往。例如,在空间感知"放进去、拿出来"的活动中,老师准备了各种小球、大豆、小积木等,希望孩子将这些放进各种盒子、瓶子、杯子、罐子里,然后拿出来。在活动中,老师应尽量少用或不用语言跟孩子说怎么放进去、如何取出来、具体要做什么,而是引导孩子操作和探索材料,进行自主尝试和体验。

（二）针对孩子的不同表现进行灵活指导

年龄越小，个体发展差异越大。7～12 个月婴儿在活动中的行为方式，与材料的相互作用各不相同，在活动中的发展需求表现不一。亲子活动应当最大限度满足婴幼儿发展的需要，由于活动对象的个体差异性，包括兴趣爱好、能力水平、发展需求等方面，活动指导应具有灵活性。保育师要灵活处理孩子在活动中的不同表现，进行有针对性的指导。例如，不同的孩子面对盘子里插上钥匙的橡皮泥有着不同的行为表现：琪琪拿到橡皮泥后，在妈妈的语言引导下，立刻对泥中的钥匙产生兴趣，并用食指做抠挖的动作，浮于表面的钥匙很快被取下来，保育师提醒妈妈可以通过嵌得更深一点的方式增加游戏难度；乐乐的关注点不是橡皮泥中的钥匙，而是反复摆弄盘子，使劲摇晃、倾倒，想把橡皮泥从盘子中取出来，奶奶欲给她进行示范，保育师则提醒奶奶再等一下，终于乐乐用一只手把橡皮泥抓了起来；军军对钥匙和盘子都没有兴趣，他用对捏的方式来操作橡皮泥，一开始很小心，只是触摸，随后捏出一小团，由于橡皮泥有黏性，他甩了几次都没有甩掉，最后用两个手指搓的方式把橡皮泥搓掉了，外婆尝试把他的注意力集中到抠钥匙上，保育师则提醒"可以让孩子根据自己的兴趣自由、自主探索"。

（三）深入观察孩子的行为表现

蒙台梭利认为："唯有通过观察和分析，才能真正了解孩子的内在需要和个别差异，以决定如何协调环境，并采取应有的态度来配合孩子成长的需要。"陶行知先生也曾说过："教育为本，观察先行。"可见观察在教育活动中的重要作用。7～12 个月婴儿初来早教机构参加亲子活动，孩子已有的经验是什么，喜欢玩什么，在活动中有什么需要和表现，他是怎样和材料、玩具相互作用等问题都需要保育师通过深入、细致的观察获得。通过观察孩子的各种行为表现，保育师才知道如何提供、出示材料，如何及时调整自己的教育行为，如何指导孩子推进活动。这个年龄阶段亲子活动指导的前提是观察，没有细致的观察，就谈不上正确有效的指导。

（四）与孩子多进行情感交流

情感发展是 0～3 岁婴幼儿发展的重要方面，7～12 个月婴儿具有情感满足的迫切需要，家长则是其情感交流的主要对象。而刚刚进入早教机构的孩子则有了更大的人际交往范围，尤其是出现了"保育师"这位重要交往对象。事实上，保育师与婴幼儿之间的关系不是单纯的教育者与被教育者之间事务性的关系，而是带有明显的情感性特征，两者之间的关系有时可以被视为如同孩子与父母之间的一种情感依恋关系。这种情感关系的建立，有利于 0～3 岁婴幼儿成功接受保育师对他们的教育影响。因此，在亲子活动的指导过程中，保育师应从 7～12 个月婴儿一进入早教机构开始就与其多进行情感交流，经常与他们进行身体接触。

（五）全面指引家长开展亲子活动

随着各方面条件的成熟，半岁以后，家长带着孩子来到早教机构参加亲子活动。很多家长下意识认为：从现在开始，孩子的教育就交给老师，自己可以轻松一点了，在老师组织活动的时候只是帮忙维持活动秩序。因此，保育师对于初来乍到的家长应进行全方位的指导，帮助其深入了解孩子的身心发展特点和规律，更新教养理念，丰富教养知识。在亲子活动组织实施过程中，保育师要指引家长摆正角色，明确任务，掌握与孩子互动的方法；要指引家长了解在亲子活动中该做什么、如何做，以及为什么要这样做。

育儿宝典

婴儿学走路与学步车①

现象：现实生活中，很多家长会为还不会走路的婴儿配一辆学步车，有时候亲朋好友买学步车当礼物送给孩子，家长们使用它来帮助婴儿练习行走。坐上学步车的孩子可以从房间滑到客厅、从这个角落滑到那个角落，他们视野开阔、行动开始自由了。家长看了非常开心，认为学步车

---

① 唐敏，李国祥.0～3 岁婴幼儿动作发展与教育[M].上海：复旦大学出版社，2011：36 - 37.

可以让婴儿在学习走路之初得到一定的保护和学会大胆迈步；有时在无暇照顾时，也可以将婴儿放入学步车，让其"照看"婴儿。那么，婴儿使用学步车好吗？学步车真的能让孩子学会走路吗？

分析：学步车不能促进婴儿的运动发育，反而会使婴儿多方面的运动发育迟缓。因为学步车强化了婴儿小腿的肌肉，对于步行非常重要的大腿和臀部肌肉却没有得到训练。使用过学步车的婴儿与未使用的相比，学会爬行、独自站立和独自行走的时间反而较晚，用学步车的时间越长，运动能力延迟越明显。另外，因为学步车可以使婴儿很方便地坐在上面快速移动，实际上消除了婴儿行走的欲望。再者，过高的重心使得学步车碰到障碍物时有翻倒的可能，这种意外伤害事件屡见不鲜。

策略：成人在给婴儿使用学步车时应注意以下几个问题。

1. 学步车仅适用于经过了爬的阶段，已经会站的婴儿，过早使用会影响其运动能力的阶段性发展，例如婴儿没有经过爬的过程，就直接过渡到了走。婴儿能独立行走后，不要再使用学步车。

2. 婴儿每次坐学步车的时间不要超过 30 分钟，因为婴儿骨骼中含钙少，胶质多，骨骼较软，承受力弱，易变形。此外，由于婴儿足弓的小肌肉群发育尚未完善，练步时间长易形成扁平足。

3. 学步车应该只作为在有成人照看的情况下训练婴儿行走能力的辅助工具，而不应作为一个"看护者"使用。

4. 学步车最好在室内使用，远离火炉、插座和热水瓶、餐具等危险物品，忌在门槛、楼梯附近、高低不平的场所使用，以免造成意外伤害。

5. 应调节好学步车坐垫的高度，以免婴儿摔出去。

实训练能

实训项目 3-2：7～12 个月婴儿亲子活动的设计与模拟组织

【实训目的】

认知目标：熟练掌握 0～1 岁婴儿亲子活动的设计重点与组织要点。

能力目标：能够小组合作设计一份 0～1 岁婴幼儿亲子活动方案，并模拟教学。

素质目标：积极参与实践，养成立足婴幼儿的发展和家长科学育儿需求的活动观。

【任务实施】

内容：设计亲子活动"多样的声音"（6～12 个月）（相关素材见附件）。

要求：

（1）根据班级学生情况进行分组，一般每小组 4～6 人。

（2）根据给定素材与年龄段，设计亲子活动的教案（15～20 分钟）。教案格式完整规范，包含活动目标（婴幼儿发展目标和家长学习目标）、活动准备、活动过程（包含家长指导要点）、家庭活动延伸，语言清晰、简洁、明了，目标设计、内容选择、方法运用等满足家长科学育儿的需求，符合婴幼儿的年龄特点。

（3）根据已设计的教案进行亲子活动环节的模拟教学展示，要求：仪表大方，举止文雅，表情自然、丰富，有亲和力，语言规范，条理清楚，逻辑性强，表达流畅；教学活动展示在 7 分钟之内完成。

附件：

（1）沙蛋、沙锤、腕铃、手鼓素材。

（2）八音音砖、多音响筒、儿童麦克风素材。

（3）手套玩偶（小猪、小狗、小狐狸……）。

（4）歌曲《大雨小雨》。

大雨小雨

（强）　　　　　　　　　（弱）　　　　　　　　（强）　　　　（弱）

5 3 4 2 | 3 － | 5 3 4 2 | 3 － | 5 5 5 3 | 5 5 5 3 |

大雨 哗啦　啦，　　　　小雨 淅沥 沥，　　　哗啦　啦，淅沥　沥，

（强）　　　　　　　　　（弱）

4 4 4 2 | 4 4 4 2 | 5 4 3 2 | 1 1 1 ‖

哗啦　啦，淅沥 沥，大雨 小雨　快快 下。

活动方案格式

活动名称：		适宜月龄：	
适宜场地：		适宜人数：	
设计思考			
活动目标	婴幼儿发展目标	家长学习目标	
活动准备	物质准备		
	经验准备		
活动过程	活动内容	家长指导要点	
家庭延伸活动			

实 训 评 价

内容		评 价 标 准	分值
活动方案设计	活动目标	1. 活动目标设计包含家长学习目标和婴幼儿发展目标。 2. 符合婴幼儿月龄段特点,契合婴幼儿发展水平和需要,定位准确。 3. 表述简洁明了、主语统一、针对性强、具体可操作,考虑婴幼儿发展的全面性。	10
	活动准备	1. 活动材料适宜,卫生且安全。 2. 最大程度地支持和满足婴幼儿学习、探索、操作的需要。 3. 经验准备符合该月龄段婴幼儿发展特点。	5
	活动过程	1. 过程设计结构严谨,层次清晰,各环节之间过渡自然流畅。 2. 活动组织形式选择适宜,能体现以婴幼儿和家长为主体,为婴幼儿提供感知与操作的机会,安排充分的探索时间。 3. 结合婴幼儿的发展水平,为家长提供专业适宜的指导。 4. 活动的开展符合实际需求,详略得当,能灵活应对各种问题。	25
活动展示	心理素质	1. 能较好地调控情绪与情感。 2. 开朗、乐观、善良。	5
	教姿教态	1. 仪表大方,举止文雅。 2. 表情自然、丰富,有亲和力。 3. 坐姿、走姿、站姿规范。	10
	过程组织	1. 按照活动目标和活动程序,灵活利用材料进行活动展示,突出重点、突破难点,在规定时间内完成活动内容。 2. 精心组织活动环节,动静交替,层次清晰,活动方法运用恰当,活动时间分配合理。 3. 根据活动内容和素材创设活动情境,激发婴幼儿兴趣,支持婴幼儿学习。 4. 面向全体,关注婴幼儿及家长等不同的活动主体,利用积极的师幼互动调动婴幼儿的积极性和主动性。	45
总成绩			

任务思考

一、单选题

1. 下列哪个方面不属于 7～12 个月婴儿的发展特点?(　　　)

A. 身体大动作迅速发展

B. 手的动作逐渐灵活

C. 言语开始萌芽

D. 依恋开始产生

2. 婴儿晚期,孩子与成人真正的依恋关系开始形成,孩子和(　　　)在一起感觉安全、舒服、放松、积极、乐观。

A. 大人　　　　　　　　　　　　　B. 父母

C. 同伴　　　　　　　　　　　　　D. 主要教养人

3. 指导 7～12 个月婴儿进行亲子活动时,我们应(　　　)。

A. 少对他们进行说教,多引导他们自己主动尝试、体验

B. 多教一些知识,学习各种本领

C. 采用说教的方式引导他们学习新知识

D. 多教一些儿歌,带着他们吟唱

二、判断题

1.(　　　)养育者应为婴儿提供形象生动的图片、塑料书、布书、立体书、简单的图画书等,激发其对阅读的兴趣。

在线练习

2.(　　)当婴儿能自己扶站时,可将玩具放在高度适宜的沙发、矮桌上,鼓励婴儿爬爬、站站、扶着家具迈步够物。

赛证 链接

情景描述:

在托育机构的乳儿班中,保育师发现 10 月龄的女宝乔乔,近期出现不断啃咬手指和流口水的现象。保育师与家长沟通时,家长出于卫生和习惯培养的考虑,制止孩子的啃咬行为,并要求保育师支持自己的教养行为。

在线练习

作为乳儿班的保育师,针对该月龄婴儿的啃咬需求,设计亲子活动方案并展示;在保证卫生、健康的前提下,设计科学养育家庭指导内容,并模拟展示家托沟通过程。

[选自全国托育职业技能竞赛-保育师(学生组)]

项目四 设计与指导 1～2 岁幼儿亲子活动

项目导学

你知道吗？1岁左右,婴幼儿开始迈出人生的第一步,到了1岁半,跑步技能逐渐解锁。这个阶段,他们像充满好奇的探险家,用嘴和手感知世界,自我意识也在悄然萌芽,能用简单的语言、表情、动作表达自己的想法。《3岁以下婴幼儿健康养育照护指南(试行)》明确指出,父母是婴幼儿养育照护的第一责任人,这凸显了对养育人进行咨询指导的重要性。

作为未来的保育师,你是否思索过:如何通过亲子活动落实对1～2岁幼儿家长的指导呢?应该为1～2岁幼儿设计怎样的亲子活动,组织活动时应该把握什么?面对亲子活动中的家长指导要注意什么呢?

在本项目中,将按照"理论剖析—案例分析—实操锻炼"的路径开启学习之旅,先是学习1～1.5岁和1.5～2岁幼儿身心发展水平和特点、亲子活动设计以及指导要点,随后通过丰富的案例深入讲解亲子活动设计和指导的关键要素,紧接着开展实践活动,将理论知识运用到实际操作中,并在反思总结中持续进步。

学习目标

知识目标
1. 理解 1～2 岁幼儿的身心发展特点和亲子活动设计要点。
2. 掌握 1～2 岁幼儿亲子活动组织指导要点。

能力目标
1. 能够根据 1～2 岁幼儿身心发展特点设计适宜亲子活动。
2. 能够组织 1～2 岁幼儿亲子活动并根据现场进行科学的活动指导。

情感目标
1. 体验"立足两代实际,共促婴幼儿发展"的重要意义。
2. 树立"尊重、平等、合作"的亲子活动指导理念。
3. 积极践行"关注婴幼儿发展需求,解决家长育儿难点"的活动理念。

设计与指导1～2岁幼儿亲子活动
- 设计与指导1～1.5岁幼儿亲子活动
  - 1～1.5岁幼儿发展水平
  - 1～1.5岁幼儿发展特点
  - 1～1.5岁幼儿亲子活动设计
  - 1～1.5岁幼儿亲子活动指导
- 设计与指导1.5～2岁幼儿亲子活动
  - 1.5～2岁幼儿发展水平
  - 1.5～2岁幼儿发展特点
  - 1.5～2岁幼儿亲子活动设计
  - 1.5～2岁幼儿亲子活动指导

任务一 # 设计与指导1～1.5岁幼儿亲子活动

案例导入

　　糖糖15个月了,妈妈上班比较忙,每次都是由外婆带来早教指导中心参加活动。来中心几次后,保育师花花发现两个问题。第一,与同龄人相比,糖糖在动作发展方面相对稍慢些:不会用杯子喝水,不会扔球,不会抓笔涂鸦,走路时经常摔倒,下蹲后不能站起。第二,在活动中外婆表现得非常着急,经常包办代替:入中心时她帮糖糖从矮柜子里拿鞋、换鞋、放鞋;糖糖想去海洋球池玩,她直接把糖糖抱了过去;糖糖搭的积木掉下来了,她赶紧帮忙捡起搭上;餐点时糖糖想自己动手剥鸡蛋、剥橘子,她既担心糖糖速度慢,又害怕糖糖弄脏衣服、弄脏手,都不让糖糖自己动手……面对糖糖的发展表现和外婆的教养行为,保育师花花在设计亲子活动时如何满足糖糖的个别化需求,活动中如何对外婆进行有效指导?

　　1～1.5岁的幼儿进入人生的第二个年头,他们已经会走路,自由活动能力增强,活动空间扩大,与人互动的行为增多,探索外部世界的欲望表现明显。成人要全面了解这个阶段婴幼儿的发展特点,为其提供发展的适宜环境,准备富有价值的亲子活动。

一、1～1.5岁幼儿发展水平

　　0～3岁婴幼儿的发展表现出方向性与顺序性、连续性与阶段性、发展的高速性,其发展分为"生长与发育""动作控制""语言与沟通""认知与探索""情感与社会性""自助与习惯"六个方面,1～1.5岁幼儿发展水平详见表4-1。

表4-1　1～1.5岁幼儿发展水平

方面	1～1.5岁						
生长与发育	1. 体格发育						
	月龄	体重(kg)		身高(cm)		头围(cm)	
		男	女	男	女	男	女
	15	10.7	10.0	80.0	78.6	46.8	45.9
	18	11.3	10.7	83.1	81.9	47.4	46.4
	2. 上下第一乳磨牙大多长出,乳尖牙开始萌出。 3. 会咀嚼苹果、梨等食物,并能很协调地在咀嚼后咽下。 4. 前囟门闭合(正常为12～18个月)。 5. 开始能表示大小便需求。						
动作控制	1. 会独立行走,喜欢走路时推、拉、拿着玩具。 2. 自己能蹲,不扶物就能复位,扶着一手能上下楼梯2～3级,会跑,但不稳。 3. 会滚球、扔球,但无方向。 4. 会用2～3块积木垒高,能抓住一支蜡笔用来涂画。 5. 会用水杯喝水。 6. 会模仿母亲(主要教养者)做家务,如扫地。						
语言与沟通	1. 能听懂教养者发出的简单指令。 2. 开始说出自己的名字、熟悉的人名和物品的名字。 3. 会使用日常生活中常见的动词。 4. 会模仿常见动物的叫声。 5. 有时用表情、手势代替语言进行交流。 6. 对语言的理解能力超过语言的表达能力。 7. 开始知道书的概念,喜欢模仿翻书。						
认知与探索	1. 喜欢用嘴、手试探各种东西。 2. 会长时间观察自己感兴趣的事物,并用手势和声音表示不同的反应。						

（续表）

方面	1～1.5岁
	3. 能根据感知方面的突出特征对熟悉的物品进行简单的分类。 4. 会指认某个身体部位。 5. 会模仿一些简单的动作或声音,开始自发地玩模仿性游戏,如用玩具电话玩打电话游戏。 6. 理解简单的因果关系。
情感与 社会性	1. 对陌生人表示新奇。 2. 在很短的时间内表现出丰富的情绪变化,如高兴、生气、悲伤等。 3. 看到别的孩子哭时,表现出痛苦的表情或跟着哭,表现出同情心。 4. 喜欢单独玩或观看别人游戏。 5. 开始对别的孩子感兴趣,能共同玩一会儿。 6. 会依附安全的东西,如毯子。 7. 开始能理解并遵从成人简单的行为准则和规范。 8. 对常规的改变和所有的突然变迁表示反对,表现出情绪不稳定。
自助与 习惯	1. 开始养成按时起居的习惯。 2. 开始养成定时、定位、专心进餐的习惯,能自己握勺吃饭,但会有食物洒落。 3. 形成了饭前洗手、洗脸,饭后擦嘴、漱口的习惯,会用毛巾或纸巾擦嘴、擦手等。 4. 初步养成收拾整理玩具的习惯。 5. 能服从成人的"不可以""危险"等简单的安全提示。

二、1～1.5岁幼儿发展特点

随着月龄的增长,1岁以后的幼儿发展表现与1岁前有显著差异,集中体现在身体位移能力——行走,以及口语表达能力的初步发展。1～1.5岁幼儿各个方面的发展特点归纳如下。

(一) 学习直立行走

13个月后,大部分的幼儿开始迈步、学习走路。这个时期如果大人牵着或扶住栏杆他走得比较好,但如果要求其自己迈步走路,有的会害怕,不敢向前走,有的还走不稳,需要成人伸出双手保护。这个阶段的幼儿走路时头会不自觉地向前倾,步幅不稳,忽大忽小,容易摔跤,手脚配合也不协调,显得很僵硬。幼儿不能自如行走的原因主要是:第一,头重脚轻,走路难以保持平衡;第二,骨骼肌肉比较稚嫩,支撑身体比较吃力;第三,脊柱的弯曲没有完全形成;第四,两腿和身体动作配合不到位。由此可见,这个阶段幼儿学走路时摔跤是自然的事,大人不必惊慌,应该镇静地鼓励他们自己爬起来,继续往前走。

大约15个月左右,幼儿能独自走稳。当幼儿学会直立行走后,活动更自如,视野更宽阔,主动活动范围扩大,解放了双手;同时眼、手配合的动作大大增加。

(二) 手的动作逐渐灵活

出现手眼协调动作之后,婴幼儿手的动作逐渐灵活,能够准确地拿各种东西,能较好地进行双手配合活动;手在婴幼儿认识周围事物中的作用越来越大,成为其感知事物特征的重要器官。他们会灵巧地钳式捏起小丸,能拇指与食指、中指相对用指尖抓起立方体,可以将积木垒高2～4块等。

1岁半左右,幼儿不再是拿着东西敲敲打打、单纯摆弄,已经能根据物体的特性来使用,这就是把物体当作工具来使用的开端。例如:抓起画笔后不是单纯玩画笔,而是把画笔当成工具自发乱画;拿起勺子不是用来挥舞,而是开始用勺取物,尽管挖不到任何东西。

(三) 感知觉发展迅速

1岁以后,幼儿认知方面的发展以感知觉为主,其发展速度非常快,尤其是知觉的发展。1～1.5岁幼儿视觉、听觉、触觉发展越来越成熟,并能把它们协调、统一起来,在同一时间内可以用耳朵听、用眼睛看、用手摸。这个阶段的幼儿能注意悬挂于3米远的小玩具,能区别不同的声音(如犬吠声和小汽车喇叭的声音),能通过手来了解物体的一些特性;能分清楚物体的大与小,已经有了对物体形状恒常性的认识。

感知觉是人生最早出现的认知过程,是3岁前的婴幼儿认识世界的最主要方式。婴幼儿依靠感知觉获取身体内外信息,积累经验,适应周围的环境。

（四）言语交流能力开始发展

1～1.5 岁是幼儿言语交往能力开始发展阶段，这个阶段的幼儿快速理解成人的言语，可以听懂成人常说的日常生活用语，能根据言语作出相应的行为反应。例如，成人经常和幼儿玩认人游戏，问道："毛毛是谁？姑姑在哪里？"他就会用手指一指。1 岁以后，幼儿开始学说话，能说出某些词，先说单词句，再说双词句。15 个月的幼儿能说出 6 个左右的词，开始出现难懂的话；到 18 个月，能说 10～20 个词，能用言语辅以手势和表情表达需要。

（五）社会性需要和多种兴趣开始发展

婴幼儿的需要有生理需要和社会性需要，0～3 岁是生理需要占主要地位的阶段，但是社会性需要随着年龄的增长不断增长。1 岁左右，由于和成人交往的增多，婴幼儿出现了比较明显的与成人交往的需要，如看到妈妈来了就高兴，妈妈离开就会哭，这时候成人是否在身边是影响其情绪的主要原因。1 岁以后，幼儿的社会性需要逐渐增加，出现了模仿成人活动的探索性需要、游戏的需要及与同伴交往的需要等。

兴趣是人积极地接近、认识和探索某种事物并与肯定情绪相联系的心理倾向。1 岁以后，幼儿的兴趣逐渐丰富起来，具体表现为对以下方面的事物发生兴趣：第一，活动的、微小的物体，如蚂蚁、毛毛虫等；第二，突然消失的物体，如拿个东西给幼儿看，然后藏起来；第三，成人的活动或动作，如妈妈洗衣服、织毛衣、爸爸刮胡子、打电话；第四，因果关系，如开关与电风扇转动、遥控器与电视运行。

三、1～1.5 岁幼儿亲子活动设计

1～1.5 岁幼儿的感知觉和基本动作已有一定的发展，语言开始慢慢丰富起来，活动能力增强，积极感知外部事物。保育师应根据这一月龄段幼儿的发展表现，设计适宜的、有效的亲子活动。

（一）1～1.5 岁幼儿亲子活动设计注意事项

针对 1～1.5 岁幼儿设计亲子活动时需要关注的问题很多，以下是需要注意的主要事项。

1. 以不同方式的行走为大动作发展的主要内容

1～1.5 岁幼儿大动作的发展集中表现为学习不同方式的行走，如：推球走、拉着小车走、拿着玩具走、端着托盘走、下蹲捡起东西走（一般能下蹲后站起）、在楼梯上走等；也能在快走的基础上小跑，但不稳，易摔倒。这个月龄段的幼儿，逐渐把支撑身体位移地走当作进行各种活动的重要条件，学会自如地行走，锻炼在活动中边走边做事的能力。因此，保育师在设计促进大动作发展类的亲子活动时，应以练习不同方式的行走为主要内容，为日后粗大动作的发展打下基础。

2. 以促进手和手指的灵活性为精细动作发展的主要任务

婴幼儿手眼协调动作形成之后，其精细动作发展的主要需求是让手的动作逐渐灵活，并逐渐成为认识活动的器官，婴幼儿认识周围事物的能力在很大程度上是和双手动作的发展相联系的。1～1.5 岁幼儿五指逐渐分化与灵活，能用三指和两指捏不同大小的物品；手的活动能力逐渐增强，尝试用勺、拿毛巾、握笔等。因此，保育师设计锻炼幼儿精细动作的活动时要以练习手和手指的灵活性的活动为主，促进幼儿双手协作能力的发展。如将乒乓球放入盒子里、拾起大纽扣、垒高积木、从罐子里面拿出糖果、蜡笔涂鸦等。

3. 以活动和交往作为语言习得的载体

1～1.5 岁是幼儿语言由"理解和模仿"阶段向"语言表达"阶段发展的关键期，此阶段的幼儿有着强烈的学说话的兴趣和愿望，经常嘴巴不停地说（有时候都听不懂）；也继续学习听成人说话，能听懂生活中简单的指令。这个阶段主要学习基础、简单、生活化的语言，语言的理解需要结合具体的情境，语言的学习出于活动和交往的需要。因此，这个阶段设计专门促进语言发展的亲子活动只是幼儿学习语言的一个非常窄的途径，而且效果并不好；保育师在设计亲子活动时，应将语言的学习融合于开展的各种活动过程中，融合于三方的互动交往中，每一个环节、每一个动作都有言语的配合，让幼儿在不知不觉中习得语言。

4. 以多感官参与作为认知活动设计的要点

随着活动能力的增强，1 岁以后幼儿开始积极探索外部世界。1～1.5 岁幼儿认识各种事物时，信息的输入依靠的是第一信号系统，而不是第二信号系统，他们主要通过看、听、摸、尝等方式对事物进行认知。

事实上,这个年龄阶段的幼儿各种感知觉发展越来越成熟,为其认知的发展做了准备。这一认知发展特点意味着保育师在为1～1.5岁幼儿设计亲子活动时要注意调动他们多种感官的参与,唯有如此,他们对事物的认识才是真切的。例如,让这个阶段幼儿认识"橘子",成人用语言描述是无效的,而是要拿实物给他们看、摸、捏、闻、尝等。

5. 以亲子互动水平的提高作为家长指导的起点

1～1.5岁幼儿还难以用语言清楚表达自己的内心想法,成人与他们互动时需要根据动作、表情等多方面了解其意图,而实际上很多家长平时与孩子的"交流"比较少,在日常互动中常常不能了解他们的行为、举止背后的含义,经常读不懂1岁多幼儿的心理,也不知道如何与他们互动,这就需要保育师在设计亲子活动时,在思考"活动应该指导家长做什么"的问题时,应以亲子互动水平的提高为起点,帮助家长了解如何与还处在不善言表阶段的孩子进行"沟通与交流"。

(二) 1～1.5岁幼儿亲子活动设计案例解读

在理论探讨的基础上,为了更好地呈现1～1.5岁幼儿亲子活动的设计,下面以实际的活动设计案例进行具体的说明,详见表4-2。

表4-2　1～1.5岁幼儿亲子活动设计案例分析

活动名称:小球欢乐颂		适宜年龄:1～1.5岁	
适宜场地:室内户外宽阔场地皆宜		适宜人数:8～10组家庭	
设计思考	"球"是幼儿生活中常见的玩具,它质地丰富、形状多样,玩法多变,深受幼儿的喜爱。鉴于此,我选择"球"作为本次亲子活动的主题,通过"小球你好""碰碰身体部位""推推大龙球""小球滚画"等亲子活动环节,锻炼幼儿动作的发展,激发幼儿的探索兴趣,体验操作活动的乐趣,并且指导家长树立科学的育儿理念,掌握基本的育儿能力,提升家长的育儿水平。		
环节一:小球你好			
活动目标	**婴幼儿发展目标**		**家长学习目标**
	1. 在家长的鼓励下,愿意上台摸出神秘箱里的按摩球。 2. 尝试在集体面前说出自己的名字,发展自我意识。 3. 乐于参与集体活动。		1. 了解幼儿处于自我意识萌芽时期的发展特点。 2. 掌握引导幼儿在集体活动时间介绍自己的方法。
活动准备	按摩球若干,神秘箱一个。		
活动过程	**活动内容**	**家长指导要点**	**活动设计分析**
	1. 保育师以饱满的情绪示范介绍,引导家长与宝宝进行简单的互动。 引导语:各位家长、宝宝们,大家好! 我是保育师××。请伸出小手和我打招呼吧。 2. 保育师出示神秘箱,激发宝宝兴趣。 引导语:(摇动箱子,使其发出声音)宝宝们,看,这是箱子,听,这是什么声音? 3. 师幼互动,感受有趣玩法。 引导语:箱子里头有很多好玩的玩具,请你们上来把玩具摸出来。 4. 游戏开始,请一位此前已参加过亲子活动、语言和社会性发展较好的宝宝进行游戏,其余宝宝依次分享进行问好互动。 引导语:你会摸出什么呢? 请家长引导宝宝走上来或者陪宝宝上来摸出小球。 5. 游戏活动结束,并指导家长。 (1) 让宝宝自由摆弄玩具一会。 (2) 向家长反馈活动中宝宝的情况,并对家长进行指导。	1. 请家长们主动向保育师和同伴挥手,鼓励宝宝向大家挥手问好。 2. 请家长跟着保育师清晰匀速说出"小球、红色、粗粗的"等词汇,引导宝宝进行模仿。 3. 游戏时请家长鼓励宝宝大胆上前,若不敢,家长可陪同。 4. 活动过程中请家长注意引导宝宝养成初步的倾听习惯,学习耐心等待。 5. 活动价值:本活动主要是通过摸球的游戏吸引注意,促进宝宝的感知觉、语言和社会性的发展。	1. 活动设计较好地体现了三方互动。 2. 活动设计整合了认知、语言和社会性的发展,体现了整合性的思想。 3. 活动强调家长对幼儿行为的观察与积极回应。

（续表）

家庭延伸活动	1. 生活中,家长应积极引导宝宝向初次见到的人打招呼、介绍自己的名字。 2. 创设丰富的家庭学习环境,比如有声挂画、发声玩具、各种色卡、各种触摸箱,在保证安全的前提下,鼓励宝宝用手或口去探索周围环境。

环节二:碰碰身体部位

活动目标	婴幼儿发展目标	家长学习目标
	1. 听懂简单的指令,能够指认自己的身体部位。 2. 愿意按摩球在身体各个部位上进行滚动。 3. 感受音乐的趣味,能够和家长一起随乐进行亲子互动。	1. 了解幼儿感知自己身体部位的特点。 2. 掌握利用按摩球与幼儿进行身体部位互动的方法。

活动准备	1. 经验准备:幼儿接触过按摩球。 2. 物质准备:按摩球若干,音乐。

活动过程	活动内容	家长指导要点	活动设计分析
	1. 保育师出示上一环节的按摩球,介绍游戏玩法。 引导语:刚刚我们都认识了按摩球,它也想认识各位宝宝,待会儿按摩球会跟着音乐一起认识宝宝的身体部位,碰一碰、拍一拍、摸一摸。 2. 在游戏中手拿按摩球滚动身体各个部位。 引导语:宝宝们,小脚小脚在哪里,摸摸你的小脚,DO DO DO,摸摸你的膝盖,RE RE RE,拍拍你的大腿,MI MI MI…… 3. 保育师用清唱的方式引导宝宝进一步体会小球在自己的身体部位互动的感觉。 引导语:小球小球要来咯,请我们家长带着宝宝一起用按摩球滚动,或者碰一碰宝宝的身体部位。 4. 播放音乐,鼓励家长与宝宝进行亲子音乐游戏互动。 引导语:音乐响起,小球要继续和我们玩游戏了。 第一遍:听音乐,可自由触碰身体各个部位,也可以玩一玩按摩球。 第二遍:慢速,感知每个身体部位,让小球在身体部位上碰几次。 第三遍:播放音乐,跟随音乐节奏拍拍自己的身体部位。 5. 自然结束活动,保育师引导宝宝将按摩球放回原处,并向家长说明活动目的和家庭指导。	1. 家长要积极参与到活动中,激起宝宝参与活动的热情,渲染集体游戏的快乐气氛,例如在摸摸小脚的时候,家长可以先用球碰碰宝宝的小脚,说“碰碰小脚”,给予宝宝一个良好的示范,让宝宝跟着模仿。 2. 活动中观察宝宝能否找到相应的身体部位,若存在困难,家长可以给予一定的帮助。 3. 在音乐活动中允许宝宝自由发挥,如果宝宝喜欢玩球,可以允许他玩一会儿,再吸引他的注意力到游戏中来。家长不要大声呵斥,因为宝宝的学习是需要一个过程的。 4. 活动价值:通过“按摩球碰碰身体部位”的游戏,一方面帮助13～18个月的幼儿了解自己的身体部位,发展自我意识;另一方面融合音乐,变化节奏,提高活动的趣味性。	1. 亲子音乐游戏活动融合幼儿认知和语言的学习,体现了活动内容的整合。 2. 活动设计关注亲子之间的密切互动。 3. 活动设计思考了活动的有效延伸。

家庭延伸活动	1. 在家中可以和宝宝照镜子,引导宝宝进一步认识五官。 2. 家长可以和宝宝玩“说一说、找一找”,巩固身体部位的认知。

环节三:推推大龙球

活动目标	婴幼儿发展目标	家长学习目标
	1. 愿意与家长一起推球行走,感受双手配合的力量。 2. 在亲子互动中推、滚大龙球,锻炼腿部肌肉,发展平衡能力。 3. 在感统游戏中感受玩大龙球的乐趣。	1. 学习锻炼幼儿行走的游戏方法。 2. 能够根据活动中幼儿的“推球行走”表现选择适合的互动方式。

（续表）

	活动内容	家长指导要点	活动设计分析
活动准备	1. 经验准备:幼儿见过、摸过大龙球。 2. 物质准备:背景音乐,大龙球8~10个。		

	活动内容	家长指导要点	活动设计分析
活动过程	1. 保育师出示大龙球,逐一滚到宝宝面前,引导他们摸一摸、拍一拍,熟悉大龙球。 引导语:今天我还带来一个大龙球宝宝,它很喜欢交朋友,我们一起来摸一摸、拍一拍它。 小结:大龙球、圆圆的,可以滚来滚去;压一压,有点弹力,还有很多小凸点。 2. 保育师请一位宝宝上来互动推球,并逐步尝试边走边推,并向家长说明游戏指导要点。 引导语:大大的、红色的大龙球,我们来推一推,让小球滚一滚。家长可以根据宝宝的能力和兴趣与宝宝站在同一侧一起推,也可以站在宝宝前面,引导宝宝往前推。逐渐让宝宝将球推远,尝试张开手臂接球。 附儿歌:大龙球,大大的、圆圆的,宝宝来,推一推,滚一滚,咕噜咕噜笑哈哈。 3. 鼓励宝宝通过多种形式与大龙球亲密互动,促进前庭觉和身体协调性的发展。 引导语:宝贝们,我们和大龙球一起玩游戏吧。 (1) 游戏:亲子一起往前推。 家长示范双手交替往前推,引导宝宝学习和模仿,待宝宝学会后,立即放手让宝宝自己来。 引导语:宝宝们,我们两手一起往前推咯。 (2) 游戏:妈妈引路宝宝追。 引导语:宝宝们,妈妈在前面,宝宝快把小球推到妈妈那里去。 家长指导语:待宝宝将球推到家长那里后,家长及时拥抱宝宝给予鼓励。 (3) 滚球游戏。 引导语:宝宝们站在原地,小手用力往前推,把球推到妈妈那里。 4. 保育师带领家长和宝宝一起进行游戏活动。 5. 结束活动,并进行家长指导。 (1) 结束活动。 引导语:刚刚宝宝们都玩累了,我们家长引导宝贝原地躺下(大龙球按摩舒缓)。 家长指导语:孩子身体与球面的突出颗粒相互按摩,刺激触觉神经。在家里可以在宝宝洗澡后对孩子进行抚触和按摩。 (2) 向家长反馈活动情况,并指导其进行活动延伸。	1. 宝宝拿到球之后,家长先观察宝宝的行为:是动手推球,还是玩别的。如有个别宝宝不喜欢参与游戏,家长也不要过于着急,尊重宝宝意愿,让他自由玩球。如果宝宝不敢摸球,家长可以以身作则多与球互动,或者陪伴宝宝在旁观看别人游戏。 2. 家长观察宝宝是否会推球,动作是否正确。观察之后,再对宝宝进行引导,要循序渐进,根据保育师的提示进行游戏,不要心急,控制好力度;同时注意避免动作幅度过大,刚开始推球的时候,稍微帮助宝宝控制球滚动的速度。如发现宝宝力量不足,要协助宝宝将小球滚动起来。随时关注宝宝的情绪和反应,如果宝宝不愿意或者不适,请家长及时变慢或停止游戏。 3. 在游戏过程中要注意观察保育师的动作要领,做好宝宝游戏的安全防护。 4. 在游戏过程中家长可以有意识地用语言提示,告知宝宝接下来的动作,引导宝宝说一说、玩一玩。在宝宝将小球推到家长这里时,家长要及时拥抱进行鼓励和赞扬,增强宝宝推球的兴趣。 5. 活动价值:大龙球游戏不仅能激发孩子的身体运动能力,还可以促进其感统协调能力和心理发展。	1. 练习不同方式的行走是这个年龄阶段大动作发展的主要内容,活动设计满足了幼儿的发展需求。 2. 对家长指导的预设比较充分。 3. 认识触觉球特性时注重动手操作、体验。活动注重配合儿歌进行,有利于感受儿歌的语言美。
家庭延伸活动	1. 家长可以在家引导宝宝玩推球的游戏,引导宝宝边走边推,刚开始可以家长协助,逐渐放手让宝宝自己推,过渡到增加坡度让宝宝推。还可以利用一些生活用品引导宝宝推物向前走,如大滚筒、纸箱等,一般圆的、与手齐高的物体比较容易推。 2. 宝宝能推物行走后,可以结合日常生活情境让他尝试端着东西走。 3. 平时多户外运动,增强宝宝的身体协调性和平衡能力。		

(续表)

	环节四：生活时间		
活动目标	婴幼儿发展目标		家长学习目标
	1. 学习独立手捧奶瓶饮奶（双手捧杯喝奶）。 2. 感知不同的水果，尝试说出水果名称。 3. 能够在家长的引导下完成洗手、如厕。		1. 明确培养幼儿生活自理能力的重要性。 2. 初步掌握锻炼幼儿洗手、如厕、吃水果、喝牛奶的方法。
活动准备	1. 经验准备：会拿奶瓶、会吃水果。 2. 物质准备：奶瓶、奶粉、温水、葡萄、青提、橘子、音乐。		
	活动内容	家长指导要点	活动设计分析
活动过程	1. 保育师播放休息时间的轻音乐。 2. 保育师组织家长和宝宝有序排队如厕，并指导家长根据班级墙面图文提示引导宝宝了解如何如厕。宝宝如需更换纸尿裤，请家长引导宝宝将换下的纸尿裤扔进指定区域。 3. 如厕后，请家长协助宝宝将袖子卷起，学习开关水龙头，初步了解"七步洗手法"，并且根据洗手池上的标识边念儿歌边洗手。洗干净后请宝宝找到属于自己的小毛巾学习擦干小手，注意引导宝宝手臂上的水也要擦干。擦干后放下袖子，快速坐到点心区域，其间家长提醒不触摸玩具。 4. 保育师提前消毒好桌面，分发点心，指导家长引导宝宝自己独立进食，并且告诉宝宝今天的点心是什么食物，引导宝宝模仿跟读葡萄、青提、橘子。（家长可以将橘子开个小口，引导宝宝自己剥开，并提醒宝宝吐籽） 5. 吃完点心，指导家长协助宝宝将自己的奶瓶放回指定区域，收好椅子，擦嘴，擦手，听故事休息。	1. 1～1.5岁宝宝开始萌发自我意识，家长要结合宝宝能力，鼓励其尝试简单自理动作，比如自己扶着小扶手配合如厕、将换下的纸尿裤扔进指定的垃圾桶等，让宝宝感受自己动手的快乐。 2. 在洗手时，家长可以协助宝宝开关水龙头，利用墙面的图示，搭配简单儿歌童谣，引导宝宝模仿洗手动作。即使洗得慢、没洗净，也先鼓励"宝宝在努力洗手呢"，再温柔辅助冲洗，保护宝宝的探索热情。 3. 吃点心前，家长可以先拿食物给宝宝触摸、观察，用"葡萄、圆溜溜""橘子、黄黄的"等简单语言介绍，吃点心时，鼓励宝宝尽量用手或用勺自主进食，锻炼手眼协调自主进食的能力。	1. 活动设计关注幼儿生活自理能力的培养。 2. 活动设计注重对家长的指导。
家庭延伸活动	1. 在进餐时，可以向宝宝描述正在进食的食物名称、味道及口感。 2. 日常照护中，培养宝宝定点、定时、定量的进餐习惯，提供合适的餐具，引导幼儿学习自主进餐。		
	环节五：小球滚画		
活动目标	婴幼儿发展目标		家长学习目标
	1. 学习二至三指捏起小球、五指抓起按摩球动作，提高手眼协调能力。 2. 观察并感受小球滚出的痕迹，视觉追踪球的滚动路径，并在操作活动中增进亲子间的情感交流。		1. 了解幼儿五指分化的过程，掌握引导宝宝发展精细动作及亲子互动的方法。 2. 活动中能够尊重幼儿选择自己喜欢的球和颜色。
活动准备	1. 经验准备：见过颜料、小球，玩过以上物品，并知道这些物品不能直接食用。 2. 物质准备：小玻璃球、按摩球若干，颜料、湿巾、小筐、白纸。		
	活动内容	家长指导要点	活动设计分析
活动过程	1. 保育师摇响装有小球的筐子，吸引宝宝的注意力。 引导语：宝宝们听！小球宝宝说它喜欢在筐子里跑来跑去，真好玩。	1. 保育师准备材料充分，家长们可以与宝宝一同游戏，允许宝宝自由探索，可以让宝宝将材料筐里的小球倒来倒去，也可	1. 活动的重点是指导家长引导幼儿小球滚画，并提示家长仔细观察幼儿的行为表现。

（续表）

活动内容	家长指导要点	活动设计分析
2. 保育师出示并介绍材料,以动作展示的方式引导宝宝了解游戏玩法,并指导家长引导宝宝自主领取材料进行探索。 引导语:哇,宝宝们看,筐里有各种各样的小球,这是颜料,你可以选择你喜欢的小球,蘸取喜欢的颜色,和小球宝宝玩游戏。 边动作展示边说"我喜欢红色小球",伸出大拇指、食指、中指,用三个手指捏,捏住小球宝宝,蘸取红色的颜料,放进筐子里,两手晃动小筐,让它跑来跑去。我们可以再换一个小球,抓住,换个颜色,注意看,会发现有不一样的痕迹哦。 3. 亲子开始操作,保育师巡回指导,有针对性地进行个别指导。 (1) 对于不敢蘸取颜料的宝宝,家长可以适当帮忙,也可以鼓励宝宝自己蘸,并及时用湿巾擦干净他的小手。 (2) 对于不会晃动筐子的宝宝,家长可以在旁边拿一份材料示范玩,引导宝宝观察并学习。 (3) 对于放了很多球的宝宝,可以引导其听听筐子里小球撞击的声音,增加趣味性。 (4) 巡回指导,引导宝宝边玩边观察小球的移动路径和留下的痕迹。 4. 展示小球路径图,欣赏后放进成长档案袋。 引导语:宝宝们,找一找,哪个是你的。看看旁边的,每个人都不一样。 5. 结束活动,进行家长指导。	以游戏式的语言或者亲身示范操作引导宝宝将小球放进筐里进行游戏。 2. 家长可以根据宝宝的情况引导宝宝操作,观察宝宝是否愿意蘸取颜料,尊重宝宝发展的个体差异,不强求宝宝自己蘸取,家长可以协助。在宝宝自主探索时,不轻易打断,以免影响宝宝的专注力。 3. 活动过程中尽量轻松愉快,引导宝宝观察小球的滚动路径,鼓励宝宝不同球使用不同颜料,感受纸张上留下的不同痕迹,提升宝宝的兴趣。 4. 活动结束后梳理游戏中亲子互动的智慧,引导其他家长进行学习。本活动不仅有认识小球、按摩球、各种颜色的颜料,还可以锻炼宝宝的手部小肌肉发展。	2. 活动设计考虑幼儿发展的个体差异性,对不同能力的孩子提出了不同的活动要求。 3. 材料简单易取,在家也可以随时玩,我们会发现宝宝在游戏中十分专注、愉悦,这也是该游戏的重要意义所在。
家庭延伸活动	1. 活动材料简单易取,回家后家长可以继续和宝宝玩此类游戏,除了提供各种不同纹路的小球,还可以提供小车,观察小车滚动的痕迹。 2. 在家洗米的时候也可以让宝宝参与,不仅锻炼宝宝手部精细动作,还能增强宝宝的主人翁意识,提升其生活自理能力。		
总评	1. 活动内容安排适宜,比较适合这个月龄段:以动作为主,关注语言的习得,善于整合认知、情感与社会性的内容。 2. 活动设计以八大原则为指导思想,充分体现了指导性、适宜性、整体性、延伸性、适度性、互动性原则。 3. 活动设计关注幼儿发展的个体差异性,对个别化需求进行了较全面的考虑。 4. 认知方面注重感知觉的发展,主要以看、摸、听、捏等方式认识事物。		

四、1～1.5 岁幼儿亲子活动指导

1～1.5 岁幼儿发展表现出一定的年龄阶段性,具有自身的发展特点,在亲子活动中有不同活动方式和需求,该月龄段活动的指导应多注意以下四个方面。

(一) 重视家长在亲子活动中的角色和作用

如果说保育师是整个亲子活动的设计者、组织者、指导者,那么家长则是亲子活动中直接面向幼儿的实施者与引导者,家长在亲子活动中具有不可替代的作用。1～1.5 岁幼儿来早教指导中心参加亲子活动的时间不长,很多家长在活动中不清楚自己的角色、不明白要做什么、不知道要怎么做,于是保育师在活动中经常包办代替,这样对活动的开展不利,对幼儿的发展也难以产生效果。这就要求保育师在活动指导时,要指导家长担当应有的角色、发挥应有的作用;时刻尊重家长,以平等合作的态度对待家长,同家长共同商量、交换意见。

(二) 保育师面向幼儿的指导语应做到"三个要求"

保育师的语言素质对亲子活动指导至关重要,它是影响亲子活动效果的重要因素。保育师言语的基

本要求是要注意根据言语对象进行转换:面向幼儿要用生活化、温暖、有趣、活泼的语言;面向家长要语言简洁明了,用生活化、口语化的语言将深奥的专业性术语进行转化。除此之外,保育师针对1～1.5岁幼儿的指导语还有三个要求:第一,要用简单的语言;第二,进行适当重复;第三,语速要慢。究其原因在于这个年龄阶段的幼儿只能听懂简单的生活用语,积极开始学说话,但听和说的能力都比较差。

(三) 提供适当重复活动的机会

随着动作和认知水平的发展,1岁以后幼儿自我活动的愿望越来越强,有自我能力感体验的需求。幼儿对已有的但并不熟练的经验有一种本能的迷恋,为满足其对活动和材料的迷恋,让幼儿进行适当的重复活动对他们的发展具有重要价值,幼儿的新经验就是在适当地重复活动的过程中"品味"出来的。因此,在活动的指导过程中,保育师不管是面向幼儿的直接指导,还是面向家长的指导(先指导家长,再由家长指导幼儿),都要积极关注幼儿的这种发展需求,尽可能提供重复的机会,让其在重复中提升和发展。例如,妞妞一个一个捡起海洋球放入筐子里,接着把篮筐倾倒,海洋球全部滚落出去,她又重复刚刚捡球的活动。对于这样的行为,保育师和家长要给予支持,并注意观察。

(四) 抓住各种机会引导幼儿开口说

0～3岁婴幼儿语言能力的发展至关重要,其中1～1.5岁幼儿处在学说话的开始阶段,会说单字,但不完整,需要结合具体的情境才能理解,这就需要引导他们不断地开口说话来锻炼口语能力。在亲子活动实施过程中,不管是与幼儿的直接互动,还是指导家长与幼儿的互动,都要抓住各种机会引导幼儿开口说。例如:当幼儿从盒子里取不出鸡蛋而把盒子递向大人的时候,大人要主动问"要干什么";幼儿说"拿"的时候,接着要问他"拿什么"。

育儿宝典

宝宝不和其他小朋友玩怎么办?[①]

有的婴幼儿很喜欢跟小伙伴玩,而有的婴幼儿似乎对其他小朋友一点都不感兴趣,还有的婴幼儿不愿与其他小朋友玩,总是躲在照护者身后,这正常吗?

1岁多的幼儿喜欢单独玩或观看别人游戏活动。一般来讲,婴幼儿自发的社会交往是从1岁开始的,1岁之前是为1岁以后的社交发展奠定基础。1岁以后的孩子,开始有强烈的交流意愿,并逐步扩大自己的社交圈子。

成人要做到以下几点:第一,尊重孩子的主权,引导他们体验"我的"概念,随着孩子开始明白"我的",引导他们认识哪些是"其他人"的;第二,引导孩子参加各种集体活动,体验与同伴共同生活、游戏的乐趣,学习初步的人际交往技能;第三,为孩子提供表现自己和获得成功的机会,帮助他们增强自尊心和自信心;第四,提供自由活动和自由游戏的机会,鼓励孩子通过努力自主解决问题,培养其不轻易放弃的品质。

实训练能

实训项目 4-1:1～1.5 岁幼儿亲子活动的设计与模拟组织

【实训目的】

认知目标:熟练掌握1～1.5岁幼儿亲子活动的设计重点与组织要点。

能力目标:能够小组合作设计一份1～1.5岁幼儿亲子活动方案,并模拟教学。

素质目标:强化以幼为本,促进家长科学育儿的活动观。

① 洪秀敏.0～3岁婴幼儿发展与照护[M].北京:中国人民大学出版社.2022:141.

【任务实施】

内容：

（1）1～1.5 岁幼儿亲子活动设计；

（2）1～1.5 岁幼儿亲子活动展示。

要求：

请设计 1～1.5 岁幼儿认知发展的亲子活动。

（1）根据给定的幼儿年龄段与活动的领域，设计亲子活动的教案（15～20 分钟）。教案格式完整规范，包含活动目标（婴幼儿发展目标和家长学习目标）、活动准备、活动过程（包含家长指导要点）、家庭活动延伸，语言清晰、简洁、明了，目标设计、内容选择、方法运用等满足家长科学育儿的需求，符合幼儿的年龄特点。

（2）根据已设计的教案进行亲子活动环节的模拟教学展示，要求：仪表大方，举止文雅，表情自然、丰富，有亲和力，语言规范，条理清楚，逻辑性强，表达流畅；教学活动展示在 7 分钟之内完成。

活动方案格式

活动名称：		适宜年龄：	
适宜场地：		适宜人数：	
设计思考			
活动环节			
活动目标	婴幼儿发展目标		家长学习目标
活动准备	经验准备		
	物质准备		
活动过程	活动内容		家长指导要点
家庭延伸活动			

任务思考

一、单选题

1. 下列哪个方面不属于 1～1.5 岁幼儿的发展特点？（　　）

A. 想象活动开始萌芽

B. 感知觉迅速发展

C. 学习直立行走

D. 言语交往能力开始发展

2. 下列哪个方面不属于 1～1.5 岁幼儿"动作"的发展水平？（　　）

A. 连续跑 3～4 米，但不稳，自己上下床（矮床）

B. 自己能蹲，不扶物就能复位

C. 会滚球、扔球，但无方向

D. 会用水杯喝水

3. 以下哪项不是面向 1～1.5 岁幼儿的指导语要求？（　　）

A. 用简单的语言

B. 使用专业术语

C. 进行适当重复

D. 语速要慢

二、判断题

1. （　　）1～1.5 岁是幼儿学话开始阶段，幼儿有着强烈说话的兴趣和愿望，设计专门的语言学习亲子活动是幼儿语言学习发展的非常重要的途径且效果十分显著。

2. （　　）为 1～1.5 岁幼儿设计亲子活动时，要注意充分调动幼儿的多种感官参与。

3. （　　）1～1.5 岁幼儿五指分工逐渐分化灵活，能用三指和二指捏不同大小的物品。

任务二　设计与指导 1.5～2 岁幼儿亲子活动

案例导入

　　在早教指导中心,20 个月的沐沐喜欢追着 32 个月的莉莉玩,边跑边咯咯笑不停,有时候会不小心摔倒,但沐沐很快就爬起继续追。这不,这会儿她正跟着姐姐一起自己上楼梯去滑滑梯,奶奶看到后着急地后面追着喊着:"沐沐,别摔着了,小心点儿,别跑,上楼梯会摔倒,奶奶抱你上去。"但是转眼间沐沐就笑呵呵地滑下来了,奶奶赶紧抱着沐沐过来跟保育师说:"我们沐沐太调皮了,我都很怕他和大孩子玩,跑不过人家还爱凑热闹,我真怕他摔了,跟儿媳妇没法交代。"如果你是保育师,面对沐沐奶奶的情况,你将如何进行引导呢?

　　1.5～2 岁幼儿已经能够行走自如,手眼更加协调;认知发展较快,高级认知过程已经出现;口语能力发展较快;社会交往能力增强;情绪情感逐渐丰富。保育师应全面掌握这个年龄阶段幼儿的身心发展特点与需求,设计适宜、丰富的亲子活动,满足幼儿各方面的发展需求,深入指导家长开展亲子活动。

一、1.5～2 岁幼儿发展水平

　　0～3 岁婴幼儿发展分为"生长与发育""动作控制""语言与沟通""认知与探索""情感与社会性""自助与习惯"六个方面,详见表 4-3。

表 4-3　1.5～2 岁幼儿发展水平

方面	1.5～2 岁						
生长与发育	1. 体格发育						
	月龄	体重(kg)		身高(cm)		头围(cm)	
		男	女	男	女	男	女
	21	11.9	11.3	86.1	84.9	47.9	46.9
	24	12.6	11.9	88.2	87.0	48.3	47.3
	2. 视力标准为 0.5。 3. 会主动表示大小便,白天基本不尿湿裤子。 4. 开始长第二乳磨牙,牙齿总数大约 16 颗。 5. 每天睡 12～13 小时。						
动作控制	1. 会自如地向前、向后走。 2. 连续跑 3～4 米,但不稳,自己上下床(矮床)。 3. 自己扶栏杆能走几步楼梯。 4. 开始做原地的跳跃动作,如双脚同时离开地面跳起。 5. 能踢大球,能蹲着玩,能够双手举过头顶扔球。 6. 能够根据音乐的节奏做动作,会穿串珠,会用五六块积木垒高。 7. 能够自己用汤匙吃东西。						
语言与沟通	1. 开始用名字称呼自己,开始会用"我"。 2. 会说出常用东西的名称和用途。 3. 词汇增加,能说 3～5 个字的简单短句,表达一定的意思和个人需要。 4. 喜欢跟着大人学说话、念儿歌,并且爱重复结尾的句子。 5. 会回答生活中的简单问题。 6. 喜欢翻看图书,并指认、说出熟悉的事物。						
认知与探索	1. 喜欢探索周围的世界。 2. 知道家庭成员以及经常一起玩的伙伴名字。						

（续表）

方面	1.5～2 岁
	3. 能集中注意看图片、看电视、玩玩具、听故事等,但注意力集中时间较短。 4. 能记住一些简单的事、熟悉的生活内容。 5. 开始理解事件发生的前后顺序。 6. 对声音的反应越来越强烈,并且喜欢声音的重复。 7. 能感知并区分方形、三角形和圆形。 8. 认识红色。
情感与 社会性	1. 当抚养者离开时会感到沮丧。 2. 自我意识逐步增强,喜欢自己独立完成某一动作,出现独立行为倾向。 3. 不愿把东西给别人,只知道是"我的"。 4. 情绪变化开始变慢,如能较长地延续某种情绪状态。 5. 交际性增强,开始与其他孩子共同参与游戏活动。 6. 会帮忙做事,如学着把玩具收拾好。 7. 游戏时模仿父母动作,如假装给娃娃喂饭、穿衣。
自助与 习惯	1. 养成自动入睡、睡前卫生(刷牙、洗脚、洗脸等)的习惯,愿意在协助下模仿成人刷牙、漱口。 2. 养成定时、定位、专心进食、细嚼慢咽的习惯,能比较熟练地用小勺进食。 3. 初步养成使用坐便器的习惯,会坐便盆如厕。 4. 初步养成自己收拾整理的习惯,能将自己喜欢的物品摆放在固定位置。 5. 能在养育者的提醒下遵守一些简单的安全规则,如"不能碰插座""看到汽车要躲避"等。

二、1.5～2 岁幼儿发展特点

1.5～2 岁幼儿各个方面的发展随月龄的增长快速向前推进,表现出一定的年龄阶段特点,其主要特点归纳如下。

(一) 最初的基本动作已经发展

婴幼儿在 2 岁前处于掌握人生最初基本动作的阶段。1.5～2 岁幼儿的动作发展加快,移位、操作性、稳定性动作均已初步发展。这个时期幼儿不仅走路自如,还能独自上下楼梯,能单脚跳,开始会跑、攀爬、踢球、扔球,会蹲着玩,能控制自如不会跌倒,能站在低的平衡木上。

(二) 双手逐渐学习使用工具

使用工具是人类特有的智慧和特征,1 岁半左右的幼儿已经能按照物品的特性来使用它们,比如将东西塞进小盒子,用小杯子盛装东西,拿起画笔随意涂画,把一个塑料套筒叠在另一个上面等。1 岁半以后,幼儿的双手更加灵活,控制能力更好,逐渐开始学习使用工具,如尝试用小勺吃饭、用杯子喝水。

2 岁左右,大人应该有意识培养幼儿使用工具的能力,如自己拿杯子喝水,用小夹子夹东西,自己用勺子吃饭等。在早教指导中心里,1.5～2 岁的幼儿能够自己吃饭,可是在家却要成人喂,这说明幼儿到这个年龄有这样的动作能力,会与不会关键在于成人的引导。

(三) 想象活动开始萌芽

想象是比较高级、复杂的心理活动,它的发生既和婴幼儿大脑皮质的成熟有关,也和婴幼儿表象的发生、表象数量的积累以及言语的发生有关。1.5～2 岁幼儿出现想象的萌芽,主要通过动作和语言表现出来。幼儿把日常生活中的行动迁移到游戏中去,就有想象成分的参与。例如,幼儿把饼干塞到玩具娃娃的嘴里时,也可以说这是记忆表象(妈妈喂孩子)在头脑中的重现,而这种情景已经同新的情景——他自己喂娃娃的情景结合起来。

这个年龄阶段,想象的萌芽主要表现为记忆材料的简单迁移,具有如下特点。第一,想象是记忆表象在新情景下的复活,2 岁幼儿的想象几乎完全是重复曾经感知过的情景。例如,经历过自己生病被带去医院打针的情景,他也抱起娃娃用手给它打针。第二,简单的相似联想,即依靠事物外表的相似性而把事物的形象联系在一起。例如,幼儿把玩具娃娃称作"小妹妹"。第三,没有情节的组合,想象只是一种简单的代替,以一物代替另一物。例如,从生活中掌握了把小女孩称为"小妹妹"的经验,在想象中就用玩具娃娃代替小妹妹,但没有过多的想象情节,也没有或很少把已有经验的情节成分重新组合。

(四) 言语和思维的真正发生

婴幼儿在1岁半以后,开始真正出现人类特有的言语和思维活动。

1岁以前是言语发生的准备阶段;1~1.5岁是理解语言阶段,这个阶段的幼儿能听懂许多话,但只能说出简单、少量的词。1岁半以后,幼儿进入语言的爆发期,能够表达的词汇量明显增加,与此前相比一下子能说很多,也说得很好。2岁左右的幼儿虽然说话不成句,但总是喜欢叽叽咕咕地说话,更喜欢模仿大人说话。同时,此阶段的幼儿能理解简单的问句,例如能回应成人"在哪里""玩什么"等与生活相关的简单的问题;能听懂并执行两个连续动作的简单指令,例如先洗手再吃点心。

人类典型的认识活动是思维。这个阶段的幼儿出现了思维的萌芽,可以进行最初的概括和推理,但不一定科学。此时发展的思维是依靠感知和动作进行的直觉行动思维。例如,看到所有年龄大的、短头发的人都叫"爷爷";随后,能把性别不同、年龄不同的人加以分类,主动叫"奶奶""哥哥""姐姐",这时幼儿还远远不能说出分类的理由。

(五) 自我意识发展表现为对自我的认识

自我意识是作为主体的我对自身行为的看法和态度,包括对自己存在以及自己与周围的人或物的关系的意识。心理学研究表明,1岁前婴儿不能把自己作为一个主体同周围的客体区别开来,甚至不知道手脚是自己身体的一部分,后来逐渐地才知道这一点,能将自己的动作与作用的对象区分开来,这是自我意识的最初级形式,即自我感觉阶段。例如,婴儿将小床上的玩具扔到地上,听到"啪"的一声后开心得手舞足蹈,然后示意成人帮他捡起,玩具拿到手后又往地上扔,乐此不疲,仿佛在体验这一动作带来的极大乐趣。

1岁半左右,随着认知能力、言语能力的发展,幼儿开始认识自我,有独立意识,知道自己的名字,并且能用自己的名字称呼自己,这表明他开始能把自己作为一个整体与别人的名字区别开来。他们开始认识自己的身体和身体的有关部位,如"宝宝的脚""宝宝的耳朵"等,还能意识到自己身体的感觉,如"宝宝疼""宝宝饿"等。他们能逐渐感受自己的动作和力量,如用手把玩具打开,用脚把球踢走。

1.5~2岁,基本上所有的幼儿都认识到自己是一个独立的人,知道自己是自己,别人是别人,把自己当成一个独立的个体来看待。他们对自己的认识更多的是对自己形象的认识,在"镜像实验"中幼儿能自己直接指出自己鼻子上的红点,可以看出他们已经能明确地认出自己。这个阶段的幼儿能够根据面部特征的不同来区分自己的形象和其他人的形象,知道自己长什么样子。

由此可见,幼儿在1.5~2岁时自我意识的发展处在自我认识的阶段,他们知道自己是长头发还是短头发,是胖还是瘦。

(六) 同伴交往有实质性的发展

1.5~2岁幼儿逐渐挣脱父母的怀抱走向同伴,与同伴的交往在这个阶段有实质性的发展。婴幼儿与同伴之间的交往,最早可以在6个月的婴儿身上看到,这时他们会相互触摸和观望,甚至当其他婴儿哭泣时,自己也会以哭泣来回应。6个月以后婴儿之间交往的社会性逐渐加强,如1岁的婴儿就会对曾经见过几次面的其他孩子表现出更多的触摸。

随着运动能力和语言交往能力的发展,1.5~2岁的幼儿同伴间的交流变得更为复杂,单次互动的时间更长,开始有组织地围绕特定主题或"游戏"展开交流。这一时期,幼儿之间出现了较多的互惠性游戏,他们能够在游戏中互换角色,并逐渐学会轮流扮演角色。到了2岁,许多幼儿与同伴游戏的时间比与母亲一起玩的时间更长,在活动中,他们逐渐地将玩具融入其中,能够同时注意到物体和同伴,与同伴彼此交流注视。这个阶段幼儿的社会性技能得到进一步发展,具有与同伴协调行为的能力,模仿同伴行为和意识到被模仿,遵守活动秩序,表现出帮助和分享行为。

三、1.5~2岁幼儿亲子活动设计

随着年龄的增长,婴幼儿各个方面继续快速向前发展。1.5~2岁幼儿亲子活动的设计应根据这一月龄段的发展表现,在明确发展需求的基础上设计适宜的、有效的亲子活动。

（一）1.5～2 岁幼儿亲子活动设计注意事项

针对 1.5～2 岁幼儿设计亲子活动时有属于这个月龄段的特殊要求,以下是需要注意的主要事项。

1. 以学习使用工具为精细动作发展的重点

1.5～2 幼儿动作的发展仍然是亲子活动设计的重要内容,占的比重往往最大。在这个年龄阶段,幼儿开始学习使用工具,双手的控制能力增强,手指更加灵活。为了进一步促进其精细动作发展,使双手真正成为探索的工具,保育师在设计亲子活动时,内容安排应侧重锻炼幼儿使用工具的能力。例如,安排用夹子夹东西、用笔涂鸦、用勺子舀东西、用空篮子装东西、用大小不同的盒子装大小不同的物品等活动。

2. 以促进想象和直觉行动思维的发展为认知活动的新任务

1 岁半以前,婴幼儿认知过程的发展基本是低级的;1 岁半以后高级认知过程开始出现,1.5～2 岁幼儿出现想象和思维的萌芽,并伴随言语能力的快速发展。这个阶段出现的想象是相似联想,出现的思维是直觉行动思维,以感知和动作为思维工具。考虑到这个月龄段幼儿的发展需求,保育师在设计亲子活动时要把促进想象和直觉行动思维的发展作为认知类活动的新任务。例如,在玩水区,除了安排之前的一些玩水活动之外,保育师可以有意识地投放一些材料(浮上来与沉下去的物品,如食用色素、油、面粉),让幼儿通过动手操作,感知沉与浮、溶解等现象。

3. 以开展亲子早期阅读为活动设计的新内容

早期阅读可以帮助婴幼儿打开认识世界的窗口,是终身学习的基础。新的教育理念认为:0～3 岁是培养阅读兴趣和学习习惯的关键时期,0～3 岁阶段的亲子阅读,不仅帮助婴幼儿获取丰富多样的知识,也是一种促进亲子间情感交流的重要方式。然而,开展早期亲子阅读较为适宜的时间大约是从 1 岁半开始,从观察力、注意力、动手能力以及阅读的兴趣(喜欢看图书,指认并说出熟悉的事物)来看,幼儿在这个年龄才基本具备这些条件。因此,保育师在为 1.5～2 岁幼儿设计亲子活动时可以考虑以适当的形式开展早期亲子阅读活动,指导家长掌握与幼儿一起阅读的方式和注意点。

4. 以开始集体互动游戏为活动设计的导向

1.5～2 岁幼儿开始逐渐从以亲子交往为主,发展为亲子交往与同伴交往并重的状态,他们会主动走向同伴,许多幼儿甚至与同伴游戏的时间比与母亲一起玩的时间更长,与同伴的交往在这个阶段有实质性的发展。保育师应根据幼儿的这一发展特点设计一些集体互动游戏,一定要注意体现出"互动",如你递我接、你来我往、你前我后、你拥我抱等。事实上,1 岁半以前开展的亲子活动也有集体游戏,但只有集体的形式,缺少互动性,大多还是家长带着孩子单独活动。

（二）1.5～2 岁幼儿亲子活动设计案例解读

在理论探讨的基础上,为了更好地呈现 1.5～2 岁幼儿亲子活动的设计,下面以实际的活动设计案例进行具体的说明,详见表 4－4。

表 4－4　1.5～2 岁幼儿亲子活动设计案例分析

活动名称:水果派对		适宜年龄:1.5～2 岁	
适宜场地:室内户外宽阔场地皆宜		适宜人数:8～10 组家庭	
设计思考	水果是生活中不可或缺的食物,每天适量食用有益身体健康。家长基本上每天都会给幼儿吃水果,但不一定引导幼儿认识过水果。水果品种丰富,外形多样,本次亲子活动以"水果"为主题,几个环节均以水果为活动材料进行活动设计,家长引导幼儿在"水果宝宝交朋友""水果水果配配对""运水果""吃水果吧"等亲子活动中进行感知、操作体验,以此促进幼儿认知、动作、语言、社会性情感等各个方面的发展。		
活动目标	**环节一:自信宝宝——水果宝宝交朋友**		
	婴幼儿发展目标		**家长学习目标**
	1. 感知水果的触感、颜色、形状等外形特征。 2. 尝试在集体面前说出水果名称并进行问好。 3. 愿意与成人或同伴进行"碰一碰"游戏,乐于参与集体活动。		1. 掌握引导幼儿在集体面前介绍、问好的方法。 2. 了解 1.5～2 岁幼儿感知、认识事物的特点。 3. 能够尊重幼儿意愿,支持幼儿自主探索行为。

(续表)

活动准备	水果若干,神秘袋,两个纸箱(一个孔比较大、一个孔比较小)。		

	活动内容	家长指导要点	活动设计分析
活动过程	1. 保育师清唱《你好歌》,引导家长与宝宝进行简单的互动。 引导语:你好,你好,说你好,各位家长、宝宝们,大家好!我是××老师。 2. 保育师神秘地拿出水果袋,逐一展示袋中的水果,引导宝宝认识不同种类的水果。 引导语:(神秘、夸张的表情)宝宝们,猜猜这个神秘袋里有什么?嘘嘘,这是?苹果,圆圆的、红色的,摸一摸、闻一闻。香蕉,弯弯的像月亮,黄色的。 3. 引导宝宝寻找身后的水果,充分感知,并说一说。 引导语:宝宝们,调皮的小水果躲到后面去了,你们去找一找,找到后请家长朋友们引导宝宝看一看、摸一摸、问一问是什么水果。 4. 玩"找朋友"游戏。保育师出示一个水果,引导拿着相同水果的宝宝上来碰一碰并问好,其余参与人员回应:"你好,欢迎你。" 引导语:香蕉、香蕉在哪里,请你快快跑过来,让我亲亲你。 5. 自然小结活动,引导宝宝将水果分大小进行收纳,并指导家长。 (1) 出示两个大小孔不同的纸箱,引导宝宝将水果按照孔的大小进行简单分类和收纳。 引导语:宝宝们,水果宝宝玩累啦,想要回家了。这里有一扇门比较大,另一扇门比较小,你们看看哪个门适合它,就把它送回家吧。 (2) 向家长反馈活动中宝宝的情况,并对家长进行指导。	1. 请家长们正面示范,和保育师一起唱《你好歌》,主动向保育师和同伴挥手,鼓励宝宝向大家挥手问好。 2. 请家长跟着保育师清晰匀速说出"苹果、圆圆的、红色的"等词汇,引导宝宝进行模仿。 3. 游戏时家长可以用一些夸张的表情和动作引导宝宝寻找身后的水果,找到后引导宝宝看一看、摸一摸、闻一闻、说一说,充分认识水果的特征。 4. 活动过程中请家长注意引导宝宝养成初步的倾听习惯,学习耐心等待。 5. 在"碰一碰"游戏中,如果宝宝没有反应过来,家长可以提示宝宝拿的水果的名称,并鼓励其上前互动。 6. 这个月龄的宝宝可能会在反复操作尝试中找到解决问题的办法,家长在引导宝宝按照大小放水果时,先观察宝宝会怎么解决问题,必要时可以用语言或动作加以指导和说明。如"这是大的水果,小门放不进去"。 7. 活动价值:本活动通过"水果宝宝交朋友"的游戏,不仅能够丰富宝宝对水果的认知,还融入集体互动的内容,有助于发展宝宝的语言表达能力和社会性。	1. 活动设计较好地体现了三方互动。 2. 活动设计整合了认知、语言和社会性的发展,体现了整合性的思想。 3. 活动强调家长对幼儿行为的观察与积极回应。
家庭延伸活动	1. 家长有意识地多提供一些自然物,如水果、蔬菜等,让宝宝认识。平时的择菜、洗水果等家务活动,也可以让宝宝参与其中。 2. 善于利用生活场景引导宝宝多表达、多认识。例如:宝宝,今天我们要去超市买水果了,你最喜欢吃什么?		

环节二:聪明宝宝——水果配配对

	婴幼儿发展目标	家长学习目标	
活动目标	1. 能够根据图卡和水果的影子将水果模型进行配对。 2. 认识常见的水果,并且能够说出水果的名称。 3. 在操作游戏中加深对水果外形特征的感知和了解,并且获得成功感。	1. 掌握引导幼儿将水果模型与图卡、影子轮廓进行配对的方法。 2. 能够全心投入,观察幼儿活动表现并给予适当的指导。	

活动准备	1. 经验准备:见过水果。 2. 物质准备:水果模型,水果部分图卡,水果轮廓影子及匹配的水果图形,背景音乐。		

	活动内容	家长指导要点	活动设计分析
活动过程	1. 保育师清唱水果童谣引入,锻炼宝宝手部动作。 引导语:宝宝们,今天水果宝宝邀请我们去	1. 家长要积极参与到活动中,激起宝宝参与活动的热情,渲染集体游戏的快乐气氛,例如唱	1. 活动注重对家长的指导,关注亲子互动的水平和质量。

活动内容	家长指导要点	活动设计分析
他家玩游戏。游戏前我们先来热身一下,动动小手。变香蕉,变香蕉,弯弯;剥香蕉,剥香蕉,剥、剥;切香蕉,切香蕉,切、切;吃香蕉,吃香蕉,啊呜啊呜呜。 2. 出示并分发水果部分图卡,引导宝宝找到相应的水果模型进行配对游戏。 引导语:开始游戏咯！水果宝宝给了我们提示,(出示部分图卡)你们猜猜看,这是什么水果？请你们去后面找出相对应的水果,(请两位配教家长协助将水果模型放置于后面桌子上)跟它碰一碰,放在一起。 3. 播放音乐,创设捉迷藏情境,激发宝宝游戏兴趣。 引导语:宝宝们,水果宝宝说你真聪明,一下子就找到了它的好朋友。现在它要增加难度了,它躲起来藏在黑黑的影子里,你们再来找找看吧。 4. 鼓励家长与宝宝进行亲子音乐游戏互动,保育师巡回指导。 引导语:宝宝们,现在请你们将水果图片放进水果轮廓的影子里吧。方向也要对哦,把黑黑的部分盖住。 5. 自然结束活动,保育师引导宝宝将材料放回指定区域,并向家长说明活动目的和家庭指导。	水果童谣的时候,家长可以先跟着保育师动作,引导宝宝学习捏、切、吃的动作,给予宝宝良好的示范,让宝宝跟着模仿。 2. 在拿到部分图卡的时候,家长可以先让宝宝猜猜看这是什么水果,猜不出来再陪宝宝去找到实物,一一比对,对于猜对或者匹配成功的宝宝,及时给予鼓励。宝宝找不到也不要紧,家长应耐心陪伴,多观察引导。 3. 在"捉迷藏"游戏中,家长先出示水果图,引导宝宝观察猜测水果的轮廓,再进行影子配对。如果宝宝找不到,家长可以出示实物,让宝宝观察轮廓后再配对,适当提示宝宝,引导宝宝通过观察和思考进行配对游戏。 4. 活动结束后,家长要有意识地引导宝宝收拾玩教具,逐渐养成自己的物品自己收纳的好习惯。	2. 幼儿1岁半以后语言能力快速发展,活动设计充分考虑了如何在活动中促进幼儿语言的发展。 3. 请家长当配教,善于利用家长资源。
家庭延伸活动	1. 家长们回家可以买一些形状、水果、蔬菜等嵌板,引导宝宝进行配对游戏。 2. 适当尝试玩两块的拼图,可以将水果、蔬菜等常见物图片剪成两半,引导宝宝进行拼图游戏。	

环节三:身体动动动——运水果

	婴幼儿发展目标	家长学习目标
活动目标	1. 喜欢探索周围环境,能够扶着扶手上下楼梯。 2. 愿意穿过彩虹隧道,锻炼钻爬的能力。 3. 乐于运动,并能够对水果进行简单的分类。	1. 知道这个年龄段幼儿爬、钻、跨等动作发展特征,提供适当帮助,鼓励幼儿独立完成运动游戏。 2. 了解促进幼儿大动作发展的方法。

	活动准备	
活动准备	1. 经验准备:尝试过钻、爬、跨等动作练习。 2. 物质准备:背景音乐,彩虹隧道、钻圈、跨栏、水果篮各一个。	

	活动内容	家长指导要点	活动设计分析
活动过程	1. 保育师创设情境,激发宝宝兴趣,引导宝宝将水果送回家。 引导语:宝宝们刚才都找出了好多水果,现在让我们一起用篮子把水果宝宝运回家吧。 2. 保育师示范玩法,并向家长说明游戏指导要点。 引导语:请家长和宝宝们先看看怎么把水果宝宝送回家。首先,我们从起点拿一个水果宝宝,前面有一个钻圈,我们要双手抱在胸前,先一只脚踏过去,再把头和身体钻过去,再跨过另一只脚;然后再爬行穿过彩虹隧道;最后是跨栏,抬高右脚跨过去,再跨过左脚。哇,到达终点了,我们快把水果宝宝放到篮子里吧。	1. 家长观察宝宝活动时的情绪状态,在大动作上是否能够钻过圈、爬过彩虹隧道、跨过栏,如果宝宝无法成功,家长进行动作的示范或者协助,鼓励宝宝再次尝试。 2. 在游戏过程中要注意观察保育师的动作要领,做好宝宝游戏的安全防护。 3. 在游戏过程中家长可以用语言提示宝宝游戏规则并描述他的游戏行为。 4. 当宝宝成功将水果送回家后,家长要用表情、语言、肢体动	1. 活动设计意在让幼儿在玩乐中锻炼爬、钻、跨等动作,促进幼儿身体协调性和灵活性的发展,避免枯燥的身体锻炼。 2. 活动设计重视家长对幼儿活动的引导,而不是保育师直接引导。

（续表）

活动内容	家长指导要点	活动设计分析
3. 引导家长和宝宝排队,有序游戏,并引导宝宝注意活动过程的安全。 引导语:宝宝们拿上我们的水果就出发喽,在运的过程中家长要注意宝宝的安全哦,也要引导宝宝耐心排队等待。 4. 结束活动,并进行家长指导。 (1) 结束活动。 引导语:宝宝们都把水果宝宝送回了家,谢谢你们。请家长们引导宝贝转转小手,踢踢腿,放松一下。 (2) 向家长反馈活动情况,并指导活动延伸。	作对宝宝的行为加以肯定。 5. 活动价值:一方面通过将钻、爬、跨等动作练习融入运水果的路线中,锻炼宝宝的大动作发展,提升身体的灵活性和协调性;另一方面,亲子共同完成运水果的挑战,也能融洽亲子关系,增进亲子感情。	

| 家庭延伸活动 | 1. 在家中家长可以利用毛巾、枕头等创设一些小障碍,帮助宝宝练习跨越障碍物的动作。
2. 常带孩子去户外,享受自然的同时进一步提升孩子走、跑、跳等动作的协调性和灵活性。 | | |

环节四:生活时间

	婴幼儿发展目标	家长学习目标
活动目标	1. 在家长的引导下,学习捧杯喝牛奶。 2. 感知橘子、葡萄等水果,尝试双手配合将橘子皮剥下来。 3. 能够在家长的协助下完成洗手、如厕。	1. 明确培养幼儿生活自理能力的重要性。 2. 初步掌握锻炼幼儿剥橘子、捧杯喝牛奶的方法。

| 活动准备 | 1. 经验准备:吃过水果。
2. 物质准备:杯子、牛奶、温水、葡萄、橘子、音乐。 | | |

	活动环节	家长指导要点	活动设计分析
活动过程	1. 保育师播放休息时间的轻音乐。 2. 保育师组织家长和宝宝有序排队如厕,并指导家长根据班级墙面图文提示引导宝宝了解如何如厕。宝宝如需更换纸尿裤,请家长引导宝宝将换下的纸尿裤扔进指定区域。 3. 如厕后,请家长协助宝宝将袖子卷起,学习开关水龙头,初步了解"七步洗手法",并且根据洗手池上的标识边念儿歌边洗手。洗干净后请宝宝找到属于自己的小毛巾学习擦干小手,注意引导宝宝手臂上的水也要擦干。擦干后放下袖子,快速坐到点心区域,其间家长提醒不触摸玩具。 4. 保育师提前消毒好桌面,分发点心,指导家长引导宝宝自己独立进食,并且告诉宝宝今天的点心是什么食物,引导宝宝模仿跟读葡萄、橘子。 (1) 学习剥皮(橘子和葡萄)。 引导语:今天我们的水果是橘子和葡萄,我们可以来试试看怎么剥皮。先将橘子开个小口,引导宝宝自己剥开,并提醒宝宝吐籽。 (2) 学习捧杯喝牛奶。 引导语:今天我们喝的是牛奶,请宝宝一手握住杯子的小耳朵,一手扶着杯子,慢慢喝,牛奶洒出来也没事,爸爸妈妈会帮我们擦。少量多次。 5. 吃完点心,指导家长协助宝宝将自己的杯子放回指定区域,收好椅子,擦嘴、擦手,听故事休息。	1. 利用墙面图文,引导宝宝尝试用简单词句(如"尿尿""嗯嗯")表达如厕需求,培养自主如厕意识。更换纸尿裤后,鼓励宝宝自己将脏尿裤扔进指定桶。如厕后引导宝宝主动尝试卷袖子。 2. 洗手环节时,鼓励宝宝尝试自主开关水龙头,家长可以和宝宝同时、慢速地进行洗手,引导宝宝观察和模仿,放手让宝宝自己探索洗手的步骤,如果发现宝宝自己还未洗净,家长再帮助宝宝冲洗一次。洗完后,提醒并引导宝宝自己擦干小手和手臂,尝试自己放下袖子。 3. 吃点心前,家长可以鼓励宝宝主动跟读或尝试说出名称;吃水果时,可以先让宝宝自己探索一下怎么剥开,再适时给予协助,比如剥开葡萄的一个小口,鼓励他尝试用拇指和食指捏住葡萄并剥皮,提醒并示范"吐籽"。在宝宝学习捧杯喝奶时,耐心指导其双手配合:一手握把手、一手扶杯身,逐步减少洒漏。吃完点心后,引导并鼓励宝宝自己将杯子放回指定处、尝试推/搬小椅子归位、自己擦嘴擦手。	1. 活动设计关注生活自理能力的培养。 2. 活动设计能够基于日常对家长教养方式的梳理,体现了对家长指导的科学性。

（续表）

家庭延伸活动	1. 在日常教养过程中,鼓励宝宝自我服务,如尝试自己脱鞋子袜子、收拾玩具、擦桌子等。 2. 在家中多提供双手配合的机会和活动,如撕纸、穿珠等锻炼手部的精细动作。

环节五:亲子阅读——吃水果吧		

活动目标	**婴幼儿发展目标**	**家长学习目标**
活动目标	1. 在家长的引导下,能够说出自己看到的水果的名称,并模仿跟读"切好了,吃××啦"。 2. 在亲子阅读中了解书本要轻拿轻放,一页一页翻开。 3. 了解水果的外形和内部,喜欢亲子阅读的氛围。	1. 了解幼儿精细动作发展的过程,有意识引导宝宝学习翻书的过程。 2. 掌握亲子阅读的互动方法。

活动准备	绘本《吃水果啦》,背景音乐。	

活动过程	**活动内容**	**家长指导要点**	**活动设计分析**
活动过程	1. 保育师出示大绘本,吸引宝宝的兴趣。 引导语:宝宝们,你们看到什么水果? 这是书本的封面。 2. 保育师以动作展示的方式引导家长和宝宝了解亲子阅读的方法,并指导家长引导宝宝自主领取材料进行翻看。 引导语:现在我要翻开咯,捏住右下角,轻轻翻开一页。宝宝看,这是什么? 哇,吃苹果啦,什么颜色的? 什么形状? 小手比一下,这里有个小缝,谁想来掀开看看? 乐乐来,这是苹果的肚子,黄黄的,还有黑黑的小籽。咔嚓咔嚓,削好了,请吃吧。 3. 分发绘本,保育师巡回指导,有针对性地一一进行个别指导。 (1) 对于只顾念文字的家长,可适当提醒宝宝多观察、多说,把美味的水果展示出来,增加趣味性和游戏性。 (2) 对于不会翻书的宝宝,提醒家长不会翻是正常的,可以家长拎起一个小角,引导宝宝翻过去。 (3) 巡回指导,引导宝宝感受亲子阅读的喜悦。 4. 播放轻音乐,完整讲述并小结绘本内容。 5. 梳理游戏中亲子互动的智慧,进行家庭延伸指导。	1. 家长们在每次看书的时候可以引导宝宝认识封面,一般封面都会预告本书的重点内容或情节。在整个阅读过程中,家长可以让宝宝了解阅读绘本的正确方式,例如轻拿轻放,一页一页翻等。宝宝不会没关系,阅读习惯是慢慢形成的。 2. 亲子共同阅读时,家长要鼓励宝宝自主翻页,也可以就画面内容问一些简单的问题,引导宝宝多说、多看,不拘泥于念文字。宝宝如果特别喜欢哪一页,不要急于翻页,以免影响宝宝的专注力。 3. 活动过程中尽量轻松愉快,增加宝宝的兴趣,但不可大声喧哗。 4. 活动价值:《吃水果啦》这个故事不仅有趣,贴近宝宝的生活,而且能通过亲子活动帮助宝宝认识水果的内外部特征,还能体验亲子共同阅读的乐趣。	1. 这个月龄段适合开始开展亲子早期阅读活动,活动设计满足了幼儿的发展需求。 2. 活动设计体现了亲子阅读方法的具体示范与指导。 3. 活动重视过程中对家长个别化、差异化的指导。

家庭延伸活动	1. 在家中创设光线充足、安静的阅读环境,为宝宝提供可以摸着玩的书、发声的书等适宜的阅读材料,内容以宝宝熟悉的动物、食物等事物为主,继续进行亲子共读。 2. 可以与宝宝一起整理家人的照片,自制属于自己的独特绘本。

总评	1. 整个活动基本上以水果为主线,采用的是"主题式"的活动设计形式。 2. 活动认识对象"水果"是幼儿生活中的物品,体现了"活动选材自然化"的思想。 3. 活动设计基本遵循了活动设计的八个原则,尤其是适度性、互动性、指导性原则。 4. 制定的活动目标具体、可操作,采用的是发展目标的表述方式。 5. 活动安排了亲子早期阅读这一新内容,并关注幼儿学习使用工具能力的培养。

四、1.5～2岁幼儿亲子活动指导

随着月龄的增长,1.5～2岁幼儿身心发展表现出一些不同的特点,在亲子活动中有新的发展需求、有新的行为表现,该月龄段亲子活动的指导应多注意以下四个方面。

（一）引导幼儿活动时多一些等待和尊重

一般而言，1岁半以前婴幼儿的活动表现出更多的模仿性和依从性，喜欢模仿成人的行为，依照成人的指引进行活动。然而，随着心智的不断进步，1.5～2岁幼儿活动的自主性增强，有自己的主张、需求和活动方式。这就需要家长与保育师在引导幼儿活动时要多一些等待和尊重，而不是横加干预，按照自己的意愿和想法强行要求幼儿。例如，保育师提供的活动材料是面团、短木棒、制作糖葫芦的示意图。安安拿到这些材料后，将面团搓成了一个个大小不一的面疙瘩，但是她不知道如何穿起来。这时奶奶想告诉她，保育师则示意等等。安安琢磨了很久，又看了看示意图，最终把第一个面疙瘩穿进去了，但是奶奶嫌弃安安搓得不圆、大小不均匀。俊俊则先是一直捏面团，接着将整个面团搓成长条形（这时外婆欲言又止），再将木棒一根一根嵌在面粉上，做好后一看，兴奋地说："毛毛虫！"外婆则立即说："好了，我们开始做糖葫芦吧。"活动中亲子互动的前提应该是尊重儿童、激活其潜能，倡导主动活动，提供自由表现的机会。活动中，保育师和家长在互动前首先要学会观察，对幼儿想做什么、可能怎样做要有了解；其次在理解幼儿活动意图、思维方式的基础上，对他们的活动水平作出正确的分析，然后因势利导巧妙介入，促使幼儿在原有水平上有所提高。

（二）关注家长与幼儿互动的质量

家长是亲子活动的具体实施者，家长与幼儿能否在活动中进行良好互动直接影响亲子活动的效果，如果活动中没有家长的支持和有效参与，保育师设计的亲子活动再好也会收获甚小。1.5～2岁幼儿主动活动能力增强，活动中亲子互动的频率越来越高，保育师在指导该月龄段活动时应多关注家长与幼儿的互动是正向互动，还是负向或无效互动；当出现负向或无效互动时，保育师要及时介入，可以采用语言提醒、动作示范等多种形式灵活指导，改善亲子互动的质量。例如，在用针管吸水的活动中，阳阳不是拿着针管吸水，而是用力地拍水，水溅得到处都是，妈妈一直喊"不要拍"，可他就是不听，于是妈妈大声呵斥道："你到底听不听？"保育师听到连忙走过去，察看情况后，对阳阳说："我知道阳阳喜欢拍水，可是，你看衣服是不是湿了，这样容易感冒哦。"妈妈立即说："感冒了就要打针。"阳阳还是想继续拍水，但减轻了拍水的力度，保育师随即递给阳阳一支针管，并对他说："阳阳，能不能用针管把这些水珠吸起来送回家？"阳阳接过针管，极其卖力地吸着溅出来的水。很明显，妈妈与阳阳的互动是负向的，保育师发现后及时介入，并进行了正向互动的示范。

（三）灵活使用家长指导策略

在亲子活动现场，保育师指导家长的策略有示范指导、口头指导、环境指导等。保育师要灵活使用家长指导策略，以期达到指导的最佳效果，让同样的策略产生不同的效果。例如，保育师在进行示范指导的时候，可以先请一对家长和幼儿来示范活动的操作方法，保育师和其他家长再分析好与不好的方面，然后其他家长再引导幼儿进行活动。幼儿进行自由分散的区域活动时，保育师通常是巡回观察，发现问题及时与家长沟通；但是，如果保育师先为家长设计一份包含观察要点提示和指导要点的观察表，家长根据表格进行观察指导，那么不仅保育师的指导更全面、深入，家长对幼儿发展的理解也更深刻。

（四）积极观察幼儿的兴趣点

1.5～2岁幼儿心理活动以无意性为主，在活动中表现为无意注意、无意记忆、无意想象等。然而，兴趣的发展直接影响心理活动的水平——无意性发展越来越好，并积极转化为有意性心理活动，因为兴趣是孩子活动的动力和出发点。1岁半以后，幼儿的兴趣逐渐丰富起来，对不同的事物表现出不同的情感态度。亲子活动中，保育师要积极观察孩子的活动兴趣点，并指导家长一起观察；在观察幼儿兴趣表现的基础上，及时调整活动方式、生成新的活动内容，并为下一次活动设计提供参考。

育儿宝典

宝宝喜欢扔东西怎么办？

个案：1岁半左右的宝宝喜欢扔东西，洗脸时把毛巾扔了，很多玩具被扔坏了，自己的杯子被扔碎了，玩海洋球时扔得满地都是。有时候家长帮他们把东西捡起来，他们拿到手后又把它扔出去。总之,不管手上抓到什么东西都喜欢往外扔。宝宝扔东西是不是故意要搞破坏,故意要让家长生气呢?

分析: "扔东西"是1岁多幼儿的一个年龄特征,是幼儿不断增强的好奇心和探索欲望的一种体现。这个阶段,幼儿对自己动作所引发的结果很感兴趣,"扔东西"是他们在进行动作的尝试,体验东西从高处落下的感觉,发现东西落在地上的状态。当他们看见自己奋力一扔就能够让手中的东西飞离那么远,会有一种惊喜和成就感。然而,幼儿"扔东西"也存在弊端,物品经常被扔坏或扔碎。

策略:

1. 为幼儿准备一些可以扔的东西,如毛绒或布艺玩具、毛线团、小皮球、乒乓球、装生活用品的空盒子等。随着思维的发展,幼儿"扔东西"的行为会很快结束。

2. 引导幼儿了解哪些东西可以扔,哪些东西易碎。家长应及时将易碎物品放置在幼儿不可触及之处,而幼儿能触及的物品,则默认是可以供其探索的。

3. 为幼儿设计一些游戏,让他们尽情地"扔",如"扔球入筐""比比谁扔得远"等游戏,满足幼儿对于"扔"这个动作的需求。

4. 如果幼儿游戏时把东西扔得到处都是,家长可以采用游戏的方式引导幼儿把东西捡回去。例如海洋球扔得满地都是,可以对幼儿说:"娃娃要过生日了,我们把这些球捡起来送给她吧。"

实训练能

实训项目 4-2:1.5～2 岁幼儿亲子活动的设计与模拟组织

【实训目的】

认知目标:熟练掌握 1.5～2 岁幼儿亲子活动的设计重点与组织要点。

能力目标:能够小组合作设计一份 1.5～2 岁幼儿亲子活动方案,并模拟教学。

素质目标:强化以幼为本,促进家长科学育儿的活动观。

【任务实施】

内容:设计亲子活动"水果派对"(1.5～2 岁)(相关素材见附件)。

要求:

(1) 根据班级学生情况进行分组,一般每小组 4～6 人。

(2) 根据给定素材与年龄段,设计亲子活动的教案(40 分钟)。教案格式完整规范,包含活动目标(婴幼儿发展目标和家长学习目标)、活动准备、活动过程(包含家长指导要点)、家庭活动延伸,语言清晰、简洁、明了,目标设计、内容选择、方法运用等满足家长科学育儿的需求,符合婴幼儿的年龄特点。

(3) 根据已设计的教案进行亲子活动环节的模拟教学展示,要求:仪表大方,举止文雅,表情自然、丰富,有亲和力,语言规范,条理清楚,逻辑性强,表达流畅;教学活动展示在 7 分钟之内完成。

附件:

(1) 苹果、梨、香蕉、猕猴桃、哈密瓜、西瓜、草莓水果模型。

(2) 橘子皮、香蕉皮、桃核。

(3) 塑料水果刀、砧板、浅口盘。

(4) 红、黄、蓝、绿四色颜料,颜料盘。

活动方案格式

活动名称:		适宜年龄:	
适宜场地:		适宜人数:	
设计思考			
活动环节			
活动目标	婴幼儿发展目标		家长学习目标
活动准备	经验准备		
	物质准备		
活动过程	活动内容		家长指导要点
家庭延伸活动			

任务思考

一、选择题

1. 1.5～2岁幼儿的发展特点是（　　）。

A. 最初的基本动作已经发展、双手逐渐学习使用工具、想象活动开始萌芽、言语和思维的真正发生

B. 基本动作技能开始形成、双手逐渐学习使用工具、想象活动开始萌芽、言语和思维的真正发生

C. 最初的基本动作已经发展、双手逐渐学习使用工具、自我意识开始发展、言语和思维的真正发生

D. 基本动作技能开始形成、双手逐渐学习使用工具、自我意识开始发展、言语和思维的真正发生

2. 下列不属于1.5～2岁幼儿动作发展水平的是（　　）。

A. 会自如向前走、向后走，会蹲着玩

B. 能够用汤匙吃东西

C. 连续跑 3～4 米,但不稳,自己上下床

D. 开始双脚向前跳跃

3. 以开始集体互动游戏为活动设计的导向是(   )年龄段亲子活动设计的注意事项。

A. 0～0.5 岁

B. 0.5～1 岁

C. 1～1.5 岁

D. 1.5～2 岁

二、判断题

1. (   )为 1.5～2 岁幼儿设计促进精细动作发展的亲子活动时,重点应落在使用工具能力的锻炼上。

2. (   )1.5～2 岁幼儿活动的自主性增强,保育师和家长在引导其活动时,应多一些等待和尊重。

赛证 链接

一、单选题

1. 帮助 1～2 岁幼儿增加词汇,指导时要(   ),多说几遍,并且鼓励幼儿把听懂的话说出来。

A. 用生动的语言、温柔的声音

B. 用复杂的语言、生硬的声音

C. 加重语气,突出每次新出现的词汇

D. 用优美的语言、柔和的声音

在线练习

2. 为提升儿童健康水平,促进儿童早期发展,加强婴幼儿养育照护指导,强化医疗机构通过养育风险筛查与咨询指导、父母课堂、亲子活动、随访等形式,指导家庭养育人掌握科学育儿理念和知识,提高婴幼儿健康养育照护能力和水平,国家卫生健康委印发了(   )。

A.《托育机构婴幼儿喂养与营养指南(试行)》

B.《托育机构婴幼儿伤害预防指南(试行)》

C.《托育机构保育指导大纲(试行)》

D.《3 岁以下婴幼儿健康养育照护指南(试行)》

3. 对于那些会扶站却不敢迈出第一步的孩子,以及那些只肯扶着走,不敢独自放手走的孩子,我们最好的帮助便是(   )。

A. 拎起孩子双手学走路

B. 牵着孩子双手学走路

C. 使用学步车学走路

D. 在其大动作发展没有异常的情况下,不帮忙、不催促,顺其自然、静待花开

4. 保育师与家长沟通时,哪一种态度是错误的?(   )

A. 平等　　　　B. 尊重　　　　C. 真诚　　　　D. 信仰

二、多选题

亲子游戏须注意的问题有(   )。

A. 不要以父母的价值取向来衡量游戏

B. 不要违背宝宝的年龄特征开展游戏

C. 不要认为良好的游戏习惯无关紧要

D. 不要总是剥夺宝贝独自游戏的权利

E. 不要用委婉或鼓励的方式让孩子自己玩游戏

(选自全国职业院校技能大赛高职组婴幼儿照护赛项赛题)

项目五 设计与指导 2～3 岁幼儿亲子活动

项目导学

转眼间,迎来了"可怕的 2 岁"。2 岁后的幼儿开始更加独立,也似乎变得更加麻烦。这时候的他们开始能够自由地行走和跳跃,动作发展迅猛,经常喜欢"破坏"玩教具,自我意识开始萌芽,有了自己的想法,变成了大人口中的"小捣蛋"。幼儿的思维能力和语言沟通能力日渐增强,也越来越喜欢与人交往。针对这一阶段的幼儿特点,可以设计哪些亲子活动? 家长指导时要注意什么问题?

本项目将围绕 2～3 岁幼儿的身心发展水平与特点、亲子活动设计及指导要点展开,通过知识点的学习、案例分析、反思实践等,帮助学习者掌握 2～3 岁幼儿亲子活动的设计与指导。

学习目标

知识目标　1. 理解 2～3 岁幼儿的身心发展特点和亲子活动设计要点。
　　　　　　2. 掌握 2～3 岁幼儿亲子活动组织指导要点。

能力目标　1. 能够根据 2～3 岁幼儿身心发展特点设计适宜的亲子活动。
　　　　　　2. 能够组织 2～3 岁幼儿亲子活动并根据现场进行科学的活动指导。

素质目标　1. 树立"循序渐进、稳步提升"的亲子活动设计与组织观。
　　　　　　2. 树立亲子活动情境中因材施教、个性化指导的指导理念。
　　　　　　3. 践行"主动、认真、严谨、实事求是"的职业精神。

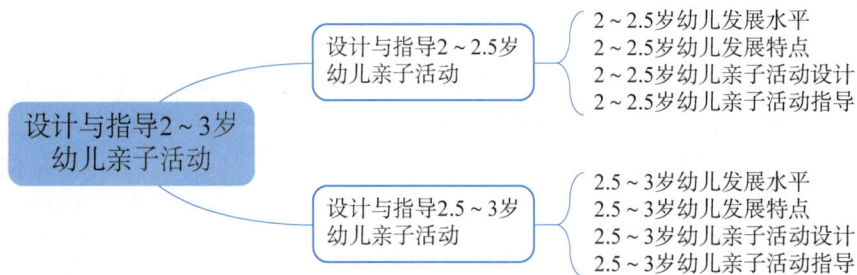

```
                              ┌─ 2～2.5岁幼儿发展水平
                              ├─ 2～2.5岁幼儿发展特点
        ┌─ 设计与指导2～2.5岁 ─┤
        │   幼儿亲子活动        ├─ 2～2.5岁幼儿亲子活动设计
        │                      └─ 2～2.5岁幼儿亲子活动指导
设计与指导2～3岁 ─┤
幼儿亲子活动       │                      ┌─ 2.5～3岁幼儿发展水平
        │                      ├─ 2.5～3岁幼儿发展特点
        └─ 设计与指导2.5～3岁 ─┤
            幼儿亲子活动        ├─ 2.5～3岁幼儿亲子活动设计
                              └─ 2.5～3岁幼儿亲子活动指导
```

任务一 **设计与指导 2～2.5 岁幼儿亲子活动**

案例导入

一天早上,灰灰妈妈抱着 27 个月的灰灰一脸生气地来到早教指导中心,保育师贞贞赶忙上前问道:"灰灰妈妈,怎么了?"灰灰妈妈生气地说:"你知道吗,我今天早上煮好了粥,他看后说不吃,于是我拿牛奶给他,他也不要,给他鸡蛋,他也不想吃。眼看出门的时间到了,我直接喂他吃,他边吃边哭。出门时,他想穿拖鞋,我说今天有户外活动,需要穿运动鞋,不能穿拖鞋。于是他大喊大叫,一直闹情绪,这不,我们迟到了。"

作为保育师,在亲子活动设计时如何应对灰灰的这种情况?在亲子活动指导中如何有效指导灰灰及其家长?

2～2.5 岁幼儿身心各个方面的发展稳步前进,表现出这个年龄段的一些发展特点:粗大和精细动作发展更成熟,出现人生最初的思维,具有一定的口语表达能力,自我意识萌芽,出现了最初的独立性。这些发展表现对亲子活动的设计与指导提出了更多要求,成人要善于观察这个阶段幼儿的行为表现,为其准备适宜的亲子活动。

一、2～2.5 岁幼儿发展水平

0～3 岁婴幼儿发展分为"生长与发育""动作控制""语言与沟通""认知与探索""情感与社会性""自助与习惯"六个方面,2～2.5 岁幼儿发展水平详见表 5-1。

表 5-1 2～2.5 岁幼儿发展水平

方面	2～2.5 岁					
生长与发育	1. 体格发育					
	月龄	体重(kg)		身高(cm)		头围(cm)
		男	女	男	女	男	女
	27	13.1	12.5	90.8	89.5	48.7	47.6
	30	13.7	13.0	93.2	91.9	48.9	47.9
	2. 20 颗乳牙已出齐。					
动作控制	1. 能双脚交替走楼梯,能双脚离地跳。 2. 能后退、侧着走和奔跑,能轻松地立定蹲下,能手脚基本协调地进行攀爬。 3. 会迈过低矮的障碍物,能滚球、扔球,会举起手臂有方向地投掷。 4. 能用积木搭桥、火车等简单的物体。 5. 会转动把手开门,旋开瓶盖取物。 6. 会骑三轮车和其他大轮的玩具车。 7. 会自己洗手、擦脸。					
语言与沟通	1. 咿呀学语声基本消失。 2. 会用日常生活中一些常用形容词。 3. 开始用"你"等代名词。 4. 会念简单的儿歌。 5. 会说完整的短句和简单的复合句。 6. 能区分书中的图画和文字。 7. 愿意独自看简单的绘本。					

(续表)

方面	2～2.5 岁
认知与探索	1. 对周围事物或现象感兴趣,爱提问题。 2. 能基于形状、大小、颜色等做简单的分类。 3. 能感知并重复一些简单的韵律和歌曲。 4. 能感知物体软、硬、冷、热等属性。 5. 感知比较差异明显的"大""小""多""少""上""下"。 6. 能跟着唱数。 7. 游戏时能用物体或自己的身体部位代表其他物体。
情感与社会性	1. 萌发初步的同情感。 2. 有简单的是非观念。 3. 喜欢参与同伴的活动,能和同伴一起玩简单的角色游戏,会相互模仿,有模糊的角色装扮意识。 4. 开始能表达自己的情感。 5. 开始意识到他人的情感。 6. 受到挫折会发脾气。
自助与习惯	1. 初步养成喝白开水、不挑食的习惯。 2. 初步养成独立入睡的习惯。 3. 初步养成在成人的协助下自己大小便的习惯。 4. 初步养成运动锻炼的习惯。 5. 初步养成收拾整理的习惯。

二、2～2.5 岁幼儿发展特点

2 岁以后,幼儿的主要心理发展过程已经齐全。2～2.5 岁幼儿各个方面的发展表现出一定的年龄阶段特点,主要特点归纳如下。

(一)基本动作技能开始形成

动作技能是一种协调运动的能力,是人们利用一组动作去完成一项具体任务或解决一个问题时所表现的活动能力。

2 岁以后,幼儿动作开始变得更加综合,其技巧性开始表现出来,形成了一定的动作技能,他们可以双手端着东西来回走动、会在草地上踢球、会叠积木、会画线(临摹画直线和水平线)、会用勺子吃饭、会自己喝水等。到 2 岁半左右,幼儿的基本动作发展比较好,形成了相应的动作技能,可以更自主地从事各种活动,这也为生活自理能力的发展奠定基础。这一时期形成的动作技能主要服务于日常生活及游戏。

(二)思维具有"直观行动性"

幼儿思维的真正形成是在 2 岁左右,思维发生阶段的主要特点是直观行动性。直观行动思维主要以直观的、行动的方式进行,是在直接感知和实际行动中进行的,不能离开幼儿自己的动作。实际上,动作和感知是不可分的,动作不但为幼儿提供触觉形象,而且提供不断更新的视觉和听觉形象。

2～2.5 岁是幼儿思维开始发展阶段,思维是在直接与该事物的接触或活动中进行的,带有明显的直观行动性,活动中他们往往先做后想或边做边想;活动时一般有很多无效的多余动作,有时候虽然能够初步揭示事物的一些内部属性以及事物间的一些关系,但它只是幼儿行动的客观结果,在行动之前幼儿主观上并没有预定的目的和行动计划,也不可能预见自己行动的后果。例如,一幼儿看到桌子上有自己喜欢的小熊饼干,于是伸手去拿,可是不管怎么伸都够不着。他呆呆地望了一会儿,然后跑到桌子的另一边伸手拿,还是够不着,最后他围着桌子转了一圈都没有拿到饼干,于是坐在地上开始哭起来。

(三)学习和发展口语的关键期

2 岁幼儿处在口语发展的关键期,随着词汇量的迅速增加,他们已能用简单的语句来表达意愿,听说能力基本形成。这一时期幼儿的言语能力发展迅速,他们特别喜欢表达,尽管所说的话仍然以简单句为主,但说话的内容变得丰富。他们已经掌握了与生活有关的最基本的词汇,会正确运用代词"你""我",如会说"你不可以""这是我的";会运用语言与人交往,甚至还能说上几句儿歌。

3 岁左右,大部分幼儿能运用语言进行日常交往,说出的话语不再完全是简单句,开始出现复合句。句子长度大多在 10 个字左右,词汇量可达 1 000 个左右;会使用代词"他",还会朗诵儿歌。

(四) 喜欢重复与模仿,对新奇事物感兴趣

2 岁幼儿的认识能力发展很快,爱模仿别人,看见别人玩什么,自己也想玩什么。他们最喜欢模仿成人哄娃娃吃饭、睡觉,或是模仿成人做饭等。他们喜欢重复地摆弄物品,喜欢听成人重复讲同一个故事。在重复的活动中逐渐认识物体的属性,发展语言与动作,逐渐产生简单联想。这个时期的幼儿对任何事物都有很大的兴趣,明显表现出对周围事物的兴趣和好奇心,喜欢观察、提问,凡事都想自己去尝试一下,特别是对色彩鲜艳、有声响、会动的物品感兴趣,新异事物能引起他们极大的注意。

(五) 自我意识开始萌芽

幼儿在 2 岁左右掌握代名词"我",这是其自我意识萌芽的最重要标志。这个年龄段的幼儿经常说"我的",知道"我"和他人的区别,在言语上逐渐分清"你""我",开始不让别人动自己的东西。经过一段时间后,幼儿逐渐学会准确使用"我"这个词来表达自己的意愿,这说明幼儿的自我意识已经开始发展。

2 岁以后,幼儿变得懂事多了,也学会做很多事了,并能够把自己与外界、他人分开。喜欢与同龄伙伴及熟悉的成人交往,但在交往中带有明显的自我中心倾向,常以满足自己需要为准则与他人交往,不满足时会出现攻击性行为。这也是幼儿情绪急剧动荡时期,所以幼儿常表现得很难应付。从心理角度来说,这也是幼儿发育过程中的必然现象。这种现象是暂时性的,无须过分担心。

(六) 最初的独立性出现

随着幼儿自我意识的发展,他们逐渐表现出最初的独立性。幼儿进入第二个年头,不像 1 岁前那么顺从,特别是 2～3 岁时,他们有了自己的主意,开始"不听话"了,对成人的要求经常置若罔闻,按照自己的想法行事。例如:走在大街上,大人要求他好好走路以防摔跤,他却要蹦蹦跳跳,时而蹲下捡拾好看好玩的小东西;又如大人不让他到饮水机上接水,而他非要去,看到流了满地的水,他非常开心。

幼儿 2～3 岁时处在人生的"第一反抗期",经常和成人对着干,喜欢说"不"。如在外面玩久了,大人说"我们回家吧",他想都没想立即说"不,我还要玩";又如大人带孩子出门前想给他换件衣服,他却不肯,嘴上说"不,我不换,就要穿这件"。这时不能粗暴地对待幼儿,否则一旦形成对立的关系,幼儿将来可能养成执拗的性格;而若一味地顺从孩子,则将形成懒惰、依赖、任性的不良性格。

独立性的出现是幼儿心理发展上非常重要的一步,也是人生头 2～3 年心理发展成就的集中表现。

三、2～2.5 岁幼儿亲子活动设计

2～2.5 岁幼儿亲子活动的设计应根据这一月龄段的发展特点,注重多方互动,采用游戏的方式,促进幼儿综合能力的发展。

(一) 2～2.5 岁幼儿亲子活动设计注意事项

2～2.5 岁幼儿亲子活动的设计要全面考虑该月龄段的发展特点,以下是需要注意的主要事项。

1. 以形成基本动作技能为动作发展的主要任务

2～2.5 岁幼儿已经形成一定的动作技能,能维持身体进行走、跑、跳、平衡等动作,能进行最初的生活自理活动(如擦嘴、洗手、用勺吃饭等),会滚球、涂鸦、叠积木、翻书等。然而,这个年龄阶段幼儿动作技能发展还不够成熟,控制身体的平衡及协调能力还有待加强,双手的配合与协调还有待进一步成熟和完善。因此,这个阶段幼儿的动作发展应以形成基本动作技能为主要任务,为幼儿的生活自理能力和自主游戏打下基础。例如,保育师根据 2～2.5 岁幼儿动作发展水平和年龄特点设计的亲子活动"礼物大派送",让幼儿爬过"小山"(攀爬滑梯)去取系在玩具树上的小礼物,有的礼物可以直接拿到,有的需要把自己垫高才能拿到。活动有效地锻炼了幼儿的动作技能:爬过"小山"、解开绳子、把礼物拉下来、踩上小凳子垫高等。

2. 以促进口语的发展为重要活动目标

2～3 岁是幼儿口语发展的关键期。这个年龄段的幼儿会说完整的短句和简单的复合句,会用日常生活中的常用语进行表达,会念简单的儿歌等。这就要求保育师在为 2～2.5 岁幼儿设计亲子活动时,要把

促进幼儿口语的发展作为活动的重要目标,保育师应适当安排语言领域的亲子活动,如亲子听说游戏、早期阅读等;也要重视在其他领域活动中进行渗透(如结合"彩虹伞"游戏,让幼儿边念儿歌边在家长的带动下上下抖动身体);还包括活动中幼儿与家长、保育师、同伴之间的互动交流(在每次活动操作前后,幼儿取放玩具时,使用"谢谢你""不用谢"等基本礼貌用语)。

3. 以大力发展认知能力为活动设计的要点

随着想象、思维活动的萌芽,与之前相比,2~2.5岁幼儿认知发展进程加快,他们对周围事物和现象更感兴趣,爱提问题,能根据颜色、大小、形状进行简单的分类,能在感知比较中认识"大小、多少、长短、上下",能跟着唱数等。保育师应根据这个月龄段幼儿的认知发展需求,在设计亲子活动时做到以下两方面:第一,以促进认知发展为出发点设计专门的认知活动,例如,给蔬菜与水果分分类,比较废旧盒子或空瓶子的大小、高矮或粗细;第二,善于挖掘各种活动中的认知成分,例如,在"大猫小猫"的音乐游戏中感知声音的大小,在"纸箱画"活动中引导幼儿数一数保育师拿来几只箱子,指导家长引导幼儿说一说可以在纸箱的哪些地方画画(前后面、上下面)。

4. 以培养幼儿的自我意识为家长指导的重要内容

2岁左右,幼儿逐步能够把自己与外界、他人分开,喜欢与同伴及熟悉的成人交往(交往中带有明显的自我中心倾向)。自我意识是人区别于其他生物,是人之所以为人的重要标志,是人精神生命的中心。因此,在2~2.5岁这个阶段关注幼儿自我意识的发展极为重要。保育师在设计亲子活动时,要把培养幼儿的自我意识作为家长指导的重要内容,指导家长帮助幼儿从镜子、照片和录像中反观"自我"、从成人的评价中确立"自我"、从自己的行为中认识"自我"。

(二) 2~2.5岁幼儿亲子活动设计案例解读

在理论探讨的基础上,为了更好地呈现2~2.5岁幼儿亲子活动的设计,下面以实际的活动设计案例进行具体的说明,详见表5-2。

表5-2　2~2.5岁幼儿亲子活动设计案例分析

活动名称:圆形宝宝闯关记		适宜年龄:2~2.5岁
适宜场地:室内宽阔场地皆宜		适宜人数:8~10组家庭
设计思考	《福建省0~3岁儿童早期教育指南(试行)》中指出:"要从日常生活中选择儿童感兴趣的、富有价值的教育内容,让儿童在快乐的游戏中开启潜能,推进发展。"幼儿喜爱的玩具中有很多圆形的形状,圆形在幼儿生活中随处可见,基于此,本次亲子活动以"圆形"为主题,引导家长与幼儿参与"圆形王国邀请函""扭扭蛋挑战""送圆形回家""小圆的点心派对""圆形宝宝变魔术"系列活动来促进幼儿动作、语言、认知、情感和社会性等方面的全面发展,指导家长掌握在生活中与孩子良性互动的方法。	
活动目标	**婴幼儿发展目标** 1. 愿意在集体面前表现自己,学习说短句"我带来了圆圆的××"。 2. 能够运用拓印棒制作邀请函。 3. 通过观察、比较,能够双手配合将相同颜色、形状拼合在一起。 4. 练习跳、跨、钻、爬、侧身走等动作,提高身体的灵活性和协调性。 5. 初步感知故事内容,体验亲子阅读的乐趣。	**家长学习目标** 1. 了解本阶段幼儿的语言、认知、动作、社会性等方面的发展水平。 2. 活动中能够观察幼儿参与活动的情况,并能选择适宜的方式与幼儿互动。 3. 能在不同场景中拓展家庭延伸活动的内容。
活动准备	1. 每个幼儿提前准备圆形的物品一件。 2. 卡纸、颜料、形状拓印棒若干。 3. 圆盘、圆球、圆形呼啦圈、低矮障碍物、圆形触觉垫、拱门、软包梯各一个。 4. 红色、黄色、蓝色的圆形若干;红色、黄色、蓝色的框各一个。 5. 绘本《会变魔术的圆形》若干。	

(续表)

环节一:圆形王国邀请函			
	活动内容	家长指导要点	活动设计分析
活动过程	1. 大家围圈盘坐,保育师清唱《小圆歌》,引导家长与宝宝进行简单的互动。 引导语:你好,小圆,你好,小圆,小圆小圆说你好,大家好! 2. 出示圆球玩偶,引导宝宝说出带来的圆形物品。 引导语:大家好,我是小圆,今天大家都带来了自己的圆形宝贝,请你们先说说都带来了什么。 3. 保育师请一名能力较强的宝宝开始游戏,其余宝宝依次分享进行交流互动。 引导语:小圆先去找依依,"我带来了圆圆的积木",然后家长鼓励宝宝一个接一个往下传球并进行分享。 4. 组织大家认识其他材料,示范拓印技能,准备开始制作邀请函。 引导语:哇,宝宝们带来了这么多圆形的工具,小圆想邀请大家去圆形王国玩,但是去之前我们要先制作一张邀请函,老师给大家准备了颜料、形状拓印棒。这里有一张空白的邀请函,我们先选择自己喜欢的工具,蘸取颜料,用力按压在邀请函上,1、2、3,拿起来,哇,一朵黄色的小花出来了。 5. 组织家长协助宝宝穿好美工衣进行形状拓印邀请函,保育师巡回指导,有针对性地进行个别指导。 6. 播放轻音乐,展示形状乐园邀请函。 7. 自然小结,向家长反馈活动中宝宝的情况,并进行家教延伸。	1. 请家长们正面示范,和保育师一起唱《小圆歌》,主动向保育师和同伴挥手,鼓励宝宝向大家挥手问好。 2. 请家长引导宝宝说出"我带来了圆圆的××",介绍自己带来的物品,如果宝宝不太能说出物品的名称,家长不要着急,可以在旁提醒。 3. 活动过程中尽量轻松愉快,增加宝宝的兴趣,活动中尊重宝宝的审美感知和审美体验,鼓励宝宝选择自己喜欢的工具并让宝宝自己拓印,允许画面沾染颜料,注重宝宝的涂鸦体验。弄脏手也不要紧,及时用湿巾擦手。 4. 活动价值:本活动主要是通过分享带来的圆形物品,发展宝宝的语言能力和社会性;融美育于制作邀请函的同时锻炼宝宝的手部精细动作。	1. 2 岁左右,幼儿自我意识开始萌芽,活动设计适合这个月龄段的幼儿,也满足了幼儿的发展需求。 2. 活动设计挖掘了多方面的发展价值,涉及自我意识、艺术启蒙、同伴交往、语言的发展。

环节二:扭扭蛋挑战			
	活动内容	家长指导要点	活动设计分析
活动过程	1. 出示教具引入,激发宝宝活动兴趣。 引导语:我们顺利进入图形乐园了,现在我们开始第一关的挑战——扭扭蛋大比拼。 2. 鼓励宝宝自主观察、对比,熟悉操作材料并开始游戏。 (1) 观察聪明蛋的颜色。 家长指导语:首先请家长带着宝宝一起观察各个玩具的颜色,可以问问宝宝都有什么颜色。将相同的颜色放在一起。 (2) 形状配对、装入蛋托盒里。 家长指导语:家长引导宝宝分辨蛋里的形状的特征,并进行一一配对、扭合并有序放入蛋托盒里。家长可以根据宝宝的能力进行互动,如果宝宝找得快,家长可以指定图块,以增加难度。 (3) 配对比赛。 引导语:宝宝们,现在你们都配对完了,我们和爸爸妈妈一起比赛吧,看谁找得又快又准,颜色也要正确哦! 3. 保育师带领家长和宝宝一起进行游戏活动。 重点指导:孩子是否配对正确,颜色也要正确。	1. 家长要了解本月龄段的宝宝精细动作的发展重点是双手协作能力和手眼协调性,本游戏设计精细动作和认知,家长可放手让宝宝自己动手操作,从打开盒子、取出扭扭蛋,到一一配对扭合、有序放置蛋托,对准卡扣按压盖好盖子,收好。每个步骤都是一次锻炼的机会,尽量让宝宝自己动手操作,不要急于帮助宝宝准备好所有材料。 2. 允许宝宝试错,有的形状、颜色很像,有的形状配对成功但方向不对也会扭合不上,家长可多提示宝宝自己调整,自己找出问题所在,自己解决,家长多鼓励宝宝保持耐心,相信孩子会在反复持续的探索中,逐步巩固和加深对形状、颜色的认识。	1. 活动设计符合该月龄段幼儿发展特点,支持幼儿通过摸一摸、看一看、比一比等多种方式进行匹配。 2. 活动设计关注家长科学育儿的指导。

(续表)

活动内容	家长指导要点	活动设计分析
4. 自然结束活动,保育师引导宝宝将玩具放回指定区域,并向家长说明活动目的和家庭指导。 (1) 结束活动。 引导语:请宝贝们轻轻地将扭扭蛋宝宝送回家休息一下,待会儿小圆宝宝还邀请了大家一起去森林探险呢。 (2) 向家长反馈活动情况,并指导其进行活动延伸。	3. 对于宝宝的各种提问,家长需及时给予恰当的回应,支持宝宝的联想行为,例如扭扭蛋里的十字架形状,宝宝会联想到救护车或者医院。 4. 如果个别宝宝喜欢重复拆开、合上的动作,也无须担心。看似"搞破坏"的行为,背后实则体现了本月龄宝宝乐于探索、喜欢拆卸的特点。家长可以满足宝宝的好奇心,满足他的探索欲望,也许他正在研究"开合"的奥秘。 5. 最后,家长可以有意识地引导宝宝收拾玩教具,逐渐养成自己的物品自己收纳的好习惯。	

环节三:送圆形回家

	活动内容	家长指导要点	活动设计分析
活动过程	1. 情境导入,激发宝宝活动兴趣。 引导语:(模仿小圆的声音)哇,太棒了,我们完成了第一关的挑战,现在我们去第二关探险吧,把五颜六色的圆形宝宝送回家。 2. 保育师示范玩法,并向家长说明游戏指导要点。 引导语:请家长和宝宝们先看看怎么把圆形宝宝送回家。首先,我们从起点拿一个圆形,我们先跳进呼啦圈、迈过低矮障碍物、侧身走过触觉垫、钻过拱门、手脚协调地攀爬软包梯,哇,到达终点了。到终点后请家长们问一问宝宝这是什么颜色的圆形,这是红色的圆形,我们快把它送到红色的家吧。 3. 引导宝宝有序排队进行游戏,保育师巡回指导。 引导语:现在请宝宝们排队进行游戏。 重点指导宝贝侧身走和手脚协调攀爬软梯的动作。 4. 自然结束活动,并进行家教延伸。 引导语:哇,你们都闯关成功了,帮助很多的图形宝贝找到自己的家。	1. 活动中家长要观察宝宝活动时的情绪状态,在大动作上是否会跳、侧身走、攀爬软包梯,观察之后,再对宝宝进行引导,要循序渐进,根据保育师的提示进行游戏,不要太着急,稍微帮助宝宝保持平衡。随时关注宝宝的情绪和反应,如果宝宝不愿意或者不适,请家长适当降低难度给予帮助。比如:跳不过去,家长可以牵一下,助力一下;不会侧身走,家长可以示范并牵着宝宝保持平衡;不敢攀爬,家长可以扶着宝宝全程给予安全感。 2. 在游戏过程中要注意观察保育师的动作要领,做好宝宝游戏的安全防护。 3. 在游戏过程中家长可以有意识地用语言提示,引导宝宝认知圆形的颜色。最后观察宝宝是否能按照颜色正确匹配圆形的家。 4. 活动价值:一方面通过将跳、跨、钻、爬、侧身走等动作融入送圆形宝宝的游戏中,提高身体的灵活性和协调性;另一方面借助按颜色匹配的规则,提升难度,发展宝宝颜色的认知。	1. 这个月龄段主要以形成基本动作技能为动作发展的主要任务,活动设计满足了幼儿的发展需求。 2. 活动设计关注幼儿的发展差异。 3. 活动设计注重保育师对家长的指导,积极发挥家长在活动中的角色和作用。

环节四:小圆的点心派对

	活动内容	家长指导要点	活动设计分析
活动过程	1. 保育师播放休息时间的轻音乐。 2. 保育师组织家长和宝宝有序排队如厕,并指导家长引导宝宝学习如厕。 3. 如厕过后,请家长协助宝宝将袖子卷起,	1. 家长要明确培养宝宝的生活自理能力的重要性,切勿包办代替,要根据宝宝的能力,尽量放手让宝宝自己来。	1. 活动设计关注幼儿生活自理能力的培养。 2. 活动要求符合该月龄段幼儿的发展水平。

（续表）

活动内容	家长指导要点	活动设计分析
引导宝宝学习开关水龙头,并根据标识边念儿歌边学习"七步洗手法"。洗干净之后请宝宝找到属于自己的小毛巾学习擦干小手和手臂。洗完后,快速坐到点心区域,其间家长提醒不触摸玩具。 4. 保育师提前消毒好桌面,分发点心,指导家长引导宝宝自己独立进食,并且告诉宝宝今天的点心是什么食物,引导宝宝说出椭圆的鸡蛋和方形的面包。 (1) 学习剥鸡蛋壳。 引导语:今天图形乐园给我们准备的点心是椭圆的鸡蛋、白色的牛奶和方形的面包,你们摸摸鸡蛋,硬硬的,要怎么吃呢? 对了,需要剥壳,你们可以试试看,怎么剥?(引导宝宝自由探索)敲一敲,再剥。 (2) 学习捧杯喝牛奶。 引导语:今天我们喝的是牛奶,请宝宝一手握住杯子的小耳朵,一手扶着圆形的杯子,慢慢喝,牛奶洒出来也没事,爸爸妈妈会帮我们擦。少量多次。 (3) 品尝方形的面包。 引导语:这是方形的吐司面包,你们看看,咬一口会变成什么? 面包也可以变变变,变成小船,变成月亮,变小汽车,变出各种各样的形状。 5. 吃完点心,指导家长协助宝宝将自己的杯子放回指定区域,收好椅子,擦嘴、擦手,听故事休息。	2. 能够结合墙面图示、标识、儿歌童谣等方式引导宝宝学习自理,并激发宝宝自理的兴趣,及时肯定宝宝的自理行为。 3. 在洗手的时候,家长可以和宝宝同时、慢速地七步洗手,引导宝宝观察和模仿,放手让宝宝自己探索洗手的步骤,如果发现宝宝自己还未洗净,家长再帮助宝宝冲洗一次。 4. 吃点心前,家长可以有意识地引导宝宝认识食物,引导宝宝摸一摸、说一说、闻一闻、再尝一尝。尤其是剥鸡蛋的时候,家长可以先让宝宝自己探索怎么剥开,多试几次,相信他会探索出便捷的剥壳方式。	

环节五:圆形宝宝变魔术

	活动内容	家长指导要点	活动设计分析
活动过程	1. 谈话导入,吸引宝宝的兴趣。 引导语:刚刚我们的吐司面包是不是好吃又好玩,可以变成各种各样的形状。图形乐园里有一位会变魔术的圆形宝宝,可以变出很多东西,我们一起来看看吧。 2. 保育师逐页翻阅绘本前几页,引导家长和宝宝了解亲子阅读的方法,并指导家长引导宝宝自主领取材料进行翻看。 引导语:这是封面,上面有什么形状? 现在我要翻开咯,捏住右下角,轻轻翻开一页。大家好,我是圆形宝宝。不过,我是会变魔术的圆形宝宝。变变变,在海洋里可以变成什么? 3. 分发绘本,保育师巡回指导,有针对性地进行个别指导。 (1) 对于只顾念文字的家长,可适当提醒宝宝多观察、多说,把绘本上变出的圆形名称说出来,增加趣味性和游戏性。 (2) 对于不会翻书的宝宝,提醒家长不会翻是正常的,可以家长拎起一个小角,引导宝宝翻过去。 (3) 巡回指导,引导宝宝感受亲子阅读的喜悦。 4. 播放轻音乐,完整讲述并小结绘本内容。 5. 梳理游戏中亲子互动的智慧,进行家教延伸指导。	1. 家长在每次看书的时候可以引导宝宝认识封面,一般封面都会预告本书的重点内容或情节。在整个阅读过程中,家长可以让宝宝了解阅读绘本的正确方式,例如轻拿轻放,一页一页翻等。宝宝不会也没关系,阅读习惯是慢慢形成的。 2. 家长可以根据宝宝的情况引导宝宝多说、多看,不拘泥于念文字,宝宝如果特别喜欢某一页,不要急于翻页,可以在不影响宝宝专注力的同时引导宝宝发散思维,联想到更多的圆形东西。 3. 活动过程中尽量保持轻松愉快,提升宝宝的兴趣,但不可大声喧哗。 4. 活动价值:绘本《会变魔术的圆形宝宝》画面鲜艳明亮,内容贴近宝宝的生活,不仅能帮助宝宝认识生活中各种各样的圆形,还能感受亲子阅读的乐趣。	1. 活动设计中的绘本选材符合该月龄段幼儿的发展水平。 2. 活动设计注重对家长的个性化指导。

(续表)

家庭延伸活动	1. 家长平时在家,可以多引导宝宝听故事、学儿歌,不断丰富宝宝的词汇量。 2. 家长可以带着宝宝去附近超市、公园、社区等,探寻身边真实有趣的形状,还可以买一些形状、交通工具、各种动植物等嵌板,引导宝宝进行配对游戏。 3. 多带宝宝去户外运动,在家中也可以利用枕头、纸箱、毛毯等多种材料,锻炼宝宝的走、跑、跳、攀爬等动作,提高身体素质。 4. 生活中尽量让宝宝定点、定时、定量进餐,可以进一步引导宝宝学习自主进餐,学习使用勺子,还可以引导宝宝自己捧杯喝水、自己拿勺吃饭、脱鞋、开关抽屉、开锁等精细动作的练习,逐步锻炼宝宝自理能力。
总评	1. 从活动设计形式来看,活动采用的是"主题式"的设计形式,从幼儿六大发展方面的需求出发进行设计。 2. 活动内容安排适宜,与之前相比加大了自我意识、认知能力、口语的发展力度,这充分体现了这个月龄段的发展特点,有效满足了幼儿的发展需求。 3. 活动设计遵循了指导性、适宜性、整体性、互动性原则。 4. 活动设计注重在学习与游戏活动和交往中发展幼儿的口语。 5. 活动目标的制定体现了整合性思想,一个活动整合了多方面的发展价值。

四、2~2.5 岁幼儿亲子活动指导

2~2.5 岁幼儿在亲子活动中的行为表现和需求具有年龄阶段性,家长指导也有新的要求,保育师在指导该月龄段的亲子活动时应注意以下四个方面。

(一)指导家长引导幼儿形成活动秩序、遵守活动规则

蒙台梭利认为 0~4 岁是婴幼儿秩序感形成的敏感期,秩序是生命的一种需要,也是影响一个人终生的一种习惯和品质。2~2.5 岁幼儿前来早教指导中心参加亲子活动的经历已经有 1 年多,随着心智的不断发展,成人在这个阶段要有意识地关注幼儿活动秩序感的形成,以及基本活动规则的遵守。因此,保育师在实施亲子活动时要全面指导家长引导幼儿形成活动秩序、遵守活动规则,这也是早教指导中心开展活动的基本要求。例如,来到早教指导中心时能主动和保育师问好、自己换鞋、随身携带物品放物入柜、坐好后保育师才开始组织活动、音乐一响开始集体热身操、活动结束后活动材料归类还原等活动秩序。再如,安静倾听、轮流与排队等待、不争抢玩具、不大喊大叫、玩具轻拿轻放、玩具玩好后放回原处等。

(二)指导家长积极肯定幼儿的探索行为和精神

2~2.5 岁幼儿对周围的一切事物都充满兴趣与好奇,他们喜欢用自己的方式寻找问题的答案,表现出积极的探索行为和精神;喜欢观察、提问,凡事都想自己尝试一下,新异事物能引起他们极大的注意和引发相应的探索行为。保育师应根据幼儿这一发展特点,在亲子活动中指导家长积极肯定幼儿的探索行为和精神。例如,在"瓶子变魔术"的活动中,保育师在事先准备好的瓶盖中涂了一层颜料,幼儿摇一摇瓶子,瓶中的水由无色变成有颜色。看到水的变化,幼儿感觉很神奇,都想探个究竟。于是有的幼儿旋开瓶盖察看里面,有的幼儿继续使劲摇瓶子(希望它能变回去),有的将两个水瓶中不同颜色的水倒在一起……家长担心瓶中的水倒出来会弄脏地垫,都非常紧张地制止了幼儿的探索性行为。保育师则示意家长放手让幼儿去尝试,地垫弄脏了可以引导幼儿擦干净。

(三)在同伴互动中培养幼儿简单的交往技能

2~2.5 岁幼儿逐渐从对母亲深深的情感依恋中走出来,开始把目光投向同伴,乐于与同伴一起玩耍、一起探究,这个阶段同伴交往已经有所发展,幼儿将来更多的是在同伴交往中认识世界、丰富情感、发展语言。然而,要与同伴进行良好的交往,就需要学习相应的交往技能。保育师要根据幼儿该月龄段的发展需求,在活动中多引导幼儿进行同伴互动,在互动中有意识地培养幼儿掌握简单的交往技能。例如,在穿珠活动中,保育师提供一条长长的绳子,两个幼儿分别从两头共同穿一条项链,帮助幼儿体验合作的乐趣。

(四)营造宽松、愉快的集体活动氛围

2~2.5 岁幼儿活动的自主性增强,很在乎活动中的情绪、情感体验,如果他们喜欢一种活动,就会全身心地投入其中;如果他们讨厌一件事情,就会极力地回避。如果想要让这个阶段的幼儿喜爱集体活动,

保育师要善于营造宽松愉快的集体活动氛围,使幼儿能感受活动中的乐趣,体验活动中的自主与自由。例如,在"小鱼游"亲子音乐游戏中,保育师请家长引导幼儿根据儿歌内容自由创编动作,让幼儿按照自己的喜好来做动作。当唱到"一会儿上,一会儿下,好像快乐的好朋友"时,有的家长扶住幼儿的腋下高高举起,做向上与向下的动作,这时幼儿都露出了愉快的表情,有的甚至兴奋得尖叫起来。以后,每次玩这个音乐游戏,幼儿都乐此不疲。

育儿宝典

不分享就是自私吗?

早教活动室里,2 岁多的丁丁拿着一辆卡车坐在地垫上来回摆弄,嘴里嘀嘀咕咕:"滴滴,车开了……"玩得很开心。在一旁的俊俊从材料柜里拿出一辆消防车开始在旁边摆弄。不一会儿,丁丁就被俊俊的消防车所吸引,也想玩。俊俊很大方地把消防车给了丁丁。俊俊也想玩丁丁的卡车,可是丁丁拒绝交换,闹起了脾气。妈妈批评丁丁:"我们要交换着一起玩,要分享,不能这么自私……"

分析:这是 2～3 岁幼儿发展过程中的正常现象。随着自我意识的发展,2 岁以后的幼儿开始进入"物权敏感期",幼儿进入物权敏感期后常常会有以下四个表现:第一,语言方面常常会说"我的""这是我的";第二,动作方面常常伴随着"抢""争"等一些攻击性行为;第三,情绪方面容易激动;第四,行为方面不愿意与人分享、轮流等。

策略:成人可以采取以下措施帮助丁丁顺利度过"物权敏感期"。

1. 帮助幼儿建立正确的"物权意识"。要让幼儿知道自己的物品自己可以决定是否分享;别人的物品,如果想玩,要征得对方的同意后才可以玩或使用;共用的物品,人人都有使用的权利,要遵守秩序,轮流玩耍。

2. 正面示范,用鼓励的方式引导幼儿分享。学会分享,需要从自身示范开始。创造在家中共享水果、美食等分享时光,让幼儿体会到分享的快乐。例如,引导幼儿递水果给家人,家人享用后要表达"谢谢",让幼儿体验分享的快乐和满足。

3. 尊重幼儿,不私自处置幼儿的物品。要尊重幼儿的物品所有权,让他们有权管理自己的物品,有权决定是否分享。

实训练能

实训项目 5-1:2～2.5 岁幼儿亲子活动的设计与模拟组织

【实训目的】

认知目标:熟练掌握 2～2.5 岁幼儿亲子活动的设计重点与组织要点。

能力目标:能够小组合作设计一份 2～2.5 岁幼儿亲子活动方案,并模拟教学。

素质目标:增进合作学习能力,强化实践反思能力。

【任务实施】

内容:设计亲子活动"我的小手真能干"(2～2.5 岁)(相关素材见附件)。

要求:

(1) 根据班级学生情况进行分组,一般每小组 4～6 人。

(2) 根据给定素材与年龄段,设计亲子活动的教案(40 分钟)。教案格式完整规范,包含活动目标(婴幼儿发展目标和家长学习目标)、活动准备、活动过程(包含家长指导要点)、家庭活动延伸,语言清晰、简洁、明了,目标设计、内容选择、方法运用等满足家长科学育儿的需求,符合婴幼儿的年龄特点。

（3）根据已设计的教案进行亲子活动环节的模拟教学展示,要求:仪表大方,举止文雅,表情自然、丰富,有亲和力,语言规范,条理清楚,逻辑性强,表达流畅;教学活动展示在7分钟之内完成。

附件:

（1）玩具娃娃及其用品(小衣服、奶瓶、毛巾),超轻黏土、皱纹纸、卡纸、胶棒等。

（2）不织布、暗扣、拉链、针线、剪刀、牙刷、水杯、毛巾、抹布等。

（3）儿童油画棒、画纸、装饰贴纸等。

（4）诗歌《我的小手拍拍》。

小手小手拍一拍,我把小手举起来。

小手小手拍一拍,我把小手放下来。

小手小手拍一拍,我把小手往前伸。

小手小手拍一拍,我把小手往后伸。

小手拍一拍,我把小手抱起来。

小手小手拍一拍,我把小手藏起来!

活动方案格式

活动名称:			适宜年龄:	
适宜场地:			适宜人数:	
设计思考				
活动目标	婴幼儿发展目标		家长学习目标	
活动准备	经验准备			
	物质准备			
活动过程	活动内容		家长指导要点	
家庭延伸活动				

任务思考

一、选择题

1. 下列不属于 2～2.5 岁幼儿"认知"发展水平的是（　　）。

A. 对周围的物和现象感兴趣,爱提问题

B. 能基于大小、形状做简单的分类

C. 感知比较差异明显的"大小、多少、长短、上下"

D. 开始认识红色、黄色

2. 下列不属于 2～2.5 岁幼儿发展特点的是（　　）。

A. 基本动作技能开始形成

B. 学习和发展口语的关键期

C. 难以区分"我"和"他人"

D. 出现最初的"独立性"

3. 下列哪个方面不属于 2～2.5 岁幼儿"情感与社会性"的发展水平?（　　）

A. 能和同龄小朋友分享玩具

B. 喜欢参与同伴的游戏,能和同伴一起玩简单角色游戏

C. 开始能表达自己的情感

D. 受到挫折会发脾气

二、判断题

1.（　　）幼儿真正思维的形成是在 2 岁左右,思维发生阶段的特点主要是具体形象思维。

2.（　　）幼儿"最初的独立性的出现"是在 1～3 岁,称为第一反抗期。

在线练习

任务二　设计与指导 2.5～3 岁幼儿亲子活动

案例导入

　　35 个月大的欣欣很有自己的想法,语言能力也很强。亲子活动的涂色环节,欣欣在涂色时,妈妈在旁边不断地提醒要注意不要涂到外面,颜色要均匀。欣欣完成后觉得不好看,要重新涂一次,保育师见状再给了欣欣一张画纸,这时妈妈在一边提醒得更加频繁:"这里要用红色,不可以这样涂……"欣欣一脸的不耐烦,第二次涂完后,欣欣还是不满意,开始闹脾气。妈妈一开始还耐心地安慰欣欣,但一直不奏效,欣欣甚至哭了起来,最终妈妈也失去了耐心。面对欣欣的行为以及欣欣妈妈与孩子的互动,保育师应该如何进行指导?

　　随着年龄的增长,2.5～3 岁幼儿身心各个方面的发展表现出连续性和阶段性。亲子活动的设计既要承接前一阶段,更要有所推进,以适应年龄发展的需求。与此同时,保育师要考虑如何为幼儿上幼儿园做好各种准备工作。亲子活动设计与指导要凸显幼儿的发展需求,要突出对家长的有效指导。

一、2.5～3 岁幼儿发展水平

　　0～3 岁婴幼儿发展分为"生长与发育""动作控制""语言与沟通""认知与探索""情感与社会性""自助与习惯"六个方面,2.5～3 岁幼儿发展水平详见表 5-3。

表 5-3　2.5～3 岁幼儿发展水平

方面	2.5～3 岁					
生长与发育	1. 体格发育					
	月龄	体重(kg)		身高(cm)		头围(cm)
		男	女	男	女	男	女
	33	14.2	13.6	95.4	94.1	49.2	48.2
	36	14.6	14.1	97.5	96.2	49.3	48.5
	2. 视力标准为 0.6。 3. 晚上能控制大小便,不尿床。					
动作控制	1. 能走直线,能双脚交替灵活走楼梯。 2. 能双脚离地连续跳跃 2～3 次,能跨越一条短的平衡木。 3. 单脚站 5～10 秒,能手脚基本协调地攀登。 4. 能将球扔出 2～3 米。 5. 能随口令做简单的操。 6. 会用积木(积塑)搭(或插)成较形象的物体。 7. 会穿鞋袜和简单的外衣外裤。					
语言与沟通	1. 能回答简单问题,会问"这(那)是什么?"等问句。 2. 能说出物体及其图片的名称。 3. 词汇量增多,能说出有 5 个字以上的复杂句子。 4. 知道一些礼貌用语,并知道何时使用这些礼貌用语。 5. 理解简单故事的主要情节。 6. 会"念"熟悉的绘本给自己或家人听。					
认知与探索	1. 能区别红、黄、蓝、绿等常见的颜色。 2. 尝试画代表一定意思的涂鸦画。 3. 能记忆和唱简单的歌。					

（续表）

方面	2.5～3 岁
	4. 能口数 1～10,知道数字代表数量。 5. 会区分大小、多少、长短、上下、里外,能给物体归类。 6. 知道家里主要成员的简单情况。
情感与 社会性	1. 能较好地调节情绪,发脾气时间减少。 2. 会用"快乐、生气"等词来谈论自己和他人的情感。 3. 有时会隐瞒自己的感情。 4. 对成功表现出积极的情感,对失败表现出消极的情感。 5. 会表现出"骄傲、羞愧、嫉妒"等复杂的自我意识。 6. 知道自己的性别及性别的差异,能正确使用性别短语,倾向于玩属于自己性别的玩具和参加属于自己性别群体的活动。 7. 能和同龄小朋友分享玩具等,知道等待、轮流,有时不耐心。 8. 会整理玩具,能自己上床睡觉。
自助与 习惯	1. 养成喝白开水、不挑食的习惯。 2. 养成独立入睡的习惯。 3. 初步养成在成人的协助下自己大小便的习惯。 4. 养成运动锻炼的习惯。 5. 养成收拾整理的习惯。

二、2.5～3 岁幼儿发展特点

2.5～3 岁是先学前期(1～3 岁)的晚期,幼儿各个方面均有较大的发展,表现出一定的年龄阶段特点,主要特点归纳如下。

(一) 动作发展更全面、更成熟

这个阶段,幼儿动作发展更全面、更成熟,2 岁半左右的幼儿基本上掌握了跳、跑、攀爬等复杂的动作,会独脚站,还会独脚跳上 1～2 次,会两脚交替着一步一级地上楼梯,会骑小三轮车,能从大约 25 厘米高处跳下。3 岁左右时能较好地控制身体的平衡,会跳跃、会独脚跳、能双脚交替着一步一级下楼梯,会跳远、攀高爬低,动作相当灵活。这个时期幼儿尽管具备了一些基本的动作能力,但还要学习一些复杂的动作和带有技巧性的动作,如跳、跑与平衡的能力。

32～33 个月是幼儿单脚跳跃能力发展的关键期。在这个时期,幼儿已能单脚跳,开始学习在运动中发挥自己的力量和保持平衡,这是幼儿平衡能力发展的又一个里程碑;同时也是幼儿身体协调和双腿力量发展的重要时期。

(二) 生活自理能力初步发展

0～3 岁婴幼儿教养的主要任务之一是培养其基本的生活自理能力。随着手部精细动作和手眼协调能力的发展,在 2.5～3 岁这个阶段,幼儿开始爱做事,日常生活中的事坚持要尝试,如吃饭、喝水、穿脱鞋袜衣裤等。2 岁半左右,他们会穿脱短袜、会用勺子吃饭、会自己用小毛巾洗脸;3 岁左右手的动作更加精细,会用剪刀剪一些东西、会扣纽扣、折纸,双手配合更加协调。

2～3 岁是幼儿自主性发展的关键期,具有强烈的"自己来"的独立愿望,成人可以因势利导,鼓励幼儿做力所能及的事情,逐步培养其初步的日常生活自理能力和习惯,这不仅有助于幼儿的动作发展、养成独立自主的好习惯,而且对将来适应幼儿园生活、增强自信心也是十分有利的。

(三) 注意能力显著增强

总体来说,3 岁前婴幼儿注意的时间很短,注意的事物不多。然而,相比 2 岁半前,幼儿在 2 岁半左右注意能力显著增强:在活动中的注意时间逐渐延长,注意的事物逐渐增多,范围也越来越广。例如,他们已经能注意到爸爸换鞋、拿公文包上班,妈妈买菜、做饭、洗衣服、收拾东西,姐姐早晨上学、晚上做作业等周围人们的活动。研究表明,2.5～3 岁幼儿能集中有意注意(需要意志努力的注意)2～4 分钟,如果是其感兴趣的活动,最多能集中注意20～30分钟,如他喜欢看的动画片,基本上能坚持看完。这个阶段,幼儿注意的事物更多,看到什么都喜欢摸一摸、动一动、玩一玩。注意和认知过程相结合,使幼儿获得了更多的知识。例如,一个2岁半的幼儿自发地说"水里的虾是黑黑的,碗里的虾是红红的",这说明他注意观察了生活中的事物。

(四)情绪控制能力开始发展

高兴、欢喜、悲伤、焦虑、恐惧等心理都是人的情绪和情感,它们是人对客观事物态度的反应,是基于生理需要和社会性需求是否得到满足而产生的不同态度体现。随着年龄的增长,婴幼儿情绪情感越来越丰富,临近2岁时,幼儿便会表现出许多复杂的情绪情感,比如害羞、内疚、羡慕、骄傲等。

婴幼儿一开始不能意识到自己情绪的外部表现,情绪是完全表露于外,丝毫不加以控制和掩饰,想哭就哭,想笑就笑,高兴与不高兴一眼就能看出来;再者婴幼儿的情绪不稳定,易变化,两种对立情绪常常在很短时间内互相转换。例如,当婴幼儿由于得不到心爱的玩具而哭泣时,如果成人给他一根棒棒糖,他就立刻会笑起来,哭与笑之间转变非常快。3岁左右,随着言语和心理活动有意性的发展,幼儿逐渐能够调节自己的情绪及其外部表现,情绪逐渐稳定和内隐,情绪控制能力开始发展。例如,妈妈带孩子去医院看病,一进医院,孩子嘴上说"我不怕,我不怕",然而手却紧紧抓住妈妈,看上去十分恐惧;又如,当孩子在邻居家看到自己喜欢的果仁巧克力时,他用问长问短的方法表达自己对它的喜爱,邻居于是拿一些递给他,他却摆摆手说不要,但眼睛仍然注视着它。

(五)个性特征开始萌芽

个性是一个人比较稳定的、具有一定倾向性的各种心理特点或品质的独特组合。3～6岁幼儿个性开始发展,3岁前则是其个性特征开始萌芽的阶段。

这个年龄阶段,幼儿的各种心理过程包括想象、思维等认知逐渐齐全,发展也很迅速。在婴幼儿先天气质类型差异的基础上,3岁左右,在与父母及周围人的相互作用中,幼儿之间显现出较为明显的个性特征的差异,成人能够从幼儿的言谈举止中看到其特点。他们会表现出不同的需求、不同的兴趣、不同的行为方式、不同的能力、不同的性格等。

三、2.5～3岁幼儿亲子活动设计

2.5～3岁幼儿亲子活动的设计,应在对其发展特点和发展水平总体把握的基础上,注重活动中幼儿的主体性与主动性。保育师应根据幼儿的发展需求设计适宜、有效的亲子活动。

(一)2.5～3岁幼儿亲子活动设计注意事项

在亲子活动设计基本理论的指引下,2.5～3岁幼儿亲子活动的设计需要注意的主要事项如下。

1. 以身体的协调性和单脚跳跃为动作发展的主要内容

2岁半左右,幼儿已经掌握了人生的基本动作;2.5～3岁是幼儿跳跃、攀爬、上下楼梯等动作逐渐成熟的阶段,也是身体协调性发展的重要时期;32～33个月是幼儿单脚跳跃能力发展的关键期。基于幼儿以上发展表现,保育师在设计该月龄段动作发展类亲子活动时,应以提升身体协调性和练习单脚跳跃为主要内容。须避免采用机械式训练,以防幼儿失去兴趣,而应通过融入趣味性游戏,同时结合语言、认知、情感等方面的发展要素开展活动。

2. 以发展生活自理能力为活动与家长指导的重要目标

2岁半以后,随着粗大与精细动作能力的发展,以及强烈的"自己来"的独立愿望,幼儿开始爱做事。为了培养其良好的生活自理能力,从这个阶段开始,保育师可以着重设计一些生活自理系列活动,例如,用勺子给家长喂食、用盆搓洗毛巾、用小毛巾给自己和家长洗脸、穿脱不同类型的上衣和裤子、穿脱鞋袜、扣纽扣、用夹子晾毛巾或袜子、用小衣架晾自己的衣服、整理玩具和书本等。保育师在制定"家长指导目标"时也应以发展幼儿哪些生活自理能力,以及如何发展幼儿的生活自理能力为重点。

3. 以学习讲述简单的事情和故事为语言发展的新内容

2.5～3岁是幼儿口语快速发展的时期,这个阶段的幼儿词汇量大增,对语言的理解和运用能力增强,能说出5个字以上的复杂句子,能回答成人的简单问题,理解简单故事的主要情节,会"念"熟悉的绘本给自己或家人听,在成人的引导下能讲述简单的事情和故事。保育师应根据这个阶段幼儿的语言发展表现设计亲子活动,增加讲述简单的事情和故事的活动内容,保育师既可以设计专门的亲子活动,也可以将此内容融合于其他领域的活动中。例如,在设计"自我介绍"的环节时,可以增加"我最喜欢的玩具""我的家人"等介绍话题。

4. 以为入园做准备为活动设计的指南

2.5～3岁幼儿即将进入幼儿园,迎接他们的将是幼儿园生活。幼儿园教育与早教指导中心教育在活动时间、活动方式、活动内容等方面均存在差异。为了帮助幼儿顺利入园,保育师在安排与设计这个月龄段亲子活动时要考虑在哪些方面为入园做准备,以及如何为入园做准备。例如,保育师可以适当增加每次活动的内容、延长活动时间,可以安排参观附近幼儿园的活动,也可以邀请幼儿园的小朋友和他们一起游戏。

(二) 2.5～3岁幼儿亲子活动设计案例解读

在理论探讨的基础上,为了更好地呈现2.5～3岁幼儿亲子活动的设计,下面以实际的活动设计案例进行具体的说明,详见表5-4。

表5-4　2.5～3岁幼儿亲子活动设计案例分析

活动名称:与小鱼做游戏		适宜年龄:2.5～3岁	
适宜场地:室内宽阔场地皆宜		适宜人数:8～10组家庭	
设计思考	随着年龄的增长,2.5～3岁的幼儿身心各方面都有着较大的发展,动作发展更加全面和成熟,能双脚离地连续跳跃2～3次,能单脚站和跳;语言表达清晰、完整度高,能回答简单问题,理解简单的故事情节;能区分红、黄、蓝、绿等常见颜色;开始能够做到服务自己,有强烈的"自己来"意识,开始爱做事。故本活动将立足于本月龄幼儿的发展特点,设计主题为"与小鱼做游戏"的几个亲子活动,引导家长与幼儿参与"小鱼交朋友""小鱼的花衣裳""小鱼游游游""点心派对""小金鱼捉迷藏"系列活动来促进幼儿感知与动作、口语、认知、情感和社会性等方面的全面发展,进而指导家长掌握在生活中与幼儿良性互动的方法。		
活动目标	**婴幼儿发展目标**		**家长学习目标**
	1. 乐意交流,能够回答简单的问题,并用完整句介绍自己的姓名、喜好等。 2. 学会观察画面内容,能够讲述小鱼躲在哪里。 3. 认识小鱼身上的常见颜色,将其与对应的颜色相匹配,并进行穿、塞的动作练习。 4. 用不同的动作模仿小鱼游,并且学习跟唱《许多小鱼游来了》。 5. 感受集体游戏的欢乐氛围。学会双脚连续跳、边弯腰边走路的动作,锻炼身体的平衡能力和协调性。		1. 了解本阶段幼儿语言、认知、动作和社会性方面的发展水平。 2. 活动中能够观察幼儿参与活动的情况,并能选择适宜的方式与幼儿互动。 3. 能在不同场景中拓展家庭延伸活动的内容。
活动准备	1. 小鱼玩偶、彩虹伞各一个。 2. 小鱼贴纸、小鱼花衣裳教玩具、点心,绘本《小金鱼逃走了》人手一份。		
	环节一:小鱼交朋友		
	活动内容	**家长指导要点**	**活动设计分析**
活动过程	1. 热身律动"小金鱼",引导家长与宝宝进行简单的互动。 引导语:小金鱼,小金鱼,游一游,挥挥手,挥挥手,游一游。 2. 出示小鱼玩偶,引导宝宝与其交朋友互动。 引导语:大家好,我是小鱼,我今年3岁了,我最喜欢游泳了。我今天带来了小鱼贴纸,待会儿想要上来和我认识的,我可以送他。 3. 保育师请主动示意的宝宝上来,并向其余宝宝提出简单问题。	1. 这个活动的目的是让宝宝认识自己、认识他人,增强人际交往能力,以及发展表达和倾听能力。 2. 这个月龄段的孩子在语言发展方面存在较大差异,家长应根据宝宝的语言发展现状进行引导,助力宝宝在现有水平上进一步提升。如果宝宝无法完整表达,家长应适当降低要求,避免指责,无须	1. 2～3岁是幼儿口语发展的关键期,在"相互认识"的环节有意识地发展其口语表达和倾听能力。 2. 制定的活动目标整合了语言、人际交往、自我意识方面的发展价值。 3. 活动设计考虑了个体差异性,对不同能力的幼儿要求不同。

（续表）

	活动内容	家长指导要点	活动设计分析
	引导语:哇,你真棒,和小鱼抱抱。"小鱼你好,我是喃喃,今年3岁了,最喜欢吃草莓,还喜欢和姐姐一起滑滑梯。"喃喃真棒,小鱼要送你一个贴纸。 4. 组织其余宝宝与小鱼相识,并针对宝宝说的内容向大家提问,家长引导宝宝积极回答。 引导语:喃喃喜欢吃什么? 引导语:看来宝宝们小耳朵都有认真听,这下不仅认识了小鱼,还认识了这么多小朋友。 5. 自然小结,向家长反馈活动中宝宝的情况,并进行家教延伸。	过度担忧;如果宝宝很会表达,可以引导其说得丰富些。 3. 语言的发展既包括口语表达能力,也包括倾听能力,这个阶段应积极培养宝宝倾听的习惯和能力。平时生活中,家长应有意识地创设一些情境培养宝宝这一能力。	

环节二:小鱼的花衣裳

	活动内容	家长指导要点	活动设计分析
活动过程	1. 出示教具引入,激发宝宝活动兴趣。 引导语:小鱼说今晚它和它的朋友们要参加一个舞会,没有漂亮的衣服,你们可以帮帮它们吗? 2. 结合动作操作讲解游戏玩法,并提出活动要求。 (1) 自由穿插鱼骨。 引导语:宝贝们可以自由穿插我们的鱼骨,在宝宝操作时,家长可以在旁边告诉宝宝相应的颜色。 (2) 颜色配对。 引导语:我们可以先让宝宝根据小图卡上的颜色给毛根棒进行排序。 (3) 配对穿插。 家长指导语:请家长带着宝宝一起观察小图卡上的颜色,并进行一一对应穿插,家长可以像我一样用遮挡的方式引导宝宝进行观察和排序。 3. 保育师带领家长和宝宝一起进行游戏活动。 重点指导:孩子是否配对正确。 4. 结束活动,并进行家长指导。 (1) 结束活动。 家长指导语:现在请家长带领宝宝将玩具收起来,放到柜子里。本活动旨在促进宝宝精细动作的发展,提升宝宝的颜色分辨能力。 (2) 向家长反馈活动情况,并指导其进行活动延伸。	1. 家长要了解本月龄段的宝宝精细动作的发展重点是提高手指的灵活性和手眼协调性,本游戏设计涉及精细动作穿、塞的训练和颜色的认知,家长可放手让宝宝自己动手操作,每个步骤都是一次锻炼机会,尽量让宝宝自己来,不要包办代替。 2. 允许宝宝试错。有的颜色较为相似,如果宝宝插错颜色,家长可提示宝宝自己调整,自己找出问题所在并解决。同时,家长要多鼓励宝宝保持耐心,相信孩子会在持续不断的探索中,逐步巩固和加深对颜色的认识。 3. 活动过程中多注意与宝宝语言的互动,可以与宝宝一起点数这是第几根,这是什么颜色,发展初步的数概念。 4. 最后,家长可以有意识地引导宝宝收拾玩教具,逐渐养成自己的物品自己收纳的好习惯。	1. 活动过程重视亲子之间的互动与配合。 2. 活动设计注重对家长的指导,能够针对活动中可能出现的情况进行指导,细节把控到位。 3. 游戏材料和设计体现层次性,有难易程度的区分,考虑全面,适合不同能力水平的幼儿。

环节三:小鱼游游游

	活动内容	家长指导要点	活动设计分析
活动过程	1. 保育师边唱歌边出示小鱼玩偶,引导宝宝模仿小鱼游动作。 引导语:"一只小鱼游来了,游来了。一只小鱼游来了,摇摇尾巴,游来了。"小鱼摇着尾巴来了,你们想想小鱼是怎么游的。小手可以变成尾巴,变成鱼鳍,可以这样,还可以那样。小金鱼邀请你们到彩虹伞下游来游去呢。	1. 家长要积极参与到活动中来,认真倾听,及时配合保育师将伞进行各种高度不同的变换。 2. 家长观察宝宝是否会跳,弯腰游是否能保持身体的平衡。观察之后,再对宝宝进行引导,要循序渐进。	1. 彩虹伞游戏是亲子游戏中的经典游戏。结合了《许多小鱼游来了》的音乐和《卷画卷》童谣,使其过程自然且有趣。 2. 活动中保育师、家长、幼儿都全程参与,并各司

(续表)

活动内容	家长指导要点	活动设计分析
2. 组织家长和宝宝一起铺伞,并清唱铺伞歌。 引导语:彩虹伞来了,彩虹伞来了,大家快来快来,铺伞。 3. 播放音乐开始"小鱼游"游戏,请家长撑开伞轻轻抖动,宝宝在伞下游。 游戏一:小鱼游啊游。 引导语:"许多小鱼游来了,游来了。许多小鱼游来了,摇摇尾巴,游来了。"小伞变低,请宝宝弯腰游。小伞更低,请宝宝蹲下来。小伞要包起来咯。 游戏二:小鱼跃龙门。 引导语:小鱼要跃龙门啦,请彩虹伞升高,宝宝们跳起来碰一碰伞,哇,看谁跳得高。 4. 保育师自然小结,组织宝宝一起收伞。 引导语:小鱼都跳得很高,现在请小鱼游出来,游到妈妈的怀抱里,家长们等宝宝都出伞后开始将伞下落至地面。现在请宝宝们来帮我一起卷伞吧,卷啊卷,卷啊卷,卷成一个大花卷。谢谢宝宝,你们真棒!	3. 在游戏过程中要注意随时观察宝宝,做好宝宝游戏的安全防护,提醒宝宝不推也不挤。 4. 在游戏过程中家长可以有意识地用语言提示,告知宝宝简单的游戏规则,引导宝宝变成小鱼游一游、跳一跳、弯腰、蹲下等。 5. 活动价值:"彩虹伞"游戏能够激发孩子对光线明暗的感知,身体运动能力、协调能力和情绪发展。具体来说,其价值体现在以下几个方面。 (1) 感受伞里伞外的光线明暗变化。 (2) 身体协调与平衡训练:活动涉及跳、边弯腰边走路、蹲起等动作,这些动作要求孩子不断调整自己的身体姿势和动作,有助于提升孩子的身体协调性和平衡能力。 (3) 活动过程中衔接时常会有歌曲,歌词简单易学,家长可以一起跟唱,引导宝宝模仿。 (4) 体验集体游戏的乐趣,感受集体游戏的欢乐氛围,体会与同伴一起争先恐后跳跃时的兴奋情绪。	其职,配合默契。 3. 对于本月龄的幼儿来说,他们"很爱做事",故保育师在各环节引入了幼儿的参与,如帮助收放彩虹伞,在这个过程中可养成收拾整齐的好习惯。

环节四:点心派对

	活动内容	家长指导要点	活动设计分析
活动过程	1. 保育师播放休息时间的轻音乐。 2. 保育师组织家长和宝宝有序排队如厕,并指导家长引导宝宝学习如厕。 3. 如厕过后,引导宝宝学习将袖子卷起,自己开关水龙头,并边念儿歌边七步洗手。洗干净之后请宝宝找到自己号数的小毛巾学习擦干小手和手臂。洗完之后,快速坐到点心区域。 4. 保育师提前消毒好桌面,分发点心,指导家长引导宝宝自己独立进食,并且告诉宝宝今天的点心是什么食物,引导宝宝说出椭圆的鸡蛋和方形的面包。 (1) 学习剥鸡蛋壳。 (2) 学习捧杯喝牛奶。 (3) 品尝方形的面包。 5. 吃完点心,指导家长协助宝宝将自己的杯子放回指定区域,收好椅子,擦嘴、擦手,听故事休息。 (1) 学习漱口。 引导语:宝宝们,吃完点心要记得做什么?吃完东西后,为了保护好牙齿,我们要养成饭后漱口的好习惯,取一杯温水,放进嘴里,咕噜咕噜,吐出来。 (2) 学习擦嘴。 引导语:对了,还要记得擦干净小嘴巴,拿一块干净毛巾,擦嘴巴四周,包括下巴。	1. 家长要明确培养宝宝的生活自理能力的重要性,切勿包办代替,要尽量放手让宝宝自己来。 2. 能够结合墙面图示、标识、儿歌童谣等方式引导宝宝学习自理,并激发宝宝自理的兴趣,及时肯定宝宝的自理行为。 3. 在洗手的时候,家长观察宝宝是否用七步洗手法洗手,如果发现宝宝漏洗哪里,家长可语言提示宝宝。 4. 吃点心前,家长可以有意识地引导宝宝认识食物,引导宝宝摸一摸、说一说、闻一闻,再尝一尝。尤其是剥鸡蛋的时候,家长可以提醒宝宝将鸡蛋壳剥在托盘里,并学习简单地收拾桌面。 5. 观察要点:观察同龄宝宝的动作发展水平,逐渐改变观念,了解宝宝是可以做到饭后自己漱口、擦嘴的。	1. 活动设计关注幼儿生活自理能力的培养。 2. 活动设计契合该月龄段幼儿生活自理能力的发展水平。

（续表）

环节五：小鱼捉迷藏		
	活动内容	**家长指导要点**	**活动设计分析**

	活动内容	家长指导要点	活动设计分析
活动过程	1. 谈话导入，吸引宝宝的兴趣。 引导语：刚刚我们在吃点心的时候，调皮的小金鱼跑去躲起来了，它想和我们玩捉迷藏的游戏呢，我们快去找它吧。给大家一个小提示，它藏在这本绘本里。 2. 保育师逐页翻阅绘本前几页，引导家长和宝宝了解亲子阅读的方法。 引导语：这是封面，有一只玫红色的小金鱼，圆圆的脑袋真可爱。现在我要翻开咯，用拇指、食指、中指，捏住右下角，轻轻翻开一页，小金鱼要躲起来。 3. 引导宝宝理解故事内容，并且鼓励说出："我找到了，小金鱼藏在××。" 4. 分发绘本，保育师巡回指导，有针对性地进行个别指导。 （1）对于只顾念文字的家长，可适当提醒宝宝多观察，并开始有主角转换意识，引导家长与宝宝一问一答，或者以宝宝为主，宝宝说，家长看。 （2）对于不会翻书的宝宝，提醒家长引导宝宝先学会翻开一页。 （3）巡回指导，引导宝宝感受亲子阅读的喜悦。 5. 播放轻音乐，完整讲述并小结绘本内容。 6. 梳理游戏中亲子互动的智慧，进行家教延伸指导。	1. 在整个阅读过程中，家长可以让宝宝了解阅读绘本的正确方式，例如轻拿轻放，一页一页翻等。宝宝不会也没关系，阅读习惯是慢慢形成的。 2. 家长应转变观念，以儿童为主体，可以根据宝宝的情况引导宝宝多说、多看，鼓励宝宝尝试向家长讲出故事内容，说出："我找到了，小金鱼藏在小花里。" 3. 活动过程中尽量保持轻松愉快，增加宝宝的兴趣，但不可大声喧哗。 4. 活动结束后梳理游戏中亲子互动的智慧，引导其他家长进行学习，整个故事有趣，回家后可重复阅读，待宝宝熟悉后，引导宝宝简单复述故事内容。	1. 活动的整体设计较好地把握了这个月龄段幼儿的发展特点和水平：喜欢看书，能理解简单故事的主要情节。 2. 活动安排"亲子阅读"满足了幼儿的发展需求，发展对阅读的兴趣。 3. 活动设计较好地体现了延伸性原则。
家庭延伸活动	1. 家长平时在家可以多引导宝宝听故事、学儿歌，引导宝宝用规范语言与成人沟通，尽量表达准确，句子结构完整。善于利用生活场景引导宝宝多表达，多认识，多创设一些生活情境的话题。 2. 提供材料进一步锻炼宝宝的精细动作，通过穿珠、画线、搓彩泥等形式开展亲子游戏。 3. 可以提供平衡车、自行车、攀爬架等材料锻炼宝宝的大动作。 4. 生活中尽量让宝宝定点、定时、定量进餐，进一步引导宝宝学习自主进餐，自己穿脱鞋子、衣裤以及解扣子等，逐步锻炼宝宝自理能力。		
总评	1. 本活动采用的是"主题式"的设计形式，围绕幼儿生活中常见且特别喜欢的"小鱼"这一主题进行设计。 2. 设计者根据幼儿的发展水平和发展需求安排适宜的活动内容，追求幼儿各方面的整体发展。 3. 活动设计较好地遵循了指导性、适宜性、互动性、延伸性原则。 4. 活动目标的制定体现了整合性的思想，一个活动涉及多个发展领域。 5. 活动设计重视幼儿口语表达与倾听能力、阅读兴趣的培养。 6. 活动设计重视幼儿人际交往能力和生活自理能力的发展。		

四、2.5～3 岁幼儿亲子活动指导

保育师在指导 2.5～3 岁幼儿的亲子活动时，根据幼儿的发展需求和活动需要，注意以下四个方面。

（一）保育师面向幼儿的指导要具有关爱性和夸张性

随着幼儿沟通交流能力的发展，为了与幼儿园的教育模式衔接，保育师在亲子活动中对 2.5～3 岁幼儿的直接指导越来越多，保育师该如何指导呢？首先，保育师面向幼儿的指导要具有关爱性。这个阶段幼儿的能力与习惯都是在爱与关怀下发展起来的，在与幼儿的交往中，保育师要注意使用关爱性的动作、语言、目光，让其感到快乐，这样他们才有积极活动的情感支持。保育师的一个微笑、一个拥抱、一个竖起的大拇指会给他们带来无穷的动力。其次，保育师面向幼儿的指导要具有夸张性。保育师在与幼儿沟通交流时要用夸张的面部表情、动作、声音等来吸引他们的注意。例如，冬冬在用纸箱做的巴士上当起了小司

机,于是保育师用夸张的声音和动作有节奏地边说边做:"小司机,真神气;方向盘,把把好;红绿灯,注意看;行车安全最重要!"在保育师的引导下,冬冬调整了自己的行为,小司机当得更投入。

(二)在观察的基础上适时协助家长指导幼儿活动

随着幼儿活动水平的不断提高,活动的开展对家长指导幼儿活动的能力的要求越来越高,不少家长缺乏灵活指导的能力。这就需要保育师细心观察活动中的家长和幼儿,当家长需要的时候,保育师要及时协助家长指导幼儿推进活动。例如,乐乐在玩水的时候,把水壶高高举起,把水洒在旁边的小朋友身上,大人看见惊呼起来"啊——",他于是朝着惊呼的大人洒水。奶奶见状立即高喊:"乐乐,你又在做坏事,看我打不打你屁股。"乐乐对于奶奶的喊叫并不在意,而是继续向周围的人洒水。这时保育师凑上去说:"哦,水花溅开的感觉好舒服啊,就像在家里洗澡一样。"乐乐睁大了圆圆的眼睛看着保育师,保育师故意说:"你想不想给小动物洗澡呢?"他回答说"好的",于是保育师把水池里的小动物搬到了外面,大家开始了一个新的游戏。在这个活动中,保育师通过观察发现奶奶对乐乐的行为没有进行解读,也不具备指导这种行为的智慧,这就需要保育师进行示范指导,协助并教会家长如何指导。

(三)引导家长接纳并尊重幼儿的发展差异

当孩子到了 3 岁时,个体间的发展差异仍然存在。不少家长在活动中常常将自己的孩子与其他孩子进行横向比较,如奶奶发现珂珂不敢独立走平衡木,而同龄的成成则能独自平稳走过去,她开始担心,不管珂珂是否愿意,硬拉着孩子练习走平衡木。孩子在发展过程中出现的差异是全方位的,有发育与健康方面的差异,也有感知与运动、认知与语言、情感与社会性等方面的差异。亲子活动应以幼儿之间的自然差异为基础,实施因人而异的个性化教育。保育师要在活动中引导家长接纳并尊重幼儿的发展差异,因为每个幼儿都有自己的发展步调和发展逻辑。

(四)指导家长进行活动游戏化延伸

随着月龄的增加,2.5～3 岁幼儿白天游戏的时间越来越长,对游戏的需求越来越大,对游戏的趣味性要求越来越高。保育师要根据幼儿的这些发展特点提高亲子活动的游戏性(每个活动尽量以游戏的形式开展,变成幼儿眼中的游戏活动),在此基础上着重指导家长在家庭中进行活动的游戏化延伸,一个成功的活动延伸是:幼儿玩了之后下次还想玩。

育儿宝典

如何做好入园准备?

临近期末,点点妈妈看着在早教指导中心里跑来跑去的可乐,跟可乐妈妈说道,真羡慕你家可乐都不黏妈妈,可以自己玩,以后你们上幼儿园一定没问题,你看我们家点点这么小(幼稚),玩什么都要拉着我一起,真担心她以后没办法独立上幼儿园啊。

分析:2.5～3 岁的幼儿即将进入幼儿园,而实际上,幼儿园和早教指导中心有着本质的区别,在教育方式、教育对象、活动内容等方面都存在很大差异,尤其是幼儿园不再是以亲子活动为主体了,这个改变将给家长和幼儿较大的冲击,而由此衍生的"分离焦虑""如何更好地适应幼儿园"等问题也是家长较为关注的问题。

策略:成人可以采取以下措施帮助幼儿顺利入园,提前做好入园准备。

1. 心理准备:通过聊天或亲子阅读等方式,引导幼儿了解自己长大了,需要学习更大的本领,逐渐变得更加厉害和强大,能够独立上学交朋友了。有机会可以带孩子提前去幼儿园附近观察和熟悉周边环境。

2. 能力准备:提高生活自理能力,学会自己表达需求,学会自己进餐、洗手、如厕、更换衣物鞋子、独立入睡等。

3. 作息准备:平时养成早睡早起习惯,不赖床,起床后情绪稳定,三餐定时,有午睡习惯。

4. 物质准备:准备好姓名贴,给幼儿的所有个人物品做好标识,并引导幼儿熟悉自己的标识、号数、个人物品。

5. 体质准备:9月即将入秋,集体生活中幼儿更容易生病,建议入园前多带幼儿进行户外活动,加强体育锻炼,帮助幼儿增强体质,以健康的状态迎接新学期的生活。

实训练能

实训项目5-2:2.5～3岁幼儿亲子活动的设计与模拟组织

【实训目的】

认知目标:熟练掌握2.5～3岁幼儿亲子活动的设计重点与组织要点。

能力目标:能够小组合作设计一份2.5～3岁幼儿亲子活动方案,并模拟教学。

素质目标:增进合作学习能力,强化实践反思能力。

【任务实施】

内容:设计亲子活动"美味的饼干"(2.5～3岁)(相关素材见附件)。

要求:

(1)根据班级学生情况进行分组,一般每小组4～6人。

(2)根据给定素材与年龄段,设计亲子活动的教案(40分钟)。教案格式完整规范,包含活动目标(婴幼儿发展目标和家长学习目标)、活动准备、活动过程(包含家长指导要点)、家庭活动延伸,语言清晰、简洁、明了,目标设计、内容选择、方法运用等满足家长科学育儿的需求,符合婴幼儿的年龄特点。

(3)根据已设计的教案进行亲子活动环节的模拟教学展示,要求:仪表大方,举止文雅,表情自然、丰富,有亲和力,语言规范,条理清楚,逻辑性强,表达流畅;教学活动展示在7分钟之内完成。

附件:

(1)各种形状的小饼干玩具、一袋牛奶饼干素材。

(2)水果、沙拉、葡萄干、椰蓉、托盘、勺子、碗,每个宝宝一套素材。

(3)花纹滚轮画刷等各类画刷、海绵印章、画纸素材。

(4)歌曲《饼干歌》。

饼干歌

1=C 4/4

1 1·6̣ 5̣ 1 | 0 0 0 0 | 2 2·7̣ 5̣ 2 | 0 0 0 0 | 1 2 3 — | 0 0 0 0 |

香香的饼干,　　　甜甜的饼干,　　　闻一下,

2 3 4 — | 0 0 0 0 | 3 5 i — | 2 7̣ 1 — :‖

咬一口,　　　饼干Cookie 真好吃。

活动方案格式

活动名称:		适宜年龄:	
适宜场地:		适宜人数:	
设计思考			

（续表）

活动目标	婴幼儿发展目标		家长学习目标
活动准备	经验准备		
	物质准备		
活动过程	活动内容		家长指导要点
家庭延伸活动			

任务思考

一、选择题

1．"以学习讲述简单的事情和故事为语言发展的新内容"是（　　　）年龄段亲子活动设计的注意事项。

A．2～2.5 岁

B．1.5～2 岁

C．2.5～3 岁

D．1～1.5 岁

2. 保育师在指导 2.5～3 岁幼儿的亲子活动时,要注意很多方面,下列哪种说法是错误的?（　　）

A. 保育师面向孩子的指导要具有关爱性和夸张性

B. 保育师发现孩子活动遇到困难时要立即帮助

C. 在观察的基础上适时协助家长指导孩子的活动

D. 引导家长接纳并尊重孩子的发展差异

3. 以下哪一项不是 2.5～3 岁幼儿的发展特点?（　　）

A. 注意能力显著增强

B. 情绪控制能力开始发展

C. 基本动作开始形成

D. 生活自理能力初步发展

二、判断题

1. (　　)2.5～3 岁幼儿亲子活动设计以身体的协调性和单脚跳跃为动作发展的主要内容。

2. (　　)0～3 岁婴幼儿教养的主要任务之一是培养其基本的生活自理能力。

3. (　　)亲子活动中,保育师要引导家长横向比较,尊重婴幼儿的个体差异。

赛证 链接

一、单选题

1. 幼儿 2～3 岁时,通过模仿操训练,以达到增强幼儿(　　)的目的。

A. 信心

B. 主动性

C. 模仿能力

D. 体质

2. 训练 2～3 岁幼儿听和说的能力,可以指导幼儿练习说完整的句子,学会使用包括(　　)的句子,如"我要喝水"。

A. 主语、宾语、定语

B. 主语、谓语、宾语

C. 主语、谓语、定语

D. 主语、状语、宾语

3. 自我意识形成的标志是(　　)。

A. 知道自己的年龄

B. 会使用代词"我"

C. 知道自己性别

D. 知道自己的名字

（选自全国职业院校技能大赛高职组婴幼儿照护赛项赛题）

二、多选题

面对婴幼儿之间存在的差异,照护者应该(　　)。

A. 理解差异

B. 忽视差异

C. 接纳差异

D. 善待差异

（选自全国职业院校托育职业技能赛项赛题）

在线练习

项目六 掌握亲子活动中的家长指导

项目导学

《国务院办公厅关于促进3岁以下婴幼儿照护服务发展的指导意见》着重强调，要借助入户指导、亲子活动等多样化方式，为家长提供早期发展指导服务，提升家庭科学育儿能力。保育师肩负着指导家长提升育儿能力的重要使命。但在实际工作中，保育师该从哪些维度入手指导家长？指导过程中有哪些标准化流程和必备要求？又能运用哪些行之有效的指导策略？

本项目将围绕家长指导的目标与要求、亲子活动现场和场外的家长指导这三个关键任务，先系统学习家长指导的理论知识，再通过丰富的实际案例深入理解指导要点，接着在模拟场景中进行实践操作，最后通过总结反思实现自我提升。

相信学习者完成本项目学习后，不仅能系统掌握0～3岁婴幼儿亲子活动中家长指导的专业知识，还能在实际工作中熟练运用各类指导策略，有效提升家长的科学育儿能力，为婴幼儿的健康成长贡献力量，在保育师的职业生涯中迈出更加坚实的步伐。

学习目标

知识目标　1. 理解亲子活动中家长指导的目标和基本要求。
　　　　　　 2. 掌握亲子活动现场和场外家长指导形式和策略。
能力目标　1. 能够结合实际分析亲子活动中家长指导目标的适宜性。
　　　　　　 2. 能够根据实际需要灵活运用不同的家长指导形式和策略。
素质目标　1. 重视0～3岁婴幼儿亲子活动中对家长科学、灵活指导的价值。
　　　　　　 2. 树立"家长育儿指导不局限于亲子活动现场"的职业理念。

知识导图

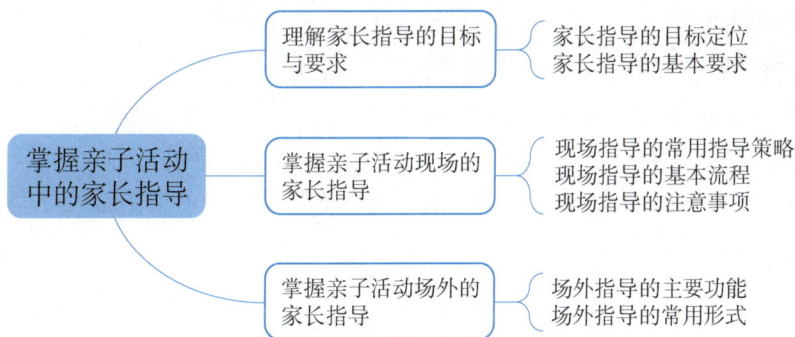

掌握亲子活动中的家长指导
- 理解家长指导的目标与要求
  - 家长指导的目标定位
  - 家长指导的基本要求
- 掌握亲子活动现场的家长指导
  - 现场指导的常用指导策略
  - 现场指导的基本流程
  - 现场指导的注意事项
- 掌握亲子活动场外的家长指导
  - 场外指导的主要功能
  - 场外指导的常用形式

任务一　理解家长指导的目标与要求

案例导入

　　小田老师在早教指导中心工作一段时间后,认识了各种各样的家长:有的家长带孩子来早教指导中心比较盲目;有的家长寄予厚望,希望孩子赢在起跑线;有的家长觉得带孩子辛苦,希望到早教指导中心后老师能有所分担;有的家长觉得孩子在家里孤单,来早教指导中心找伴玩;有的家长认为到了早教指导中心,孩子的教育就全部指望老师了,让孩子听老师的就行。在亲子活动中,有的家长在一旁看孩子活动,有的家长在活动中一手包揽,有的家长遇到孩子"乱跑、不听话"不知所措。小田老师经过多年的实践积累,越来越觉得亲子活动中的家长指导非常重要。然而,现在的家长平时工作比较忙,能够陪伴孩子的时间比较少,很多家长不知道怎么教育孩子,一些家长教育孩子的方法很奇怪、很极端。因此,小田老师又陷入了一系列的困惑中:作为保育师,应该从哪些方面指导家长,应该如何指导家长,用什么策略和方法指导家长?

　　亲子活动既针对婴幼儿,更直接指向婴幼儿的家长,其主要任务是指导家长如何科学地开展育儿工作。亲子活动是一个能有效提高家长教养素质和能力的重要平台,能为家长和孩子的共同成长提供支持。保育师在亲子活动中指导家长应该要有目标意识,要考虑一些基本问题。

一、家长指导的目标定位

　　亲子活动的开展要考虑家长教养婴幼儿各个方面能力的发展,通常情况下可以从家长科学教养观念的树立、教养知识的掌握和教养能力的形成三个方面着手考虑,家长指导目标具体如下[①]。

(一)家长教养观念方面

　　观念是行为的先导,家长指导首先要从改变观念入手。

　　一是尊重婴幼儿,理解孩子的行为。

　　二是树立科学的育儿观念。例如:遵循孩子的生长发育规律,尊重个体特点和差异,不盲目攀比,避免揠苗助长;孩子的早期发展是体格、运动、认知、语言、情感和社会适应能力等各方面的全面发展,而不只是智力的发展;孩子吃得过饱,反而不利于健康。

　　三是对待孩子要宽容、有耐心,学会等待孩子的发展。

　　四是知道主要抚养人在孩子发展中角色发挥的重要意义。

　　五是教养人应该互相协作,共同促进孩子的发展。

　　家长教养观念的形成远非一朝一夕,需要逐步渗透,循序渐进地引导、启发与转变。特别是有着丰富养育经验的祖辈,长期形成的育儿观念较为稳固,其中许多经验值得保育师与年轻父母借鉴,但部分未随社会发展更新的观念,需要家庭与保育师协同引导,逐步调整。

(二)日常教养知识方面

　　通过多种途径的指导,家长要掌握常识性的婴幼儿教养知识。

　　一是熟悉不同年龄阶段婴幼儿身心发展规律和特点。

　　二是掌握婴幼儿在感知、动作、语言、认知、社会性、情感等方面发展的过程与特点。

　　三是了解婴幼儿包括饮食、睡眠、排便、卫生、收拾整理等日常行为习惯的形成过程与辅助策略。

---

① 徐小妮.0—3岁婴幼儿早期教养指导模式初探:上海市某早期教育与服务中心的个案研究[D].上海:华东师范大学,2006:37-40.

四是了解自身的教养特点和孩子的行为发展特点、认知风格。

五是了解婴幼儿常见特殊行为的原因,如尖叫等。

(三)家长教养技能方面

技能强调的是实际教养生活中的操作能力,它是知识内化后的有效转化,更是科学教养观建立的必需。所以,必须将家长教养技能的掌握作为家长指导的一个重要目标。

第一,根据孩子身心发展特点提供适宜的、最佳的发展环境。

(1)为孩子创设适宜的物质环境:使用的生活物品,活动室内外场所,安全和寓教于乐的玩具。

(2)为孩子创设温馨、和谐的精神环境:家庭成员之间的关系、家庭成员与他人之间的关系。

第二,根据孩子的发展需求,开展丰富的亲子活动,能进行有质量的亲子互动。

第三,积极有效地促进孩子良好行为习惯的形成。

第四,细致观察孩子的各种行为表现。

第五,有效应对孩子的个别特殊行为。

第六,充分利用家庭和社会资源,为孩子提供各种交流玩耍的机会。

第七,找到自身教养特点与孩子发展的最佳契合点,从而更有效地促进双方的发展。

二、家长指导的基本要求

(一)家长指导时要考虑关注家长的能力和水平

家长是亲子活动的参与者和受益者,亲子活动的实施过程需要家长全程参与,婴幼儿大多依靠家长进行活动。每位婴幼儿是不同的个体,同样,每位家长也是具有差异的个体。家长们的教育观念、身体状况、时间和精力、与婴幼儿的互动及亲子关系、对婴幼儿的需求和理解的掌握情况等都有所不同。因此,为了婴幼儿有更好的发展,保育师应该在家长指导工作中对每位家长的能力和水平给予充分的关注和考虑,针对其不同的需求提供不同的指导内容,根据其不同的接受能力提供不同层次的指导。

(二)家长指导时要考虑为指导创设条件和环境

亲子活动中,对家长进行指导发生在很多情境中、发生在很多场合里,但是有效指导的前提是为指导创设一定的条件和环境,尤其是在亲子活动实施中对家长的指导。

保育师应该很明确,家长眼里更多是自己的孩子,他们绝大多数的注意时间都会放在对孩子一举一动的关注上。这就意味着,为了使家长能够放心地和保育师进行交流,首先应该让家长对孩子放心。例如,亲子活动进行到结尾时,保育师和家长就当天孩子的表现进行总结性交流,但几乎所有的家长都因为不放心自己的孩子而不能专心地与保育师交流。一方面,原有的活动材料还没有来得及收拾,另一方面,活动室里原本有很多操作材料,孩子们不停地穿梭在各种材料之间,存在安全隐患。家长因为担心孩子的安全问题不停地左顾右看,导致交流成了单方演说。因此,保育师与家长沟通时,应确保家长有精力和时间投入交流。这就要求保育师善于创设条件和环境,为孩子提供一些可以安静操作的动手材料或有趣的玩具;当然保育师也可以抓住时机,利用活动中孩子集中精力操作的时候与家长沟通。

(三)家长指导时要处理好与家长的关系

保育师与家长的关系是亲子活动中非常重要的一对关系,对两者关系性质的理解,将直接决定指导的内容、方式以及效果。

保育师要避免进入这样的误区:自己与家长的关系就是单向的指导与被指导的关系,认为自己拥有专业知识,在家长面前俯视讲授,家长则俯首恭听。在进行家长指导时,保育师应采用辩证、双向、多角度来思考与家长的关系,针对家长的困难、问题持关怀的态度,用恰当的方式来传达科学的育儿方法,提供家庭照护指导。其基调是建立在互相尊重、理解基础上的合作互助关系,在此基础上双方分享经验与接受指导。

所以保育师不是永远的指导者,而是承担指导、倾听、引导、旁观、辅助等不同角色;家长也不是被动的受指导者,而应彰显其教养主体的角色,从观察、倾听、协助走向熟练实践。保育师与家长是站在一个平等的位置,共同承担起发现问题、分析原因、教养调整、创设新环境的教养任务。[①]

(四) 为家长指导积累专业素养

保育师要善于借助家长的教养潜力,与家长携手,共同完成教养婴幼儿的重任。保育师既是家长教养活动的指导者,又是婴幼儿教养的合作者。为了胜任自身角色,保育师需要具备以下四个方面的专业素养。[②]

第一,系统掌握婴幼儿各个领域发展知识与技能。这是作为保育师最基本的专业素质。保育师应该熟练掌握婴幼儿不同发展阶段各个方面发展的特征,能够在较短时间内有依据地判断不同婴幼儿的发展状况,并为家长提供适宜的教养知识与建议。

第二,组织婴幼儿以及家长活动的能力。现场指导是最常见的家长指导方式,它是在婴幼儿与家长活动的现场开展的指导活动,这就要求保育师能够设计、组织相应的活动,以婴幼儿活动为载体,针对家长教养特点进行指导。

第三,调动家长积极参与亲职教育的能力。虽然几乎所有的家长都抱着一定的目的来参加亲子活动,但如何有效地参与到保育师创设的活动环境中,掌握婴幼儿发展的特点,并在生活中为孩子提供最佳的教养指导,对家长来说仍是需要付出很多努力才能做到的,这些都需要保育师对他们进行及时引导与支持。

第四,具备既顾全集体,又能发现个别家长、婴幼儿问题的能力。亲子活动既是面向集体的活动,又是针对个体的活动,同时还需要对婴幼儿的个别问题进行及时解决,这就要求保育师既能顾全大局,又有细心、敏锐的观察力。

要做好以上几点,保育师不仅要具备较好的理论基础,良好的社会交往能力,还要在实践中不断积累经验。当然,指导活动的顺利进行不仅需要保育师的单方面努力,更需要家长协助和配合保育师。

育儿宝典

怎样培养宝宝善于表达的能力?

豆豆宝宝 32 个月了,他性格相对比较内向、腼腆,在其他小朋友面前不善于表达自己,不爱说话。上学期在早教指导中心上了半年,感觉有一定的好转,但寒假后又反弹,做得不尽如人意。家长怎样培养其良好的表达能力呢?

分析: 2~3 岁是幼儿口语发展的敏感期,豆豆正处在学习口语的最佳时间。口头语言的发展不仅是幼儿语言发展的重要方面,也是小学学习书面语言及获得其他知识经验的必要条件。说话是口语在生活中的运用,可以用来表达个人意愿、感受,述说生活经验,发展人际关系。幼儿期说的能力包括发音清晰正确、用词恰当、语句连贯、语法正确、表达清楚流畅。

策略: 家长可以采取以下措施培养豆豆的表达能力。

1. 利用生活中与幼儿交往的机会,主动和幼儿交谈。例如,在穿衣、吃饭、如厕、玩耍时积极和幼儿交流正在做的事情。

2. 与幼儿交流时要有耐心,让幼儿感受到别人想与自己交谈;交谈时与幼儿进行积极互动,适时给予肯定和鼓励,能够让幼儿体会与别人交谈的愉悦感。

3. 和幼儿玩一些有趣的听说游戏,提高其说的能力。例如,"剪刀石头布""可爱的小动物"等。

4. 有意识地为幼儿创造与同伴玩耍的机会,相信幼儿有与同伴交流的方法和能力,让幼儿在与同伴的快乐玩耍中爱说、会说。

5. 尊重幼儿语言发展的个体差异,不要给幼儿过多的压力,这样反而让他更不愿意说。

---

①② 徐小妮.0—3 岁婴幼儿早期教养指导模式初探:上海市某早期教育指导与服务中心的个案研究[D].上海:华东师范大学,2006:53;54 - 55.

实训练能

实训项目 6-1:0~3 岁婴幼儿亲子活动方案中家长指导目标的分析

【实训目的】

认知目标:巩固对亲子活动中家长指导目标定位要求的理解。

能力目标:能够分析实践中亲子活动家长指导目标的适宜性和科学性。

素养目标:养成"实事求是,辩证分析"的问题解决能力。

【任务实施】

1. 联系早教指导中心,收集 0~3 岁婴幼儿亲子活动的方案。

2. 与学习小组同伴一起,将收集到的 0~3 岁婴幼儿亲子活动方案按照年龄归类。

3. 根据 0~3 岁婴幼儿亲子活动中家长指导目标的定位要求,分析收集到的亲子活动方案中家长指导目标的适宜性和科学性。

0~3 岁婴幼儿亲子活动方案中的家长指导目标分析	
原定家长指导目标	
你的分析/修改建议	

任务思考

一、单选题

1. 以下哪一项不属于家长指导的目标定位内容?(　　)

A. 家长教养观念方面

B. 日常教养知识方面

C. 家长教养技能方面

D. 家长原有水平方面

2. 保育师在亲子活动中所承担的角色不包括(　　)。

A. 指导者

B. 倾听者

C. 引导者

D. 命令者

3. 保育师最基本的专业素质是(　　)。

A. 系统掌握婴幼儿各个领域发展知识与技能

B. 组织婴幼儿以及家长活动的能力

C. 调动家长积极参与亲职教育的能力

D. 既顾全集体,又能发现个别家长、婴幼儿问题的能力

二、判断题

1. (　　)亲子活动的主要任务是指导家长如何科学开展育儿工作。

2. (　　)保育师和家长的关系是单向的指导与被指导的关系。

在线练习

任务二　　掌握亲子活动现场的家长指导

案例导入

在"做糖葫芦"的超轻泥手工亲子活动中,王老师指导家长:"要注意观察孩子在活动中的能力表现,如果他不能双手团圆,可以让他用泥工板团圆;如果他团得很好,可以引导他团更小的圆;如果他能很快地做出糖葫芦,可以引导他做出不同花样的糖葫芦,比如按大小排列或者按颜色排列。"听完老师的指导后,家长带着孩子开始做:妈妈与丽丽互动得最好了,完全领会了王老师的意思;奶奶面对成成的行为表现则有点手足无措;保姆阿姨则直接动手帮妞妞做了起来……

面对这样的情况,王老师深感困惑:如何才能有效指导所有家长呢?

亲子活动的家长指导,是指家长在保育师预设的活动和有准备的环境中,通过与保育师的交流、与孩子一起游戏活动、与环境互动等途径,系统掌握婴幼儿各方面发展的特点和促进孩子全面发展的策略,从而有效提升家庭教育的实践效能。"面向家长指导"的观念已深入人心,但是家长指导不仅需要在观念上体现,更需要在实践中实现。

一、现场指导的常用指导策略

指导策略是指"为了使家长提高教养素质和水平而采取的相应的行为方式和行为过程"[1]。在亲子活动实践中,因保育师各自的教育智慧不同,使用的策略是多种多样的。从指导手段的角度来看,家长指导常用策略有三种:示范指导、口头指导和环境指导。这些策略有的是单独使用,有的是联合使用。保育师通常会将几种指导方式融合在一起,根据开展活动的流程安排指导家长的时机和方式。

(一)示范指导

示范指导是指保育师"亲自和孩子共同游戏、活动,向家长示范如何引导孩子活动、如何与孩子互动。这种形式适用于教学方法、教养技术型一类的活动,其优点在于,指导效果比较明显,有立竿见影的成效。保育师在向家长示范与孩子的游戏、活动、互动方法后,可以在亲子活动中马上观察到家长有没有把握自己的要求,有没有运用到对孩子的引导和与孩子的互动中。而家长接受了示范指导后,把同样的内容二次传达给孩子。通过及时的实践,家长对保育师的指导要求不仅'心领神会',而且可以通过'做'来强化认识。而家长在指导孩子时,并不是简单的对保育师的'重复',而是结合了自己和孩子各自的特点以及两者互动的特点,进行个性化、个别化的指导"。[2]

案例　给大花猫涂色[3]

活动室里,保育师正组织亲子完成给大花猫的涂色活动。保育师提供了印章和颜料,指导亲子用盖印的方法给肥猫上色。

保育师在观察中被乐乐妈妈吸引,乐乐妈妈正拿着罐子让乐乐在里面蘸颜料,乐乐把印章伸进去拿出来的时候,妈妈说:"太多了,多来回涂几次。"乐乐在里面又蹭了几下,然后拿出来印在大肥猫的脸上,盖好了一个印,乐乐没有抬起手来,按住印章准备往下涂。保育师看到后走到乐乐面前:"你是这样子玩的呀,还可以按一按(保育师把手指放到大花猫上面),也可以这样(拿着乐乐的手)按一按,123,拿起来,再来一

① 谭峰.亲子教育机构中教师对家长指导策略的研究[D].桂林:广西师范大学,2008:4.
② 程洁.上海市0—3岁婴幼儿早期教育指导体系中的家长教育[D].上海:华东师范大学,2005:74.
③ 康佳丽.亲子班活动中亲师幼三方互动个案研究[D].南京:南京师范大学,2016:41-42.

个,123拿起来,好不好玩? 你自己来一个好不好?"乐乐自己在一旁按了一个。保育师说:"乐乐很棒,我们在这里再来一个。"乐乐接着在大花猫的周围盖一个印。乐乐妈妈这时也说:"没有的地方也印一下。"保育师说:"对,妈妈说得对,把没有的地方也来印一下。"乐乐妈妈把空着的猫头部分转到乐乐的面前,说:"我们转过来一下,继续继续。"

分析:

这是一个示范指导的案例,在案例中,我们看到了这种指导的实施样式和即时效应。但同时让我们感受到,这种指导对保育师教养素质的要求很高。本案例呈现的是一个失败的指导:在和妈妈各自的活动中,保育师观察到乐乐亲子与自己要求的不同操作方法,出于对家长的尊重,她没有直接否定家长教给孩子涂抹的方法,而是委婉重复课上所讲授的操作方法。保育师认为乐乐和妈妈没有采用自己所讲授的方法应该是她们没有学会或者忘记了,因此采用手把手示范的方法让孩子来盖印。保育师没有意识到家长教孩子涂抹填色的原因在于她未了解活动设计的目的。保育师设计该活动的目的是让孩子们练习盖印的动作,操作出盖印的画面效果,而家长与孩子互动的目的是让孩子尽快涂完。因此,当保育师多次发出示范和鼓励的互动,让乐乐再次采用盖印的方法填色后,家长又再次发起要求乐乐盖印空白区域的指令。从家长这个施动行为可以看出,她仍不理解保育师的意图,虽然表面上默认了幼儿采用盖印"慢"的填色方法,但仍然想让乐乐尽快完成空白区域的填色。保育师肯定并重复了乐乐妈妈的指令,认可了她提出的在空白区域进行盖印。保育师的肯定坚定了乐乐妈妈完成填色任务的想法,因此调整乐乐的操作材料位置让她专注于盖印。

显然案例中保育师与家长的互动指导浅显、表面化,保育师没有敏感地觉察到互动中问题的根源,保育师和家长之间对于活动意图的理解出现偏差,其示范指导的效果便会大打折扣。保育师应向家长介绍盖印方法要达到的锻炼孩子小肌肉动作的意图。活动中保育师始终没有正向直接与家长进行交流,保育师对家长指导能力的欠缺影响了活动开展的有效性。

所以,保育师本身对早期教育的理解和把握很关键,不能出现方向性错误,否则,自己都做错,又如何指导家长? 在早期教育指导中,运用好示范指导的关键在于抓住示范的重点,通过示范让家长形象化地理解做法的要领和原理、理念。除了具体方法的介绍外,更主要的是对孩子发展态度的示范,不要把示范的目标放在"孩子的成功",而要关注"家长的进步"。

(二) 口头指导

口头指导是指保育师"在亲子活动中通过口头交流的方式,向家长传达教育理念,解释教育方法背后的道理,了解孩子的平时表现和家庭的教养特点,从而实现对婴幼儿家长的指导"。[①] 保育师常用的口头指导有五种形式。

第一,说明:保育师告诉家长活动的目的、活动材料的操作要领。

第二,建议:保育师为家长提供家庭延伸活动的材料、方式的参考;对家长所咨询的关于孩子的教养问题提出解决方法。

第三,言语暗示:当孩子出现某些问题时,保育师表面上是在对孩子说,实则暗示家长如何做。

第四,解释:保育师帮助家长分析孩子出现问题的原因、孩子发展特点。

第五,引导:保育师告诉家长如何做或让家长对孩子的发展情况作合理分析。

案例　跳跳和外婆[②]

自由活动时间里,跳跳在外婆的协助下在爬行坡上练习爬。刚把跳跳放在坡面上时,跳跳根本不动。外婆突然意识到什么,随手拿来了一只小兔子玩偶(耳朵已经坏了,原来的粉红色由于落灰变成了灰色)。

看到兔子,跳跳用手臂吃力地支撑起胸部。外婆于是赶紧用左手支撑起跳跳的腰部和臀部,右手轮流推跳跳的脚底前移,口中说着:"爬……跳跳爬。"外婆的左手松开一会儿,跳跳也可以自己支撑起腰部和胸

①② 程洁.上海市0—3岁婴幼儿早期教育指导体系中的家长教育[D].上海:华东师范大学,2005:76.

部。很快她爬到前面,拿到兔子。

如此循环了几个回合后,跳跳开始不停将头转向一侧,注视其他人的活动,外婆也开始走神,督促孩子努力爬行的语言停止,动作也由原来的支撑跳跳爬行转向做一些保护。这时,指导保育师走过来,就孩子的爬行情况与外婆进行交流。

保育师:"跳跳看起来是爬累了。"

外婆:"她就是懒,刚爬一会儿就不想动了。她太重,我托着她的这里(腰腹部),一会儿就觉得胳膊酸了。"

保育师:"对的,这是一个原因。另外,跳跳年龄小,容易疲劳,特别是她不感兴趣的事情就更不愿意做了。"

外婆:"她喜欢皮球,在家里各种样子圆形的东西都喜欢,还会踢球呢!"

保育师:"那我们不拿小兔子,找个皮球试试看!"

外婆转身找到一个红色橡胶球放在跳跳面前。跳跳很快看到了,俯下身去试图抓到它……

分析:爬行是跳跳这个月龄阶段发展的一个重要里程碑,在经过保育师的示范指导后,外婆基本上掌握了如何协助孩子进行练习,但又走到了单纯练习的极端。外婆可以像保育师一样拿一个玩具放在孩子前面,但是外婆没有领会到只有孩子感兴趣的才对其有吸引力的道理。这个玩具,不是一种象征意义,不是成人觉得好玩就行。于是,在外婆的"指挥"下,跳跳很快对这种枯燥的"练习"失去了兴趣。

保育师看到了孩子对这样的练习没有兴趣,运用专业知识作出判断,猜测问题出在引导物上面。她有意识引发与家长的对话,从对话中获得信息,果断采取后面的措施,并取得指导孩子的成功。

口头指导最大的特点就是在亲子活动进行中随机指导,只要有面对面的机会,那就随时随地进行交流。正因为口头指导具有方便性,所以它也成为保育师最常用的手段。但随机不等于随意、无意,把握口头指导的时机是关键。

目前,在亲子活动的实践中,口头指导一般侧重介绍科学教养的态度、期望、怎么样才能科学地教育孩子等理念方面的内容。此外,口头指导也介绍科学的教养知识和孩子在活动中的表现,例如"孩子的优点在哪里,哪里需要再发展一点,哪里还有所欠缺,怎样鼓励孩子发展"等。以上案例中的保育师能够把握指导时机,做到有效指导实属不易。"随机"既是口头指导的优点,也是其"致命伤",它难成系统,难以深刻。

(三) 环境指导

环境是隐形的老师。在早教指导中心,环境包括婴幼儿和家长所置身的环境,更多的是物质环境;也包括婴幼儿和家长之间的关系,以及他们分别与其他个体、物体之间的关系。例如,通过系列亲子活动,家长可以了解孩子的身心发展规律,能将教育方法运用到家庭教育中去。因此,环境指导是指保育师在早教指导中心创设能满足婴幼儿发展特点和需求的环境,包括设施设备、教玩具、系列亲子游戏和学习活动(尤其是活动材料的提供)等,让家长带着孩子在与环境相互作用的过程中感受早期教育的理念,体验早期教育的做法。例如,通过教玩具进行家长指导。早教指导中心精心选购和自制了大量的教玩具,家长看到这些教玩具就能基本领会保育师的用意,教玩具本身就是对家长的有效指导。

案例 投放废旧物品的"动手区"

某早教指导中心的动手区,保育师投放了很多废旧材料,如酸奶、可乐、凉茶、茶叶等物品的罐子、各种物品(饼干、牙膏、咖啡、奶瓶、奶粉、手机、宝宝鞋子等)的大小盒子、废旧光盘、打包塑料盒等。此外,保育师也利用废旧材料做了一些玩具放在那边供孩子玩耍。同时贴了往届家长带孩子在该区活动的经典照片,并附上简要的说明:家长可以利用这些材料引导宝宝认识废旧物品的形状,比较物品大小,利用物品进行分类、排列、垒高、接龙等活动,也可以引导宝宝了解这是什么物品。陈老师建议家长多给孩子一些简单的、半成品玩具(低结构化材料),利用这些玩具能创造出不一样的玩法。

另外,保育师还提供了一个亲子活动建议"垒高——造高楼"①,并提示家长:当垒高物倒下或被宝宝推倒时,不要指责宝宝,可用情境性的提示语言激发宝宝重新垒高。活动时注意观察宝宝对垒高、数数的兴趣如何。

附儿歌:《造高楼》

能干宝宝造高楼,

一层楼,二层楼,

三层楼,四层楼,

五层楼,……

造出高高楼。

家长的反应:家长发现早教指导中心中很多孩子玩的东西都是生活中废旧物品的重新利用后,纷纷感慨,原来给孩子的玩具是可以自己制作的,不一定都要买。回家后家长们都积极动手自己做。现在用完的纸箱、奶粉罐、瓶子等家长们都舍不得丢,做好清洁整理的工作后,都会思考可以怎样做成玩具给孩子玩。

分析:在以上案例中,我们发现家长带宝宝来到动手区,通过与保育师布置的环境和投放的材料的互动,感受到了对婴幼儿的教育其实并不高深,随时随地利用很普通的材料都可以进行;在让孩子不断垒高的过程中,家长知道了实现手眼协调的方法,也掌握了教育孩子数数的方法。

由此可见,家长正是通过孩子与环境和材料的互动了解教育的意义、掌握教育的方法。在亲子活动中,家长通过孩子上下坡的活动了解平衡性与控制身体的能力。当孩子在早教指导中心只认定那个熟悉的老师,而排斥不断更换的新老师,在熟悉的老师带领下能够积极地参与活动,而陌生的老师指导时则表现消极,家长便会懂得孩子对心理安全的需要。可见,能够影响家长、实现对家长指导的环境,不仅包括早教指导中心的硬件设施、环境布置、亲子学习和游戏活动,还包括早教指导中心所有的人——保育师和其他婴幼儿及其家长;不仅包括具体的个体、物体,还包括他们之间的关系——人与物的关系、人与人的关系。保育师与家长的互动、家长之间的互动都能够影响家长,成为开展家长教育的途径。②

二、现场指导的基本流程

家长指导是指家长与孩子在保育师有准备的环境中,通过亲子活动开始前、进行中、结束后不同阶段的活动过程,与保育师的互动与交流,与孩子一起学习和游戏,与环境交互作用,在活动中观察、分析孩子,进而掌握婴幼儿各方面发展的特点和促进其全面发展的策略。亲子活动中的家长指导,实质上是在环环相扣、有目的的互动中进行的,包括保育师与家长、家长与孩子、孩子与保育师、孩子与环境、家长与环境之间的多重互动。以下将在活动流程的进展中,简要分析保育师在不同的环节所开展的家长指导。

(一) 活动开始前

在亲子活动开始之前,保育师需要做一些准备工作,如根据活动计划与上次开展的活动和家庭教育活动的情况,设计本次活动的内容,创设相应的环境,准备教玩具,除此之外,在活动开展之前,常用的准备环节有以下三个。

1. 早晨接待与个别交流

每天上午到了时间,家长就会带着孩子陆续来到早教指导中心。保育师会在固定的地方接待家长和宝宝,与孩子和家长相互打招呼。与此同时,保育师与家长会交流孩子在家的一些表现,家长往往这时候会向保育师倾吐育儿的烦恼和困惑,保育师则及时帮助家长分析与解决问题。

① 上海市宝山区早教指导中心. 0～3岁亲子活动方案[M]. 上海:华东师范大学出版社,2010:76.
② 程洁. 上海市0—3岁婴幼儿早期教育指导体系中的家长教育[D]. 上海:华东师范大学,2005:78.

实践探索

接待牛牛和奶奶

郑老师:牛牛,早上好!

奶奶:××老师,早上好!

牛牛:老……西(师),好!(在奶奶的提醒和鼓励下)

郑老师:牛牛,早餐吃了什么呢?

牛牛:包包、蛋蛋。

奶奶:今天早餐吃了一个面包、一杯豆浆和一个爱心鸡蛋(做得美观、精致),用的餐具是带宝宝自己去挑选的。早上表现不错,都是自己吃的,看起来很有食欲,不像以往都不怎么想吃。

郑老师:嗯,不错!量也够了,看来上次豆豆妈妈给你启发了,为孩子准备富有童趣的餐点,会激起孩子的食欲;早上不要一起来就给孩子吃零食。

郑老师:好了,进去和其他小伙伴打打招呼吧。(同时,示意奶奶要积极引导牛牛与同伴和其他家长交往)

2. 亲子律动操

晨间接待后,保育师会组织家长和孩子集中在一起进行几分钟的亲子律动操,在音乐的带动下,家长与保育师、孩子互动,跟着保育师学做操,保育师会针对家长的情况和活动的要求进行口头指导。

要想真正地让家长参与进来,保育师需要运用有效的组织策略。对1周岁以下的婴儿来说,参与这样的活动,要求人数少(最多6个),宝宝情绪状态佳,教养人的操作令宝宝觉得舒适;1周岁以上的大集体也不应超过12个幼儿,对不愿意参与的幼儿应以家长学习为主,允许幼儿适度地从事他正在积极关注的活动。另外,对体力不济的祖辈要提供额外补救措施,可以让他们学会后回家请父母和孩子做,或请父母尽可能陪孩子来活动。

实践探索

刘老师选妞妞(外婆带来的)为自己的孩子,边念儿歌边示范亲子律动操做法。第一遍的时候孩子们一直都看着刘老师,家长主动拉孩子做。第二遍刘老师鼓动家长们站起来,认真模仿。第三遍各位家长根据自己孩子的特点,创造性地改变动作,比如在"转一圈"的时候,有的家长直接把孩子腾空转一圈再放下来,有的家长和孩子一起小跑转一圈,有的是让孩子自己转,其中一位奶奶由于年纪过大,一直不参与做操,只是坐着观看。

附儿歌:

拉拉小手举起来,拉拉小手转一圈。

拍拍小手跳一跳,再和妈妈抱一抱。

3. 集中交流与总结

这样的环节主要是让家长理解以上活动的意义,在准备活动结束时,保育师还可以安排一个集中解释的时间,根据婴幼儿和家长的表现,向家长作出相应的解释。例如从晨间接待出发,保育师可以讲解如何在生活中培养婴幼儿最基本的礼仪规则,当某个孩子不愿意与他人打招呼时,家长不要一味强迫孩子,而是自己以身作则起到示范的作用即可,当孩子在家长的示范后能与人打招呼,就要立即用亲昵动作给予鼓励。在亲子律动操中,个别婴幼儿不能按照保育师的指令做动作,但是他能跟着大家一起兴奋,能够体验集体活动的乐趣,这样目的就达到了,硬性强求只会造成婴幼儿的负面情绪。

（二）活动进行中

1. 集体亲子活动

（1）介绍活动的内容与玩法

集体活动的开始,保育师一般会先介绍活动玩法、价值,然后示范家长指导孩子开展活动的做法,并强调一些要点和提示,指出孩子活动中可能会存在的误区。例如,保育师会这样指导家长:"今天我们准备的活动是穿珠,这个活动主要是锻炼孩子的手眼协调能力和手部动作的灵活性。我们给大家准备了不同颜色、形状和大小的珠子,一方面是考虑到多样化操作材料可以丰富孩子的认知,另一方面1.5~2岁的孩子之间发展水平存在差异,家长们可以根据自己孩子的情况选择适宜的穿珠难度的互动方式。宝宝拿到珠子后,家长可以先问一问宝宝珠子的颜色、形状,再要向孩子示范如何将绳子从珠子孔中穿过去:捏住绳头,对准小孔,轻轻穿过去,慢慢拉出来。如果孩子穿珠子动作掌握得比较好时,家长可以适当增加操作难度,如可以选择引导宝宝穿孔比较小的珠子,可以引导宝宝按照颜色或形状有规律地穿珠。"

（2）家长与孩子进行亲子互动

保育师在示范后,应该请家长参考自己的示范与孩子进行互动。这个时候,家长引导孩子开始游戏活动,因为年龄的关系,他们开展的往往是一些平行的游戏活动,保育师则在这个过程中要观察家长与孩子的互动,并适时地进行指导。例如,穿珠子的亲子互动环节,保育师发现,21个月大的天天一手拿着绳头,一手拿着珠子,尝试了好几次怎么都对不准,穿不过去,他变得有点急躁。为了尽快完成穿珠任务,妈妈拿过天天手中的绳子,代替他穿了起来。保育师见状对妈妈说:"天天妈妈,今天这个活动的目的主要是通过穿珠,锻炼宝宝的手部精细动作和双手协作的能力,而不是简单地看谁完成任务。您看,天天对这个活动是感兴趣的,但独自穿珠存在困难,您可以适当提供帮助,再慢慢放手。就像这样,天天能够很好地自己捏住绳子和珠子,但找孔对准有点难度,一开始您可以一手握住天天的手协助其固定住珠子,另一手帮助天天对准,穿过去,让他体验成功的快乐,多次重复后,您可以鼓励天天自己对准穿珠,观察他是否能独立完成,如果还是不行,您也不要着急,继续协助但不要直接代替他操作,相信在不断的练习之后,天天一定可以成功。"

（3）总结亲子互动中的表现和问题

亲子活动过程中,保育师会发现家长在指导孩子活动中存在的问题和误区,除了在过程中进行个别指导,还应该在活动结束时提出问题与大家一起思考,家长也可以提出一些问题来求助,最终使家长解开谜团,纠正误区,更新观念,增长知识,掌握技能。在这个环节中,保育师会重复家长的某些行为,让大家判断这样做好不好;也会向大家解释一些孩子的行为所反映的发展水平;还会针对家长的教育方式进行探讨。例如,保育师在总结"穿珠"活动时是这样做的:"请大家观察一下东东在穿珠的活动中都做了什么?一开始,东东爸爸先观察东东的穿珠能力水平,在发现东东能较好地穿过去后,开始引导他按照颜色的规律穿珠。穿了一会儿,无意间东东发现筐里方方正正的珠子除了能穿之外,还可以垒高。他放下手中的绳子,开始摆弄框里的珠子,尝试把它们叠在一起……我们应该阻止孩子这样的方法还是鼓励呢?"大家都思考了一会儿,保育师又说:"我们这个游戏是为了发展孩子手部动作的灵活性,但是孩子们玩着玩着会有自己独创的玩法,如果这些玩法同样对孩子有发展价值的话,我们应该鼓励孩子的探索。"

（4）活动家庭延伸的指导

早教指导中心短时间的一两次亲子活动难以促进婴幼儿有效的发展,因此,亲子活动接近尾声时,保育师一般要指导家长如何将活动延伸至家庭,以便孩子回到家中能继续学习和锻炼。例如,在穿珠的活动结束时,保育师可以这样指导家长进行活动的家庭延伸:"今天,宝宝们在活动中表现的能力各不一样,有的穿得非常好,有的还需要家长给予一定的协助,有的还能在活动中创造性地穿珠子,家长们回到家后可以根据自己宝宝的表现思考如何延续、创新活动。比如,家长可以提供孔更小的珠子或更细的绳子,也可以用吸管、纽扣等生活化材料代替珠子。"

亲子活动进行中,保育师对家长的指导是频繁的、多角度的,运用了多种指导策略,并且能把不同的指导策略融合起来使用。每一个亲子活动的进行都要求保育师向家长详细介绍活动材料的特征、活动方法、活动潜在的发展价值、婴幼儿在活动中可能的表现,以及家长指导孩子活动的策略,包括家庭延伸的方式。

只有让家长明确活动的意义,她才可能有的放矢地引导孩子,尤其是具体指导策略的使用对家长来说更具有现实意义。例如,当孩子不听你的指导,而是按照自己的方式操作时,你将如何判断和应对?

2. 活动区亲子活动(自由分散自主亲子活动)[①]

(1)孩子和家长自由选择游戏活动

与集体活动不同的是,在自由活动时间里,家长可以带领孩子到各个活动区进行游戏活动,这时虽然也是家长与孩子的互动,但是并不是在同一时间里做同一件事的平行活动。这时,孩子要选择活动内容,也会更换活动,会对选择的材料进行探索。在这个过程中,家长会指导孩子玩,或是引领着孩子选择游戏活动,或是跟随着孩子活动。

(2)保育师一对一随机指导

在自由分散的活动过程中,保育师一般是巡回观察和指导,解决自由活动中家长的问题,或者主动发现一些需要及时解决的教养问题。例如:1岁半的豆豆最近很喜欢玩活动室里的四轮玩具车,今天的自由活动时间,他拉着妈妈又坐上了玩具车,愉快地用脚蹬车前进。开了一会儿,车停了下来,豆豆坐在车厢里开始摆弄起来。无意间,豆豆发现了车门,他摸了摸,推了推,发现门没有动,他加大了力气,继续探究着,终于车门开了,豆豆倾斜着身体要站起来。妈妈马上问道:"宝宝你要下来了,是吗?"正在妈妈要帮助他下车时,豆豆又坐了下去,关上了车门。就这样重复了好几次……保育师见状跟豆豆妈妈说:"宝宝不是要下车,他可能是对车门感兴趣,妈妈不要着急,我们先观察看看。"豆豆又重复了几次,听完保育师的建议后,这次豆豆妈妈没有再干预,观察后她发现保育师的解释是对的。保育师问:"妈妈,你发现豆豆一直在重复哪几个动作吗?"妈妈回答:"'推'和'拉'。"保育师指导:"豆豆这个月龄段喜欢做重复的动作,互动中我们可以用语言向豆豆描述他正在做的事情,你看,这时豆豆正在做'推'的动作,我们可以跟进'开门,开';做'拉'的动作时,我们则可以说'关门,关'。通过将语言和动作建立联系,帮助豆豆了解自己的动作和结果的关系呢。"很快,豆豆妈妈领会了保育师指导的互动要点,立即开始行动起来。

(3)保育师和家长的分享与交流

在活动过程中的随机指导,还只是一种教育方式的示范和指示,对于为什么这样做则不会有太多的解释机会,家长有时也会感到困惑。所以自由活动结束时,保育师需要安排一个与家长分享和交流的机会,将活动中所经历过的有价值的问题提出来与大家探讨或讲解。例如,豆豆妈妈经历了孩子反复推拉车门的活动后,对于如何看待孩子的行为有种豁然开朗的感觉,活动结束时,她忍不住谈起了自己的感受:"以前,看到豆豆反复在做同一件事情,我总是不理解,就像之前有段时间反复地丢东西,我给他捡回来,他又丢,还表现得很开心,我总是认为他是故意的,还责骂了他。但是,通过今天的活动,我知道了孩子的每一个行为都有他自己的理由,也表现出他的需求,大人不要从自己的角度看待孩子的各种行为,而是要多思考孩子为什么会这样做,他想表达什么意思,他想告诉我们什么。孩子的行为是内心的表达、是发展的展示,大人要善于解读孩子的行为。"

保育师在活动区亲子活动中的指导除了示范、口头指导外,还有环境指导。在0~3岁婴幼儿教养中,我们会发现,婴幼儿年龄越小发展越迅速,个体差异也就越大,很多婴幼儿相差只有一个月,他们在发展的各个方面却会存在很大差异。另外,每个婴幼儿天生就在学习风格、学习速度、情绪、身体等各方面存在很大差别。所以,在活动区进行自由自主的个别化活动就显得很重要,这样他们能较充分地在自身原有基础上继续向前发展。这样带来的效应是:保育师对家长的指导也要进行个别化指导,每个家长的指导需求是不一样的。

(三)活动结束后[②]

1. 活动场地收拾

活动的最后一个环节是集体整理活动室后再离开早教指导中心。这个环节里,保育师要将亲子参与

---

① 徐小妮. 0—3岁婴幼儿早期教养指导模式初探:上海市某早期教育指导与服务中心的个案研究[D]. 上海:华东师范大学,2006:48-50.

② 同①:51.

活动材料归位和活动场地的清理作为对亲子活动指导的要求,帮助婴幼儿(与家长)形成常规活动习惯。这样的环节既告诉家长要从小培养孩子独立自主的意识,也示范了家长如何在家庭与孩子互动。

2. 告知

保育师可以在这个环节里告诉家长下周活动内容,提醒家长教养注意事项。例如需要准备什么东西带来,在家庭中要有意观察孩子一周的表现等,做好下次活动的准备。

3. 告别

最后是保育师与家长和婴幼儿告别的时刻。保育师可以主动去抱抱婴幼儿,亲亲他的小脸,告诉他"下次见了"。这时候,家长一般也会很自然地拉起孩子的小手跟保育师说"再见",或者请孩子和保育师拥抱告别。虽然简短,但场面很温馨,当婴幼儿和保育师轻轻拥抱在一起的时候,彼此都会感觉到今天活动的愉悦。

虽然活动结束后的几个环节时间比较短暂,但也是对家长进行指导不可忽视的重要部分。保育师的要求让家长明确了:教养孩子做事要有始有终,对孩子行为习惯、礼节礼貌的培养就渗透在这不起眼的生活小节里,家长以身作则很重要。同时,这个环节也是一个前后承接的阶段,简明扼要地向家长讲明在下次活动前需要家长做好的准备工作,有利于保证下次活动的质量。

三、现场指导的注意事项

(一)集体指导与个别指导的灵活运用

集体指导是保育师面向所有家长统一进行的指导,个别指导是保育师面向个别家长进行的一对一指导。集体指导直接体现效率(一对多),个别指导更具有针对性(一对一),两者结合所产生的指导效果显著。

案例　亲子活动夹夹子

早教活动室里,保育师给每对亲子发了一个纸杯和几个夹子,告知家长这个主要是通过二指捏,将夹子夹在纸杯上,锻炼宝宝的手指灵活性。在保育师示范操作后,就开始组织家长和宝宝一起玩夹夹子的游戏。

亲子互动时,保育师进行巡视指导,她发现明明操作几次后就对夹杯子失去了兴趣。他用力捏着夹子,想去夹外婆的裤子,外婆只是看了看,没有提供帮助。明明试了三次都没成功,有点气馁。保育师走到明明面前:"明明真的很棒,还能发现夹子可以夹在衣服上。"又转头对外婆说:"明明二指捏夹子的动作发展得比较好,但衣服柔软,没有支撑,夹住衣服对明明来说是有点困难的。您可以帮助拉住裤子,您看,就像这样……"在保育师的指导后,外婆和明明开始了新一轮的夹夹子游戏。

分析:活动开始,保育师采用集体指导的方式向所有参与的家长介绍活动的目的,示范操作的要求和注意事项。在亲子操作开始之后,保育师能够深入观察每对亲子互动时的需要,在发现明明从夹杯子操作失去兴趣又自主生成夹裤子的活动内容,给予赞赏和肯定,面对明明夹衣服的操作多次失败后,保育师及时介入,进行个别化指导:从幼儿能力发展的角度向外婆阐述为什么明明需要外婆的帮助,并提示外婆具体的互动行为,最终推动夹夹子的亲子互动往深层次发展,提升亲子互动的质量。

(二)多种指导策略的有效融合

亲子活动时,保育师的家长指导策略是多样的,然而,绝对不是各种指导形式自成一家,它们往往互相结合才能发挥出最大效力。保育师示范直接指导家长在家庭中怎么做;口头交流,家长与保育师互通讯息;活动启发,家长感悟如何借鉴:所有这些汇总起来,对家长的指导就更有针对性、实效性。

保育师不一定要固定哪种模式、哪种流程,而是要结合具体活动进行具体的指导安排。例如,美劳活动中的画画是孩子相对安静的活动,指导者可以提供多种材料,让孩子充分发挥。这时,保育师就可以跟家长讲:为什么要提供这么多材料给孩子,这些材料为什么适合这个年龄段的孩子……孩子画画的过程就是指导家长的过程,孩子画完了,指导家长也告一段落。最后,家长看孩子的画时就很清楚孩子今天有什么进步,有哪些不足。

实践探索

生活活动——"小便"①

老师要进行一项生活活动——"小便"。因为到了2岁半以后，要慢慢培养孩子自理大小便。

活动中，保育师首先对家长进行动作方面的指导，应该带着孩子怎么一步一步做；同时，辅以儿歌"小脚要并好，裤子要拉好，小肚子要包牢，宝宝身体棒"，通过朗朗上口的儿歌指导家长。保育师把动作训练融入儿歌里，家长听了就明白。同时，保育师还提醒家长以后一些生活习惯的培养都可以编成儿歌。接下来，在孩子的自主活动过程中，保育师有意识地和家长们聊一聊孩子在家庭中大小便的自理情况：完全是家长包办代替的，还是家长帮助的，还是孩子自己来的。然后根据实际情况，再对家长进行指导："你家宝宝以前都是大人包办的，那么先教她学会拉外裤，这个比较容易，一步一步来。"

保育师在活动中重点针对家长如何帮助孩子自理大小便，目的在于让他们在家中也可以进行引导，以此教会宝宝自理大小便。

（三）指导中对不同家长的充分关注

前来早教指导中心参加亲子活动的家长有父母、有祖辈、有保姆，有文化程度高的、有文化程度低的，有接受能力强的，有接受速度慢的。这就要求保育师在进行家长指导时，要充分关注不同家长的不同特点。例如，通过口头指导，保育师需要在充分把握不同对象的基础上选择适合的"指导语"：能被对象理解、接受的"指导语"，才能完成有效的指导。例如：父母作为亲子活动参与者时，往往更加关注婴幼儿的发展，也更能够用合理的方式与婴幼儿互动，保育师应在给予家长及时的鼓励和认可后再进行示范或指导；保姆、祖辈作为亲子活动参与者时，容易过度关注婴幼儿的安全和舒适，保育师应学会倾听保姆、祖辈参与者的想法，再针对问题委婉表达，帮助保姆、祖辈明白婴幼儿自己动手尝试的益处。②

育儿宝典

宝宝不会收拾玩具怎么办？

29个月的欢欢有很多玩具，平时很喜欢玩它们，但是玩完后基本上不会收拾玩具，经常随手丢得满地都是。虽然提醒后有时会收拾好，但很多时候不愿意收拾，好像很喜欢满地都是玩具的样子，然后自己也在地上打滚，表现出很享受的样子。从她小时候开始，每当她一玩玩具，家长就会引导她玩后要收拾玩具，可是她似乎总不能养成一个很好的习惯。

分析：2岁左右的幼儿已经可以做简单的物品整理，但分类的观念还不是很好，通常也不会主动收拾玩具。3岁幼儿已经有简单分类的概念。因此，玩具可以分类收纳，但是多数幼儿基本上是在成人的提醒下才会去收拾玩具。所以，家长应该多提醒幼儿，并教幼儿收拾东西的简单方法。成人不要对幼儿收拾玩具有过高的期望，要知道幼儿学习收拾整理玩具或者玩具柜需要一个过程。家长不要期望幼儿能够像成人一样有条不紊地收拾整理玩具。

策略：

1. 家长可以为幼儿准备一个整理箱或玩具柜，幼儿游戏后要求他收起玩具。
2. 家长可以采用"帮玩具回家，找到玩具的小伙伴""与妈妈收拾玩具比赛"等游戏的方式引导幼儿收拾玩具。

---

① 程洁.上海市0—3岁婴幼儿早期教育指导体系中的家长教育[D].上海：华东师范大学，2005：79.
② 王瑛，孙晗月，王慧.亲子活动的价值与实践探索：以中国儿童中心"爱在开端，综合发展"亲子活动为例[J].早期儿童发展，2023（3）：80-90.

3. 如果幼儿接近3岁,家长可以尝试准备几个小箱子,并在箱子外面贴上标签或玩具照片,引导幼儿一一对应,什么样的玩具"住什么样的房子"。

4. 在提醒下如果幼儿没有收拾玩具,家长可以把幼儿最喜爱的玩具藏起来,等下次她想玩的时候会因为找不到而伤心,家长则顺势引导说:"你没有帮玩具找到家,所以它迷路,走丢了。"

5. 偶尔幼儿实在不想收拾玩具也不必勉强,让幼儿当观众看妈妈是如何收拾整理玩具的,然后让幼儿给妈妈奖励一个大拇指或贴贴纸。

实训练能

实训项目6−2:亲子活动现场家长指导的记录与分析

【实训目的】

认知目标:巩固对亲子活动现场的家长指导的要求和策略的理解。

能力目标:能够分析保育师在亲子活动现场对家长指导的适宜性。

素质目标:树立"平等、尊重、合作、有效"的亲子活动家长指导观。

【任务实施】

1. 观摩一个集体亲子活动(活动视频或现场),完整梳理保育师是如何在亲子活动现场进行家长指导的。

2. 结合亲子活动现场的家长指导要求和策略,分析亲子活动现场保育师进行家长指导的适宜性。

0~3岁亲子活动现场家长指导的记录与分析

活动名称		活动年龄	
活动中各环节家长指导的过程记录与分析			
活动中各环节家长指导的过程分析			

任务思考

一、选择题

1. "在亲子活动现场,保育师亲自和孩子共同游戏、活动,向家长示范如何引导孩子活动、如何与孩子互动",运用的是(　　)指导策略。

A. 示范指导

B. 口头指导

C. 环境指导

D. 材料提供

2. 保育师告诉家长如何做或让家长对孩子的发展情况作合理分析,运用的是口头指导中的(　　)。

A. 说明

B. 建议

C. 语言暗示

D. 引导

3. 以下哪一项不是亲子活动现场指导的注意事项?(　　)

A. 集体指导与个别指导的灵活运用

B. 多种指导策略的有效融合

C. 指导中对不同家长的充分关注

D. 采用一致的指导形式

二、判断题

1. (　　)示范指导主要的是对孩子发展态度的示范,要把示范的目标放在"孩子的成功"而不是关注"家长的进步"。

2. (　　)保育师要将亲子参与活动材料归位和活动场地的清理作为活动结束环节亲子活动指导的要求,帮助婴幼儿(与家长)形成常规活动习惯。

🚗 任务三　掌握亲子活动场外的家长指导

案例导入

　　彤彤妈妈带着彤彤参加早教指导中心的亲子活动,她觉得早教指导中心的环境和设施设备的配备都不错,室内外活动空间充足,老师组织亲子活动也有声有色,彤彤也很喜欢来这里玩。可是,每次活动结束后,她感觉很迷茫:她知道光靠每周的一次活动是不会有显著效果的,更要靠家长平时每天一点一滴的积累;但她平时工作很忙,一周也只能参加一次亲子活动,在家里她也不知道应该怎样做到高质量的亲子互动。

　　请思考该早教指导中心如何做好亲子活动场外的家长指导。

　　亲子活动场外的家长指导是指离开与婴幼儿及其家长互动的亲子活动现场,保育师针对家长的育儿需求和教育中存在的问题,采用一定的形式进行的辅助性指导。亲子活动场外家长指导与现场家长指导针对的问题有所不同,开展的形式多种多样。

一、场外指导的主要功能①

(一) 现场指导中发现但未能及时解决的问题

　　现场指导通过现场活动让家长获悉婴幼儿各方面发展的最基本知识,以及亲子互动的方式方法。由于时间限制,保育师对于活动中萌发的,且是家长普遍比较关心的共性问题,比如家长无法理解的婴幼儿行为,如何与孩子互动等,并未及时解决,这就需要保育师对家长进行场外指导。例如,1岁半以后幼儿的整体活动能力以及探索欲望都比之前旺盛,一刻都不能消停,几乎能把视线所及的所有东西翻个遍,甚至"搞起破坏"来,什么东西都要敲敲、扯扯、摔摔、摇摇。对于这种在家长看来具有"破坏性质"的行为,到底应该怎么认识? 是应该阻止,还是置之不理,或者是采取其他措施? 针对以上问题,保育师可以将其设为一个家长沙龙的主题,采取系列形式引导家长解决问题。

(二) 现场指导中难以解决的个别性问题

　　现场指导中有些问题虽然是个别性的,但对家长教养来说是十分迫切需要的,而且,这些问题往往是保育师本人无法解决的,这时就需要其他领域的专业人士介入(有时也包括其他家长)来共同处理。例如,老师偶然间发现冉冉(女孩,26个月)从来不玩娃娃玩具,即使老师有意引导,冉冉都不会靠近娃娃。为此老师感到很奇怪。因为在孩子(尤其是女孩子)眼里,娃娃是一个最常见也最讨她们喜欢的玩具之一。据主要教养人爷爷反映:冉冉从6个月左右就害怕娃娃,爷爷认为可能的原因是在她很小的时候家里给她买了一个电动娃娃,一摸就会叫,眼睛也会眨。冉冉第一次看到这个娃娃的时候被吓哭了,从此再也不愿意接触任何种类的娃娃玩具。老师发现这样的问题有点棘手,因为没有相关的知识储备和处理经验,必须借助其他专家专门解决。鉴于此,保育师在当月的专家咨询中安排了一位心理专家,通过爷爷与专家的交流,问题迎刃而解。

(三) 婴幼儿发展和教养中的普遍性问题

　　对于婴幼儿发展与教养中一些比较普遍但现场指导中可能没有涉及的内容,则需要依靠场外指导。例如关于婴幼儿发展的年龄特点、保育环境、疾病与健康安全、营养等,这些问题因为范围比较广泛,也具有家长群体差异,所以在现场指导中无法全面概括。比如:如何处理孩子与主要教养人的分离焦虑;在孩

---

① 徐小妮.0—3岁婴幼儿早期教养指导模式初探:上海市某早期教育指导与服务中心的个案研究[D].上海:华东师范大学,2006:60-61.

子入园前需要注意哪些方面以及做什么准备,以帮助孩子更快地适应幼儿园生活;可以自行活动的宝宝,在家居环境布置上应该注意哪些方面,以避免危险发生。对待这类问题,保育师可以结合时节、家长需求,有针对性地选择恰当的主题在场外指导中专门解决。

二、场外指导的常用形式

不同的早教指导中心因其对早期教育的理解、对亲子活动的认识、对亲职教育的重视度不同,对亲子活动场外家长指导的思考和行动也不一样,总体而言,场外指导的形式还是比较多样的,常用的形式有如下六种。

（一）专家讲座与咨询

专家讲座与咨询是将婴幼儿教养不同领域的专业人士,包括儿保专家、经验丰富的保育师或教育专家等,请入早教指导中心,以专题讲座或者面对面咨询的形式,针对所选择的教养内容如表 6-1 所示,与集中起来的家长们进行交流。专家讲座与咨询作为亲子活动场外家长指导的重要形式之一,在每个学期都会根据需求经常性地举办。大多数早教指导中心是每月开展一次,这样一学期共有 5～6 次。但也有早教指导中心出于多方面的考虑,根据家长的需求,不定期开展。每次活动具体内容的确定、讲座与咨询人员的安排,以及根据内容、家长情况选择(或布置)的活动环境等,都要进行深入的思考和周密的筹划。

实践探索

表 6-1　某早教指导中心 2024 年专家讲座、咨询主题

序号	保健护理	教养态度	教养知识、技能
1	宝宝常见疾病预防和护理	警惕！是谁破坏了宝贝的学习能力	了解孩子的发展关键期
2	常见发育、行为问题的预防	"家有破坏王"——孩子破坏性行为解读	帮助您的宝宝提早开口说话
3	意外伤害的处理	亲子依恋关系的建立	早期思维启蒙,家长何为?
4	婴幼儿保健品及婴幼儿的保健	关注宝宝入园	儿童运动知多少?
5	春季宝宝的营养与膳食	正面管教	如何开展早期亲子阅读
6	春夏季节宝宝的家庭护理	爸爸在家庭教育中的角色力量	培养健康、快乐、自信的孩子

（二）家长沙龙

家长沙龙是指围绕家长们共同感兴趣的教养话题,由保育师将家长组织起来,并准备研讨素材,引导家长就话题展开讨论的集体指导活动形式。由于话题很难一次彻底讨论清楚,往往需要随着实践中的观察、思考以系列的形式展开,因此称为沙龙。家长沙龙一般能充分调动家长主观能动性,在早教指导中心的教育中经常使用。

在开展家长沙龙的时候,需要注意四个方面:第一,综合考虑家长需求确定沙龙主题;第二,确定活动形式,家长是集体活动,还是分组、个别活动;第三,选择活动方式,可以是案例分析式,也可以是问题讨论式;第四,充分准备活动素材,以及促进家长理解和思考的呈现方式。

实践探索

某早教指导中心围绕"科学照护,幼有善育"组织了一场家长沙龙。活动开始,参与活动的家长介绍教养信息:孩子几个月了,想要得到哪些养育知识,在家中与孩子交往时遇到哪些问题……

早教指导中心的保育师们从不同月龄宝宝的共性和个性发展特点出发,通过视频、照片、案例等多种方式组织家长们探讨各年龄段宝宝的发展情况和教养注意事项。同时,保育师提供与宝宝月龄相匹配的材料,邀请家长们现场模拟自己的宝宝去操作,亲身体验材料的趣味性、适宜性和重要性。及时解答了家长的困惑,提供了可实施的家庭支持和指导的策略。

(三) 网络的开发与利用

网络指导是早教指导中心和保育师以互联网为基础和手段,与家长建立无形的信息互通渠道,设立虚拟的早教家长指导平台,平台的网络化实体即早教指导网站。由于网络的便捷、迅速,缩短了家长与保育师的距离,扩展了保育师对家长的指导力度。网上交流突破了时空限制,满足了家长在接受育儿指导时对时间、空间的要求,极大地满足和方便了家长。

例如某早教指导中心开发了数字化信息平台,旨在为家长提供"随时、随地、随身"的亲子教育服务,该数字化信息平台包括个人基本信息、亲子活动记录、生活成长日记、健康检查情况、育儿知识分享、亲子活动推荐、专家问答等,家长可以了解孩子在园的活动情况,而保育师也可以获悉孩子在家的状况、家长的教养进展等。在网络平台上,保育师之间可以就活动计划、活动设计、活动中遇到的难题与不解之处展开讨论,碰撞出智慧的火花,而个体的指导经验也得到了分享。在网络平台上,家长之间可以就教养中感兴趣的主题(如早期阅读)、困惑的问题进行对话,家长间的交流具体、实践性强,家长间就育儿问题的交流对双方都很有意义,也许只是一个小窍门、一个小提示,有时候就能让其他家长茅塞顿开。在网络平台上,保育师和行业专家可以利用网络传播育儿知识、延伸机构开展的亲子活动、为家长答疑解惑、延续对家长的育儿指导。

(四) 书面资料的发放

书面资料包括早教指导中心自办刊物或报纸、育儿手册、近期亲子活动计划、活动内容和家长指导、家庭亲子互动游戏、现成的资料(书报杂志、网上资料的打印版)等。这些在早教指导中心的家长指导工作中经常使用。书面资料有时候也备受家长的青睐,因为在早教指导中心接受指导的时间毕竟有限,要在有限的时间里,当场消化大量内容,对于平时工作繁忙的年轻父母、年纪较大的祖辈、文化水平有限的保姆都是比较难实现的。因此,向家长发放书面指导材料也能发挥很大的作用。

(五) 影音资料的提供

保育师在日常的亲子活动中有意识地收集一些典型的亲子活动视频资料,既有成功的亲子互动片段,也包括家长们在亲子互动时经常出现的误区,然后经过后期的视频编辑,将旁白添加进去进行视频的解读。除此之外,保育师也可以收集一些经典的讲座视频、儿歌、故事、律动等音频资料共享给家长。这需要早教指导中心拥有齐全的电化教育设备,在每个活动室装摄像头和整套监控设备,可以随时录下早教活动的场景,方便搜集案例用于教研和家长指导。影音资料的提供有效拓展了指导家长的形式,并且能调动家长的兴趣,在保育师和家长之间形成密切的互动。

(六) 互动式"成长档案袋"的建立

场外家长指导时,为了加强保育师与家长的交流,不少早教指导中心提倡保育师采用"婴幼儿成长档案袋"的形式增进和深化与家长的交流。"成长档案袋""互动"的对象包括婴幼儿、保育师以及家长;"成长档案袋"里有保育师、家长对幼儿活动行为的观察记录和评价,有针对性收集能说明婴幼儿发展轨迹的典型作品。

育儿宝典

宝宝为什么变得这么执拗?

妈妈发现,2岁半的妞妞最近变得有点无理取闹:上电梯时,她必须自己先按电梯,玩具必须按照她的要求摆好,吃饭时所有人都只能坐在指定的位置,零食的包装袋必须自己拆,甚至上完厕所冲水也必须自己来……什么都得按照妞妞的要求来,不然她就会大哭大闹、大喊大叫。妞妞妈妈非常苦恼,之前可爱乖巧的女儿为什么会这么执拗呢?

分析: 妞妞的日常行为表现反映出她步入了"秩序敏感期"。"秩序敏感期"一般出现在幼儿2~4岁,主要指幼儿在日常生活中,对事物的流程、顺序以及位置等具有高度的敏感性。一旦孩子所熟悉的环境消失或者发生改变,他就会无所适从,甚至害怕、哭泣、大发脾气。

策略: 面对处于"秩序敏感期"的孩子成人可以这样做。

1. 尊重和理解幼儿"秩序敏感期"的需求。面对这个阶段幼儿出现的"不可理喻"的行为,尝试耐心了解行为背后的原因,如果是合理且非原则性的需求,尝试接纳并给予满足。

2. 创设井然有序的环境。幼儿生活环境中的各种物品整齐地进行摆放,使用完毕之后需要物归原位。同时为幼儿制定有规律的生活作息,让幼儿能够知道什么时间做什么事情,从而形成安全感和秩序感。

3. 帮忙之前先询问并征得同意。此阶段幼儿处于自我意识飞速发展的阶段,常常表现"什么事情都要自己来""我不要"等现象。成人要尊重幼儿是一个独立的个体,在提供帮助之前先询问幼儿自己的想法和需要,给予幼儿练习的空间和时间。

4. 成人需要以身作则,发挥榜样作用,让幼儿学习如何执行生活中的"秩序"。此外,幼儿不要当秩序的破坏者,比如玩玩具时间却强行中止,要幼儿去做别的事。

实训练能

实训项目6-3:早教指导中心亲子活动的场外家长指导调研

【实训目的】

1. 认知目标:巩固亲子活动的场外家长指导的形式的理解。

2. 能力目标:能够分析早教指导中心现行的场外家长指导形式并提出可行性建议。

3. 素质目标:积极参与实践调研活动。

【任务实施】

1. 提前联系一所熟悉的早教指导中心,确定访谈群体:1~2位早教指导中心的管理者及2~3位婴幼儿教养者。

2. 确定访谈内容:向早教指导中心管理者了解其早教指导中心开展了哪些形式的场外家长指导;向婴幼儿教养者了解其有哪些育儿需求及期待的指导形式。

3. 预约访谈时间,带好记录本和录音设备,录音前征得家长与保育师同意。

4. 按计划完成访谈工作,做好访谈记录。

5. 整理访谈记录。

6. 提出建议:综合考量所调研的早教指导中心已开展的场外家长指导学习形式和当前家长育儿需求,思考并提出拓宽亲子活动场外家长指导的途径。

任务思考

一、选择题

1. 以下哪一项不是亲子活动场外指导的形式?(　　　)

A. 示范指导

B. 专家讲座与咨询

在线练习

C. 家长沙龙

D. 网络的开发与利用

2. 以下哪一项不是场外指导的主要功能？（　　　）

A. 现场指导中发现但能及时解决的问题

B. 现场指导中难以解决的个别性问题

C. 婴幼儿发展和教养中的普遍性问题

D. 现场指导中发现但未能及时解决的问题

3. 以互联网为基础和手段，与家长建立无形的信息互通渠道，设立虚拟的早教家长指导平台，平台的网络化实体即早教指导网站，这是哪种亲子活动场外指导形式？（　　　）

A. 影音资料的提供

B. 专家讲座与咨询

C. 家长沙龙

D. 网络的开发与利用

二、判断题

1. （　　　）保育师可以结合时节、家长需求，有针对性地选择恰当的主题在场外指导中专门解决。

2. （　　　）在组织家长沙龙时，保育师不需要综合考虑家长的需求，自行确定主题即可。

赛证 链接

一、单选题

1. 保育师与家长沟通交流时，以下做法错误的是（　　　）。

A. 沟通内容随机选择

B. 做好记录

C. 及时正确表达

D. 制订沟通计划

2. 保育师与家长沟通交流的原则不包括（　　　）。

A. 尊重平等

B. 情绪平和

C. 专业科学

D. 多评价少描述

3. 幼儿照护人员必须一视同仁地尊重和对待每位家长，（　　　），这也是教育公正的要求之一。

A. 教育好每位家长

B. 与其建立诚挚平等的关系

C. 满足家长的要求

D. 顺应家长

4. 关于陪伴，以下描述不正确的是（　　　）。

A. 陪伴就是陪着

B. 陪伴是积极地参与到孩子的活动中去

C. 陪伴需要家长经常参加孩子的活动

D. 陪伴需要家长在活动中做好观察、记录和指导

二、判断题

1. （　　　）教养者用电视机代替成人与宝宝互动，电视机只是单向的输出，没有交往的机会，电视的内容孩子不能理解，只是模仿听不懂的声音，造成孩子的大脑发育障碍和交往障碍。

2. （　　　）家园共育的前提是双方能够积极地沟通，能够相互理解，这样才能发挥出合力。

在线练习

3.（　　）照护者与家长交流沟通的渠道和方式有很多,可根据实际需要选择合适的方式。

4.（　　）父母按照自己的理解或者盲目照搬别人的教子经验,尽管也在家庭教育上花了很多时间,收效却并不理想。

5.（　　）照护者与家长沟通时要体察家长的心理感受,应当先提出婴幼儿的缺点,再表扬婴幼儿的优点。

（选自全国托育职业技能竞赛赛题）

图书在版编目(CIP)数据

婴幼儿亲子活动设计与指导/陈雅芳,颜晓燕总主编;曹桂莲主编.--上海:复旦大学出版社,2025.
7.-- ISBN 978-7-309-17858-6

Ⅰ.G613

中国国家版本馆 CIP 数据核字第 2025WN4101 号

婴幼儿亲子活动设计与指导

陈雅芳　颜晓燕　总主编
曹桂莲　主　编
责任编辑/查　莉

复旦大学出版社有限公司出版发行
上海市国权路 579 号　邮编:200433
网址:fupnet@ fudanpress.com　http://www.fudanpress.com
门市零售:86-21-65102580　团体订购:86-21-65104505
出版部电话:86-21-65642845
常熟市华顺印刷有限公司

开本 890 毫米×1240 毫米　1/16　印张 11.5　字数 364 千字
2025 年 7 月第 1 版第 1 次印刷

ISBN 978-7-309-17858-6/G・2661
定价:49.00 元